件

水下文化遗产
国际法律问题研究

孙雯 著

南京大学出版社

图书在版编目(CIP)数据

水下文化遗产国际法律问题研究 / 孙雯著. — 南京：
南京大学出版社，2019.10
ISBN 978-7-305-21935-1

Ⅰ.①水… Ⅱ.①孙… Ⅲ.①水下—文化遗产—保护
—国际法—研究 Ⅳ.①D997.1

中国版本图书馆 CIP 数据核字(2019)第 072153 号

出版发行　南京大学出版社
社　　　址　南京市汉口路 22 号　　　　邮　编　210093
出 版 人　金鑫荣
书　　名　水下文化遗产国际法律问题研究
著　　者　孙　雯
责任编辑　王　宁　沈　洁　　　　编辑热线　025-83593947
照　　排　南京南琳图文制作有限公司
印　　刷　江苏凤凰通达印刷有限公司
开　　本　718×1000　1/16　印张 19　字数 280 千
版　　次　2019 年 10 月第 1 版　2019 年 10 月第 1 次印刷
ISBN 978-7-305-21935-1
定　　价　78.00 元

网址：http://www.njupco.com
官方微博：http://weibo.com/njupco
官方微信号：njupress
销售咨询热线：(025)83594756

"南海文库"项目学术顾问（以汉语拼音为序）

卜　宇　高　峰　高之国　洪银兴　秦亚青　沈金龙
王　颖　吴士存　杨洁勉　杨　忠　周成虎　朱庆葆

"南海文库"项目主编

朱　锋　沈固朝

"南海文库"项目编委会（以汉语拼音为序）

陈　刚　陈晓律　杜骏飞　范从来　范　健　范金民
范祚军　冯　梁　傅崐成　高　抒　葛晨东　郭　渊
何常青　洪邮生　胡德坤　华　涛　黄　瑶　计秋枫
贾兵兵　鞠海龙　李安民　李国强　李金明　李满春
刘　成　刘迎胜　刘永学　沈丁立　舒小昀　苏奋振
孙建中　王月清　杨翠柏　易先河　殷　勇　于文杰
余民才　余敏友　张军社　张　炜　邹克渊　邹欣庆

序　言

作为文化遗产的一种,水下文化遗产体现了特定国家、民族的历史发展脉络,凝聚着民族情感和文化认同,具有珍贵的历史、文化、考古和科学等价值,为我们提供了解历史的途径,亦丰富了我们对民族甚至整个世界文明的理解。任何国家都无法否认水下文化遗产这一概念的重要性。这一概念不仅与物质有关,更为重要的是,它与文化主义、民族主义和国家遗产都有关联。对水下文化遗产的保护,涉及多方面的利益,包括国家主权、私人财产权和整个国际社会的利益。

正是由于其本身固有的特殊财产价值和文化价值,近年来,水下文化遗产受到国内外学者的诸多关注。随着我国"一带一路"倡议的提出和不断推进,对包括水下文化遗产在内的文化财产体系不断进行系统研究,具有极大的内生性需求和现实紧迫性。虽然国际和国内层面已经构建了文化遗产保护的基本法律框架,但是近年来的理论研究和经验分析亦表明,我国对文化遗产保护的理论导向和制度建构尚需要得到进一步突破。

作为一个海洋大国,我国拥有着数量庞大的水下文化遗产,在水下文化遗产保护问题上同样有诸多问题亟待解决,也需要制度进一步完善。我国是《联合国海洋法公约》的缔约国,但尚未加入 2001 年联合国教科文组织通过的《保护水下文化遗产保护公约》。"21 世纪海上丝绸之路"是中国建设海洋大国和海洋强国的一部分,而包含南海在内的"一带一路"区域是国家发展战略的重点,蕴含了极其丰富的水下文化遗产资源,这使得加强水下文化遗产保护、构建水下文化遗产国际法律框架成为现实之所需,也给水下文化遗产的研究提出了新的挑战和新的研究命题。

水下文化遗产的保护,已经成为备受社会关注的问题。我们不仅需要考古学或文物学方面的研究,也需要更多人文、经济、法学、外交等跨学科方面的研究;不仅需要大量的基础理论研究,也需要更多具有综合性、应用性的研究。为此,我相信,《水下文化遗产国际法律问题研究》的出版,应该会是我国水下文化遗产保护进程中具有开创性的令人惊喜的成果。

孙雯博士的《水下文化遗产国际法律问题研究》一书是近年来其对水下文化遗产持续关注和研究的成果,也是涉及水下文化遗产法律保护的又一力作,给我们带来了创新性的理念和具有开拓性的国际视野。本书通过对水下文化遗产独特价值和法律性质的剖析,探讨水下文化遗产保护的国际法理念和国际水下文化遗产法的立法建构,并从程序法和实体法两方面着手,就水下文化遗产的管辖权、水下文化遗产的法律适用、水下文化遗产的所有权归属及转让、水下文化遗产的商业开发等重要法律问题进行了深入探讨,并结合中国水下文化遗产的现有法律保护框架,就如何完善水下文化遗产法律制度的理论架构及模式构建提出具体建议。书中不仅对水下文化遗产保护及相关国际国内立法进行了比较系统的梳理,更重要的是,作者对包括水下文化遗产商业开发及水下文化遗产的团体人格属性等问题的专门研究,具有较强的理论前沿性和开拓性,本书希望可以为完善水下文化遗产保护制度抛砖引玉。

我认识孙雯博士多年,她接受过系统的国际法及国际关系的教育,从事国际法教学研究工作近二十年之久,深谙国际法基础理论,近年来一直从事国际法和文化遗产法的研究和写作。本书很好地体现了她在水下文化遗产方面对文化与法律进行跨学科交叉研究的最新成果。此书即将付梓之际,我欣然为之作序,并推荐给学术界各位同仁共享。

南京大学中国南海研究协同创新中心执行主任

南京大学国际关系研究院院长

2019 年 5 月 10 日

目　录

第一章　水下文化遗产保护的国际法理念

第一节　水下文化遗产的法律界定

根据联合国教科文组织于 2001 年通过的《保护水下文化遗产公约》(Convention on the Protection of the Underwater Cultural Heritage,以下简称 2001 年 UNESCO 公约）的规定,"水下文化遗产"(underwater cultural heritage)系指至少 100 年来,周期性地或连续地,部分或全部位于水下的具有文化、历史或考古价值的所有人类的生存遗迹。水下文化遗产具有极高的历史价值、文化价值、考古价值与科研价值,是人类历史演变发展的缩影。正因为这些重要价值,水下文化遗产面临日趋严峻的威胁,水下文化遗产的保护问题也因此受到越来越多的来自国际社会的关注。

如果我们考量"水下文化遗产"基本含义,会发现这一表述明显包含非常广泛的有形物。[①] "遗产"(heritage)一词意味着水下文化遗产是某种具有价值或质量的物,它们值得被保护以便传给后世;"文化的"(cultural)一词意指水下文化遗产是与人类有关的物;"水下"(underwater)一词意味着水下文化遗产是(或者至少曾经是)位于水下的物。随着科技的进步以及人类对海洋领域的研究和开发,人们对水下文化遗产的本质与价值的理解也逐步改变和发展。作为水下文化遗产的主要组成部分,沉船因数量众多及特殊的物理特性经常成为淘金者

---

① 尽管本书的焦点是保护水下文化遗产中的有形物部分,但我们应当注意到无形文化遗产与水下文化遗产之间的联系。

和纪念品搜寻者的目标,进而成为人们关注的焦点。然而,水下文化遗产所包含的内容远不止沉船。在沿海地区可以找到大量千年以前的人类活动的证据,比如在海港或者随着时间流逝现已被淹没的地区的捕鱼陷阱和海港的贝壳堆。① 在大陆架,史前沉没的地表仍然存在,而我们直到现在才察觉到它们的考古价值。② 在深海底,除了沉船之外,水下文化遗产还包括航空器遗骸以及坠入海中的空间科技残留物。在淡水中(比如湖泊和河流中),可以发现大量的残存物,包括船舶和航空器等单独被抛弃或遗弃的物品,以及古老湖泊附近的建筑物和墓地。

遗产法对文化遗产的定义通常包含两种标准:一是直接规定能够直接被立法保护的物;二是通过参考某种价值或者表明价值的其他因素来限制定义的范围,以确定事实上所保护的是什么。③ 例如,1982 年《联合国海洋法公约》第 149 条和第 303 条所采用的定义——考古和历史文物——"文物"(objects)即指能够被保护的物本身,"考古和历史"表明该物必须拥有价值才能在事实上被发现。但通常情况下,会采用一种暂时的标准作为表明价值的方式,而不是直接对该价值进行表述,例如采用"已在水下超过 100 年"的标准。本章将采用"定义标准"(definitional criteria)和"选择标准"(selection criteria)来区分两种定义法。

一、早期国内立法的方法

20 世纪中叶,水肺潜水开始成为一种流行活动,为了避免对水下文化遗产的破坏和毁坏,出现了控制人类活动的立法需求。一些国家早前为了保护陆地上的考古遗迹,制定了文化保护法,这些法律后来扩展到了海洋以及内水。很多

---

① 关于沉没遗迹的一个例子是伊朗的 Siraf 港口,今该港口大部分都已经沉没,其历史可以追溯到一千多年前。

② 参见 Gaffney, Fitch, Smith, "Europe's Lost World," *European Journal of Archaeology Archive*, vol. 14(2009), pp. 202 - 284.

③ Thomas 对此做了区分,参见 Thomas, R. M., "Heritage Protection Criteria: An Analysis," *Journal of Panning & Environmental Law*, vol. 7(2006), pp. 956 - 963.

地中海沿岸国家遵循了这种做法的,比如希腊和土耳其。这些国家的立法将被视作属于广义"文物"或"纪念物"概念范围的事物全部纳入被保护的范畴。虽然"文物""纪念物"等词语没有明确的定义,但可被解释为起源于古代的遗迹。在其他海域,关于海洋环境中的物品的可适用的法律最初制定的目的往往是保护各种各样的事物而非专门保护文化遗产。例如在许多普通法国家中,仅存的一些相关法律是一般海洋法,且其最初的制定目的是处理发生的海难事故。这些条文的制定依据是起源于几个世纪以前的原则,旨在解决海上财产救助和"失事船舶"①的恢复处理权问题。在斯堪的纳维亚半岛和北欧的其他地区,关于具有金钱价值的失事船舶或"发现物"的问题,也存在同样的起源于古代的法律体系。② 上述的法律体系都没有对救助进行限制,反而都通过奖励制度积极鼓励救助。

　　20 世纪 60—70 年代,很多国家都制定了特定的法律规范规制其沿海地区的失事船舶问题。1961 年在瑞典救助了 17 世纪的军舰瓦萨(Vasa)之后,芬兰、挪威、瑞典和丹麦纷纷制定法律保护沉船。每个国家的立法中都对保护时间作出规定。芬兰、挪威和瑞典的立法采用了 100 年这个时间节点;而丹麦的立法采用了 150 年。英国为了应对大量被严重损害的、具有历史重要性的沉船,制定实施了 1973 年《沉船保护法案》。根据这一法律,被视作具有"历史、考古和艺术重要性的"沉船遗址属于被保护的对象。③ 1976 年,沉没于澳大利亚西海岸的四艘荷兰东印度公司的沉船被发现之后,澳大利亚颁布了《历史性沉船法案》(Historic Shipwrecks Act 1976)。在这一法案的最初版本中规定了应当保护沉船和具有"历史重要性的"相关遗迹。④

---

　　① "残骸"一词在不同国家有不同的定义,但是为了立法的目的通常会规定为广泛包含船体、固定装置、设备、货物和贮藏物,以及甲板上的其他任何部分。参见 Dromgoole, "A Note on the Meaning of Wreck", *The International Journal of Nautical Archaeology*, vol. 28(1999), pp. 319 - 322.

　　② 参见 Braekhus, "Salvage of Wrecks and Wreckage—Legal Issues Arising from the Runde Find," *Scandinavian Studies in Law*, vol. 20(1976), pp. 37 - 68.

　　③ 1973 年的《沉船保护法案》仍然有效并且未被修改。

　　④ Jeffery, "Australia" (1st edn) in *Legal Protection of the Underwater Cultural Heritage: National and International Perspectives*, Hague, London and Boston: Kluwer Law International, 1999, pp. 5 - 7.

在 20 世纪 80 年代的后半期,国内立法活动出现了新趋势和界定实质立法范畴的新方法,集中在沉船上的注意力逐渐转移。1985 年,澳大利亚修改了《历史性沉船法案》,修改后的法案将所有具有 75 年(从失事时起算)以上历史的沉船和相关遗迹全部纳入保护的范畴,某些经特别声明的 75 年以下历史的沉船也受到保护。① 1986 年,南非修改了国家历史文物立法,规定对所有具有 50 年以上历史的沉船进行保护,未经授权禁止对上述沉船进行干涉。② 在美国,鉴于普通海事法对具有历史重要性的沉船的适用会导致明显不恰当的结果,因此制定了专门保护沉船的联邦法。美国 1987 年《被抛弃沉船法案》(Abandoned Shipwreck Act of 1987)适用于"沉船,及其货物和其他物品",且只适用于已被其所有者抛弃的沉船及其货物和其他物品。但法案并未对"抛弃"——一种选择标准——进行定义。同年,由于大量西班牙无敌舰队的沉船被发现,爱尔兰扩宽了其一般国家文物法的适用范围,规定将具有 100 年以上历史的沉船以及通常位于海床的文物,或者满足具有"考古、历史或艺术重要性"条件的文物纳入保护的范畴。③ 1989 年,法国制定了新的富有创新精神的立法,从原本为具有考古、历史或艺术价值的失事船舶提供保护的法律体系,转变为保护更为广泛的"海洋文化财产"。④ 这一概念的范畴更为广泛,包括了"沉淀物,失事船舶,残存物,或者一般意义上所有具有考古、历史或艺术价值的财产"⑤。

---

① Jeffery, "Australia" (1st edn) in *Legal Protection of the Underwater Cultural Heritage: National and International Perspectives*, Hague, London and Boston: Kluwer Law International, 1999, pp. 5 - 7.

② Forrest, "South Africa" in *The Protection of the Underwater Cultural Heritage: National Perspectives in Light of the UNESCO Convention* 2001, Leiden and Boston: Martinus Nijihoff Publishers, 2006, p. 252. 南非国家纪念碑法案被 1999 年国家遗产资源法案代替。

③ O'Connor, "Ireland" (1st edn) in *Legal Protection of the Underwater Cultural Heritage: National and International Perspectives*, Hague, London and Boston: Kluwer Law International, 1999, p. 89.

④ Le Gurun, "France" (1st edn) in *The Protection of the Underwater Cultural Heritage: National Perspectives in Light of the UNESCO Convention* 2001, Leiden and Boston: Martinus Nijihoff Publishers, 2006, pp. 45 - 46.

⑤ Ibid., p. 45.

上述立法的目的在很大程度上是为了保护文物不受人类故意的干涉,而要实现此立法目的必须通过授权性活动建立法律体系。通常来说,有三种方法可以建立法律框架:第一,对陆地和海洋的遗迹适用同样的法律;第二,将关于保护水下文化遗产的条款纳入一般文物保护立法中;第三,采用特定的保护水下文化遗产的方式。采用不同的法律体系,产生的法律效果是不同的。首先,根据不同的立法结构,法律体系涵盖的水域也有所不同:一般文物立法不仅包含海洋区域,而且也适用于内陆水域;而特定保护水下文化遗产的条款只包含海洋区域。其次,法律所提供的保护政策或者说保护对象的遴选标准也存在一个明显的分歧:一些法律规定对具有特殊价值或重要性的特定遗迹进行保护;而另外一些法律则对所有属于文物或古迹的残存物,或符合暂时标准的文物,提供全面的保护。有时,结合上述两种方式的方法(例如澳大利亚修改后的法案)也会被采用。最后,在应被纳入保护范围的文物必须达到多少年限的问题上,各国的立法存在明显分歧。这反映了不同国家的历史背景。对于希腊和土耳其这样的国家来说,它们的注意力不可避免地集中在大量从古代流传下来的文物和艺术品上;而根据澳大利亚《历史性沉船法案》,第一个被宣布为具有"历史性"的沉船是一艘于 1942 年沉没的日本潜水艇 I-124[①]。

二、2001 年 UNESCO 公约之前的国际方法

在关于水下文化遗产保护的国际法四十多年的发展进程中,2001 年 UNESCO 公约的制定是一个发展的高峰。下文将介绍 2001 年 UNESCO 公约制定之前保护水下文化遗产的国际方法。

1. 1982 年《联合国海洋法公约》

《联合国海洋法公约》应当为水下文化遗产提供保护的想法源于海洋考古学的发展。国际上的关注焦点集中在地中海水域内水下文化遗产的保护困境。

---

① 日本潜水艇 I-124 是第二次世界大战期间第一艘沉没的澳大利亚皇家舰队的船舶。

《联合国海洋法公约》中两条保护水下文化遗产的条款中的第一条——第149条——是根据希腊政府的提议制定的。该提议与"考古性和历史性财产"这一表述均被纳入联合国海底委员会的议题中,由此产生了为深海区域制定相关法律框架的需求。① 在1974年第三次联合国海洋法会议第一次实质性会议中,讨论了"考古性和历史性的文物"的表述②,最终《联合国海洋法公约》第149条和303条都运用了"考古和历史文物"的表达。

考虑到第三次联合国海洋法会议召开前,地中海区域的发现物的实质或者说存在形态,《联合国海洋法公约》第149条和第303条采用"文物"一词是可以理解的。这些被发现的物不仅包括古代失事船舶和沉没的沿海建筑,还包括很多独立的文物(如古代青铜器和大理石雕塑),以及一些分散的古代货物(如两耳细颈酒罐、金属钢锭和陶片)。③ 尽管如此,采用"文物"一词作为唯一的定义标准又会显得奇怪,因为其并不完全适用于描述那些破裂分散的,或者固定在沙子和泥土中的固定建筑和古代失事船舶。

除非国际协定的缔约国有意赋予一个词语特定的含义,否则必须对其作善意解释以使其符合特定语境下的一般含义,并符合条约的制定目的。④ "文物"一词的一般含义指物质性的东西,且一般具有可移动性。那么有些最开始是固定的、不可移动的建筑物是否属于文物。在大陆法体系中,这些建筑物很可能被定义为法律术语中的"不可移动财产",而在普通法体系中则会被认定为不动产以及相关"固定装置"。漂浮在水面上的船属于可移动财产(在普通法中属于被称为"动产"的私人财产),用"文物"一词形容漂浮的船便没有什么不恰当之处。但沉没的船体在法律上是否仍然被视作可移动的财产(或者说动产),这一问题

---

① Anastasia Strati, *The Protection of Underwater Cultural Heritage: An Emerging Objective of the Contemporary Law of the Sea*, Leiden and Boston: Martinus Nijihoff Publishers, 1995, p. 297.

② Ibid., pp. 297 - 298.

③ 在一些案件中,文物和货物的数量上百甚至上千。

④ 见1969年《维也纳条约法公约》第31条第1和3款。

在不同法域有不同的回答。① 然而，纯粹从实践的角度看，一旦船开始分裂，或成为海底的一部分（因此其形态变得不同，甚至无法再部分移动）时，采用"遗迹"（site）一词似乎比"文物"一词更为恰当。尽管如此，根据《联合国海洋法公约》第149条和第303条的目的以及"文物"一词所处的语境，毫无疑问应该对该词作广义的理解，即认为"文物"一词应包括固定的建筑物和沉船。

为了符合《联合国海洋法公约》第149条和第303条的范畴，文物必须"具有考古和历史的性质"。这是一种选择性标准，相比选择性标准使用的其他词汇，"性质"（nature）一词的范围更广。像"重要性""价值"或"利益"这样的词汇都是基于价值判断作出的限制，代表了一种价值取向或价值要求，而"性质"一词并不限制文物适用的法律条文。所以唯一的限制因素只有"考古"和"历史"。尽管这些词语被频繁地用来描述保护性立法的保护对象，但第三次联合国海洋法会议中并没有考虑这些词汇的含义。② 在评论《联合国海洋法公约》第149条和第303条的选择性标准时，O'Keefe指出，"'考古的'一词没有任何意义，因为考古是一种过程而非一种描述，文物无法具有所谓的'考古的性质'。起草者的意思或许是想通过考古性质的解释，证明文物对人类有价值。而具有'历史性质'的文物明显是指与人类历史有关的文物"③。以上只是从性质的角度对作为《联合国海洋法公约》保护对象的文物的含义进行解读，前文也说过，实践中往往采取一种暂时性的标准对文物予以界定，如应当在海底存在多长时间。所以实践中，《联合国海洋法公约》第149条和第303条所采用的选择性标准之所以具有不确定性的原因在于，其没有明确当一个文物未达到规定的年限标准时应该怎么办。

对此，Oxman认为联合国海洋法的立法历史表明"考古和历史的性质"这一词语应当被理解为仅包括"具有几百年历史"的物体，不适用于"现代文物"，而无

---

① 这些内容讨论了一个有意思的英国案例 *Elwes v. Brigg Gas Co.*（1886）和之后的一个美国案例 *Allred v. Biegel*（1949）.

② Oxman, "Marine Archaeology and the International Law of the Sea," *Columbia-VLA Journal of Law & the Arts*, vol. 12(1987), p. 364.

③ O'Keefe, *Shipwrecked Heritage：A Commentary on the UNESCO Convention on Underwater Cultural Heritage*, UK：Institute of Art and Law, 2014, p. 17.

论它们是否具有历史价值。[①] 他接着指出，君士坦丁堡的失败和拜占庭帝国遗迹的倒塌使得 1453 年成为现代纪元的开启，所有在此之前的物体都可被视作具有考古性和历史性。同时，美国可将适用范围微调到 1492 年，调整到特诺提诺特兰(1521)或库斯科(1533)衰败的时期。[②]

Oxman 所作的这段评述或许受到了(至少是部分受到了)《联合国海洋法公约》第 303 条起草历史的影响。由于突尼斯代表团的坚持，"具有历史起源的文物"被增加到了"考古性文物"一词中，突尼斯代表团认为仅用"考古性文物"一词不能涵盖拜占庭遗迹。[③] 不仅仅是 Oxman，所有参与起草过程的人都受到了地中海国家，特别是希腊和土耳其的态度的影响，这些地中海国家国内立法的目标是保护文物财产，换言之，是保护中世纪以前的文物。

不难发现 Oxman 的观点还受到了以下因素的影响：对一词语进行不恰当的解读可能会损害国家的某些权利和基本原则。[④] 这是在讨论扩大沿海国在大陆架上的权利会引发担忧时产生的观点。他指出，《联合国海洋法公约》第 303 条第 3 款明确表示不会影响救助法。[⑤] 然而，为了明确区分适用于救助法的文物和适用于保护性条款的文物而制定一个明确的时间节点是没有必要的。[⑥]

即使在《联合国海洋法公约》最终确定前的文本中，关于条款是否受到 Oxman 指出的文物年限上的限制，也一直存在疑问。Caflisch 也认为无法确定

[①] Oxman, "Marine Archaeology and the International Law of the Sea," *Columbia-VLA Journal of Law & the Arts*, vol. 12(1987), p. 364.

[②] Oxman, "The Third United Nations Conference on the Law of the Sea," *American Journal of International Law*, vol. 69(1975), p. 241.

[③] Ibid.

[④] Oxman, "Marine Archaeology and the International Law of the Sea," *Columbia-VLA Journal of Law & the Arts*, vol. 12(1987), p. 364.

[⑤] Ibid.

[⑥] 事实上，Strati 认为在确定救助法的范围内，100 年是一个"合理的时间限制"。Anastasia Strati, *The Protection of Underwater Cultural Heritage: An Emerging Objective of the Contemporary Law of the Sea*, Leiden and Boston: Martinus Nijihoff Publishers, 1995, p. 173. 是否有必要区分救助法的范围和第 303 条的范围是一个事实问题。

Oxman的限制性理解是否占上风。① 但通过几个世纪的国家实践,我们如今可以明确地知道Oxman的理解并不被支持。② 尽管关于《联合国海洋法公约》第149条的实践很少,但关于第303条却存在大量的国家实践。越来越多的国家适用第303条第2款关于从相关海域移出水下文化遗产的规定,没有证据表明该条中的文物仅指具有几个世纪以上历史的文物。同样,各国履行第303条第1款关于各国保护在海洋发现的考古和历史性文物并为此目的进行合作的义务时的相关实践也没有证实这种限制,如有些国家立法采用了100年作为保护的起始年限。此外,澳大利亚并非唯一因历史重要性而将特定的20世纪的遗迹视作保护对象的国家。根据英国《沉船保护法案》,早期的航空母舰和一些潜水艇都具有历史重要性。在1994年,法国一个法庭根据法国遗产法,判定一艘在第一次世界大战中失踪的军舰Francois Kleber属于海洋文化财产。③ 在美国,1962年,亚利桑那号战列舰纪念馆建立,该纪念馆于1966年被收入《国家史迹名录》,而战列舰本身于1941年在珍珠港失踪。④ 可见美国在事实上接受了《联合国海洋法公约》第303条规定的相对较近的时限。2001年,一份美国总统政策声明也指出,对于一般语境下的沉没国家船舶、航空器和宇宙飞船,"国际法鼓励各国为了公众利益保护海洋遗产,无论遗产位于何地"。尽管国际团体履行合作义务保护水下文化遗产的最显著事例采用了100年的时间节点,但在一般国家实践中也没有完全排除50年的标准。

　　《联合国海洋法公约》第149条和第303条的一个显著区别在于,第149条

---

① Caflisch, "Submarine Antiquities and the International Law of the Sea," *Netherlands Yearbook of International Law*, vol. 130(2009), pp. 8 - 10.

② Aust, *Modern Treaty Law and Practice*, Cambridge: Cambridge University Press, 2000, p. 241.

③ Le Gurun, "France" (1st edn) in *The Protection of the Underwater Cultural Heritage: National Perspectives in Light of the UNESCO Convention* 2001, Leiden and Boston: Martinus Nijhoff Publishers, 2006, pp. 47 - 8.

④ 根据Varmer的观点,尽管相关法规——1966年国家历史保护法案——在适用范围上不包含时间限制,但50年的规则被发展成为一个重要的实践。参见Varmer, "Unites States"(2nd edn) in *The Protection of the Underwater Cultural Heritage: National Perspectives in Light of the UNESCO Convention* 2001, Leiden and Boston: Martinus Nijhoff Publishers, 2006, p. 375.

明确适用于"所有"具有考古和历史特性的文物,而第 303 条没有强调适用于"所有"文物。事实上,要求缔约国对在任何海域发现的所有文物进行保护并为此目的进行合作是不切实际的。同样,当这些国家并未承担对毗连区内文物的移出行为进行规制的义务时,强制要求它们规制所有文物的移出也是没有任何意义的。

2. 欧洲理事会相关立法

1978 年,欧洲理事会通过了《水下文化遗产报告》(Underwater Cultural Heritape,亦称 Roper Report),这是第一次明确提出"水下文化遗产"的国际文件。而后,欧洲理事会又通过了有关水下文化遗产的第 848 号建议。第 848 号建议并未尝试定义"水下文化遗产",也没有给出最低的法律标准。相反,在提及水下文物和遗迹时采用的是最为一般意义上的词汇。第 848 号建议中规定的最低标准如下:

> 保护应当涵盖所有在水下超过 100 年的文物,但经过研究和记录后,可通过行使自由裁量权排除一些不太重要的文物,也可将一些虽然不满足年限要求但具有历史和考古重要性的文物纳入保护范畴。①

应当注意的是,第 848 号建议是不具有法律约束力的,它仅仅是鼓励欧洲理事会的成员国在其国内立法中采取一个最低标准,因此没有必要设定精确的标准。② 然而,第 848 号建议确实明确了一个暂时的时间节点。这是法律专家顾问 Prott 和 O'Keefe 的建议。选择 100 年作为时间节点的建议受到了芬兰、瑞典和挪威立法的影响,这些国家都将 100 年作为保护沉船立法的起始保护年限。在如何计算这一时限的问题上各国采用的方法不同,如芬兰和瑞典是从船舶失

---

① 参见 1978 年第 848 号建议附件二。
② 专家法律咨询意见提出了几个人类制造的物品,建议"保护在水下超过 100 年的所有人类制造的物品"。

踪之日起算；挪威是从船建造完成之日起算，而第 848 号建议从文物"位于水下"之时起算。第 848 号建议的这种规定优势更加明显，因为其可能涵盖更多的相关文物。此外，我们知道沉船不仅包括船的船体、固定装置和配件，还包括船上的货物、个人物品以及甲板上的其他物品，此时规定统一的起算点就显得尤其重要，因为这些物品的制造时间存在很大的不同。

值得肯定的是，第 848 号建议的最低法律标准排除适用救助法和沉船法，但必须明确这种排除在何时发生效力。这种暂时的标准为适用一般规则的物品和适用遗产法的物品设定了一个清晰的分界线。采用暂时的时间标准还避免了进行价值判断的需要，也就是说，属于该时间范畴内（即超过 100 年历史）的物都具有充分的历史、考古或其他文化价值，因此值得保护。而在水下的时间太短则意味着不具有这些价值。但另一方面，时间节点的规定实质上免不了是武断的，所以第 848 号建议通过规定将一些少于 100 年的文物纳入保护范畴以及将一些超过 100 年的文物排除在外的自由裁量权，很大程度上缓解了这种武断性。

第 848 号建议的序文"强调陆地和海洋考古学的根本一致性"，这一建议的核心进步意义在于，其提出水下文化遗产应该被视作与陆地文化遗产具有同样的考古学意义，并且在可能的情况下，对二者采用相同的保护方式。当国家的水下文化遗产立法与陆上文化遗产立法的规定不同时，第 848 号建议要求应将水下文物与遗迹的内涵扩展到与陆地文物立法相同的程度。[①]

可以说，第 848 号建议提出了几个具有内在联系的重要问题。第一，关于"水下"（underwater）的含义。尽管"水下文化遗产"一词被频繁地用来指代位于特定海洋区域的文化遗产，但文化遗产也可能位于内陆水域，如湖泊和河流。[②]而且，物体是否满足"水下"这一条件不仅与其所处水域的性质有关，还与其沉没

① 参见 1978 年第 848 号建议附件一。
② 对于有很多内陆湖泊和河流的国家来说，这一问题尤其重要。例如，波兰在内陆水域发现了无数文物，包括一个 9 世纪的异教神的雕塑，其被视作波兰最重要的遗产发现之一。

地深度有关,如有些区域,特别是海岸和河口的潮汐水域会定期发洪水。[①] 第848 号建议强调所有具有文化遗产性质的物都应得到同等的保护,不允许出现任何无法涵盖这些物体的"漏洞"。[②] 尽管建议没有提出内陆水域的文物是否应该适用与海洋水域相同的立法,但 Prott 和 O'Keefe 在报告中指出应该考虑影响海洋区域内文化遗产的特定环境,比如在海洋环境中执行法律的困难程度以及无法在陆地适用的法律(特别是救助法和沉船法)如何适用。[③]

欧洲理事会 1985 年《保护水下文化遗产欧洲公约》(草案)关于水下文化遗产保护所采用的定义方法与第 848 号建议有所不同。这是因为公约是具有约束力的,所以需要对保护的范围做精确的规定。公约草案的第 1 条规定:

1. 为公约的目的,所有遗迹和文物以及任何能够表明人类存在的痕迹,无论其完全或部分位于海洋、湖泊、河流、运河、人造蓄水池或是其他水域中,或在其他潮汐或定期发洪水的区域,或是从这样的环境中恢复过来的区域,或冲到岸上的区域,都应当被视为水下文化遗产的一部分,在下文中均被称为"水下文化财产"。

2. 超过 100 年的水下文化遗产应当受到公约的保护。然而,任何缔约国都可以规定未超过 100 年的财产同样受到保护。

尽管公约草案在标题中使用了"水下文化遗产",但也采用了可替代的"水下文化财产"一词。罗珀报告(Roper Report)和公约草案都表明之所以采用"水下文化财产"是因为"财产"(property)一词比"文物"(object)一词更易于理解,"文物"可能会被视作仅包含可移动的物体而不包括不可移动的财产。[④] 然而,这并

---

① 荷兰东印度公司的"阿姆斯特丹号"(Amsterdam)商船的残骸位于英国黑斯廷的前滩,在退潮时可以到达。

② 参见"Purton Hulks-maritime History Sunk by Neglect," *Daily Telegragh*, October 18, 2008.

③ 参见欧洲理事会 1978 年 4200-E 文件,第 61 页。

④ 参见解释性报告第 12 页(最初版本)。

没有解释为什么采用"财产"而未采用"遗产"(heritage)一词。早前的国际文件大多采用"文化财产",最著名的是联合国教科文组织的两个公约,即 1954 年《在武装冲突中保护文化财产的公约》和 1970 年《文化财产非法贸易公约》。而第三个联合国教科文组织的公约,即 1972 年的《保护世界文化和自然遗产公约》采用了"文化遗产"一词。正如 Prott 和 O'Keefe 所说,"财产"一词在保护文化物品语境下的适用是不太恰当的。[1] 除此之外,其强调所有权及所有者的控制。至少在普通法系国家,作为法律概念的所有权可能与遗产保护中的公共利益相冲突。另外,"遗产"一词意味着需要给予特殊照顾以便传给后代。或许公约草案特别保护可辨认的物主的权利这一事实对其采用"财产"而非"遗产"产生了影响,但无论如何,我们更愿意使用"文化遗产"一词,特别是在提供就地保护时。[2]

　　公约草案第 1 条第 1 款规定的"水下文化遗产"是指"所有遗迹和文物以及任何能够表明人类存在过的痕迹"。这一定义与早前欧洲理事会的 1969 年《保护考古遗产欧洲公约》采取的定义完全相同。其不仅反映出水下文化遗产概念的宽泛性,并且承认将所有值得保护的物体纳入水下文化遗产的范畴是重要的。毫无疑问,"水下文化遗产"一词不仅涵盖了所有人类制造的文物和遗迹,还涵盖人类存在过的痕迹。这也就包括了人类遗迹(此时采用"文物"一词则不太恰当)、被屠杀的动物遗骸、被人类所使用或影响的自然工具(比如从收割的植物上收集保存的花粉或种子)。有趣的是,解释性报告强调采用"任何人类存在过的痕迹"的表述是为了将具有"历史重要性的地理特性"纳入范畴。[3] 尽管没有相关的指导性意见能表明起草者的想法究竟是什么,但起草者们似乎想引起大家对近期发现的沉没的史前陆地表面遗迹的兴趣。与第 848 号建议相同,公约草案对"水下"的定义也采取了详尽列举的方式,规定对所有"完全或部分位于海

---

　　① 参见 Prott and O'Keefe, "'Cultural Heritage' or 'Cultural Property'?" *International Journal of Cultural Property*, vol. 2(1999), p. XXX.

　　② 在非法交易文物的语境中,仍然存在使用"文化财产"一词的趋势,这就很容易产生所有权的问题。

　　③ 参见解释性报告第 12 页。

洋、湖泊、河流、运河、人造蓄水池或其他水域中,或在其他潮汐或定期发洪水的区域,或是从这样的环境中恢复的区域,或冲到岸上的区域"的物品进行保护。尽管在排除救助法方面公约草案没有遵循第848号建议的方式,但公约草案采取了其中的选择性标准,规定了100年的暂时年限标准(但不知为何公约采用的是基于文物历史年龄的时间节点,而非基于文物在水下的时长)。缔约国有权决定保护不足100年的物,比如设定一个更低的文物历史年龄标准或采用一种内在文化价值的标准,①但绝不能将具有100年以上历史的文物排除在外。或许欧洲的一些国家更倾向于采用内在文化价值的标准,而不仅仅是简单地设定100年的标准。解释性报告指出,尽管条文并未明确历史或考古重要性标准,但是"文化"一词本身就表明在履行公约义务时,缔约国被允许采用文化价值标准。② 这表明缔约国国内的适格权力机关在决定是否提供保护时,必须将文物的重要性纳入考量范围,即使是具有100年以上历史的文物,也要考虑其文化重要性。

1992年,《保护考古遗产欧洲公约》(下称《瓦莱塔公约》)修订了,修订后的《瓦莱塔公约》与一般意义上的考古遗产相关,包括水下文化遗产。

《瓦莱塔公约》对"考古遗产"的定义方式相当复杂。第1条规定了考古遗产的构成要素,即"所有的遗迹、文物和任何人类活动的痕迹"③。第1条第3款明确规定属于第1条描述范围的物包括"建筑物、建设、一群房屋、完善的定居地、可移动的文物、其他种类的历史遗迹及其环境,无论它们位于陆地之上还是水下"④。同时,要成为《瓦莱塔公约》的保护对象,这些考古遗产还要满足特定的选择性标准:(1)必须起源于"过去的时代";(2)对其的认识和研究必须"有利于追溯人类历史和与之相关的自然环境";(3)主要的信息来源必须是挖掘、发

---

① 参见解释性报告第12页。
② 有意思的是,这份声明只出现在解释性报告的最终版本中,而不在解密版本中。
③ 参见《瓦莱塔公约》第1条第2款。
④ 参见《瓦莱塔公约》第1条第3款。

现或其他研究方法。① 简单来说就是考古遗产必须具有历史重要性。

考虑到《瓦莱塔公约》的历史起源,其采取的定义方法就更容易理解了。1969 年《瓦莱塔公约》的最初版本采用了"考古文物"(archaeological objects)作为保护对象,并将"考古文物"定义为包括"所有见证历史和文明发展的遗迹和文物,或任何人类活动的痕迹,且以挖掘和发现为科学信息的主要来源或主要来源之一"。修改后的《瓦莱塔公约》对保护对象的定义明显是在最初版本的基础上进行了精练。其强调考古文物不仅包含具有重要性的文物,还包括"能够反映过去的人类活动痕迹——无论其性质如何——的证据"②。做此修改时,起草者似乎想强调两点:第一,人类存在的遗迹或痕迹本身就非常重要而足以成为《瓦莱塔公约》的保护对象。例如被保留在泥土中的古代人类脚印,这些脚印能够提供大量关于我们史前祖先生活方式的有价值的信息。③ 第二,被发现的文物或考古遗迹的其他构成要素所处的环境具有和文物同等的重要性。④ 文物所处的物理环境可能是人类创造的,可能是自然形成的,也可能是两者结合。环境不仅是人类历史的重要信息来源,还是人类和自然环境关系变化的重要信息来源。所以,与环境完全割裂的文物的价值相对较小,或者说没有价值。而当文物环境同样被保留下来或至少存在记录时,将对整体信息的收集起到重要作用。

"任何其他人类痕迹"这一表述是对 1969 年《瓦莱塔公约》最初版本中"任何其他人类存在痕迹"的重构。与 1985 年公约草案的解释性报告不同,《瓦莱塔公约》的解释性报告未明确表明将"具有历史重要性的地理特性"包含在内。《瓦莱塔公约》至少包含了人类存在的直接证据,以及提供这些证据的直接环境,核心要素在于"必须来源于过去的人类存在"⑤。例如,一个发现于被淹没的史前陆

---

① 参见《瓦莱塔公约》第 1 条第 2 款和解释性报告。

② 参见《瓦莱塔公约》解释性报告第 5 页。

③ 参见 Gaffney, Fitch, Smith, "Europe's Lost World," *European Journal of Archaeology Archive*, vol. 14(2009), p. 63,讨论了中石器时代保留在淤泥中的人类足印的重要性。

④ 参见《瓦莱塔公约》解释性报告第 5 页。

⑤ 同上。

地表面的矿井中,可能包含中石器时代人类使用壁炉或烤炉的证据。① 其中,矿井中烧焦的物质(如骨头和打火石)和矿井本身(无论是人造还是自然的)都属于定义范畴内。② 而矿井中的自然环境沉淀,尽管起源于中石器时代并具有重大的考古意义,也不属于《瓦莱塔公约》的保护范围。③ 此外,保留下来的中石器时代的植物群和动物群遗迹,即使它们也能提供早期人类种植或食用物的一般线索,也不在《瓦莱塔公约》的保护范围内,除非能够证明其与人类有某种直接的联系。

值得注意的是,《瓦莱塔公约》不同于欧洲理事会早前采用的水下文化遗产的定义方法,即《瓦莱塔公约》没有用年限标准,只是简单地要求遗迹必须来源于"过去的时代"。从技术上看,这种做法排除了当前时代的文物遗迹(也引起了当前时代从何时起算的问题)。但从实践上看,由于很多现代考古学家更倾向于连续的时间段,不愿意将其划分为不同的时期,所以对这些遗迹的保护和研究是否能"帮助追溯人类历史和人类历史与自然环境的关系"将成为关键因素。

《瓦莱塔公约》在一定程度上能够用来解决对考古遗产的威胁。由于考古遗产的定义条文的用词比较宽泛且具有普遍性④,因此赋予缔约国在定义时一定的灵活性。《瓦莱塔公约》只是解决一般意义上的考古遗产的工具,并非专门解决水下文化遗产问题,也没有提及救助法或其他法律的适用。

三、2001 年 UNESCO 公约的方法

2001 年 UNESCO 公约集中解决针对水下文化遗产的特定威胁,即针对水下文化遗产的寻宝(treasure hunting)和其他未受规范的活动,特别是在开放的

---

① 至少存在一个这样的矿井,内有烧焦的骨头和打火石。
② 由于矿井具有自然特性而并非挖出来的,有人可能会质疑这是否构成"人类踪迹"。我们假设这属于公约第 1 条第 3 款的"成熟的遗迹"的概念范畴,因此构成《瓦莱塔条约》中的"人类踪迹"。
③ 考古学家认为矿井附近的环境可以提供相关情景,因此属于定义的范畴。
④ 参见公约第 3 条关于考古活动的授权。

海域。2001 年 UNESCO 公约第 1 条第 1 款对"水下文化遗产"进行了界定：

> （a）"水下文化遗产"系指至少 100 年来，周期性地或连续地，部分
> 或全部位于水下的具有文化、历史或考古价值的所有人类生存的遗迹，
> 比如：(i) 遗址、建筑、房屋、工艺品和人的遗骸，及其有考古价值的环
> 境和自然环境；(ii) 船只、飞行器、其它运输工具或上述三类的任何部
> 分，所载货物或其它物品，及其有考古价值的环境和自然环境；(iii) 具
> 有史前意义的物品。
>
> （b）海底铺设的管道和电缆不应视为水下文化遗产。
>
> （c）海底铺设的管道和电缆以外的，且仍在使用的装置，不应视为
> 水下文化遗产。

与 2001 年 UNESCO 公约生效前的其他国际公约相比，2001 年 UNESCO 公约对"水下文化遗产"的定义标准更为简化，即"所有人类生存的遗迹"。它第一次明确将飞行器纳入保护范畴。此外，2001 年 UNESCO 公约还提到了一种受保护的类型，即"具有史前意义的物品"。公约第 1 条第 1 款的(b)(c)两项明确列举了两种排除情形。

第二节　水下文化遗产的价值及其特殊法律性质

一、水下文化遗产的价值

文化遗产是一种特殊的物品，其蕴含着商业价值和历史文化、考古、艺术等科研与精神价值。一方面，某些文化遗产是由贵重物质材料制作而成，因而具有重要的商业价值，如金银币、金块等；另一方面，文化遗产反映了特定历史时期的历史文化与技术发展状况，具有不可再生性和极度的稀缺性甚至唯一性，因而文

化遗产的根本价值在于其本身所承载的历史文化内涵或历史、文化、艺术等科研与精神价值。而正是这种不可再生性和极度稀缺性甚至唯一性使其内在的历史、文化、艺术等科研与精神价值转化为极大的商业价值,水下文化遗产也不例外。

完整性对水下文化遗产价值保存来说十分重要。水下,特别是深海环境对文化遗产的保护和保存来说具有无比的优越性。一方面,深海的低温、缺氧、低光照度等条件抑制了有机物的分解,使相关的生物作用、化学作用减缓。深海中的淤泥、软泥、海洋生物等包裹在文化遗产上,加之温度低等因素,大大降低了金属的被腐蚀速度,因而水下更利于保存各种易碎有机物遗产。[①] 另一方面,由于长期以来人类活动无力触及深海海底,深海的水下文化遗产几乎没有受到人为因素的干扰,因而保护得十分完整。如果剥离了陆地上不同文化遗产之间的关系所带来的信息价值,这种完整性使水下文化遗产比陆地文化遗产具有更大的历史、文化、艺术价值和商业价值。

人类自与大海接触以来,留下了数不清的水下遗产。它们沉没的时间长短不一,越古老的遗产越受到厚厚水层保护而得以保留下来。这些珍贵的文物正因轻装潜水的普及而成为探宝和牟取暴利的对象、海洋开发事业的牺牲品,或成为各国不断增加的潜水俱乐部水下工作的饵食,它们被盗掘和破坏的危险性日益增大。其中,最能够吸引商业打捞者眼球的便是沉船及其所承载的货物,特别是金银币、金块、陶瓷器、青铜器、玉器以及艺术石雕等。

第二次世界大战后,沉船打捞的高回报性与深水技术在民用领域的应用促生了沉船商业打捞或猎宝这种海洋探险与商业投机活动。特别是在欧美的一些技术发达的海洋大国,一个个专门以海洋沉船的商业打捞为业的商业群体已经形成。这种商业打捞者或者打捞公司拥有充足的资金、人员与技术设备,甚至"熟悉国际法,非常善于钻国际法的空子"。他们依据商业营利规则运营,只关注水下文化遗产的商业价值,丢弃只有科研价值而无商业价值的部分;即使对于具

---

① http://jpkc. nwu. edu. cn/kjkg/pages/jiaoan2_5. htm.

有商业价值的遗产,由于其不遵守或不完全遵守水下考古程序规则,同样会造成水下文化遗产的历史文化与科研信息的大量流失。更有甚者为了追逐商业利益,故意毁坏某些水下文化遗产以求在其他水下文化遗产方面获得更大的商业利润,如英国猎宝商哈彻(Hatcher)在"泰兴号"打捞出水后,为了炒作进而获得更多的商业利益,将被打捞上来的65万件品相一般的古瓷敲碎,推入海里,仅留下35.6万件成色上乘的瓷器①,其反道德行为令人发指。另外,根据传统海事法中的救捞法与打捞物法,被打捞出水的水下文化遗产或者被拍卖以偿付打捞者的打捞报酬,或者归打捞者所有,这从法律上鼓励了商业打捞行为。从"泰兴号"案中我们可以看出商业开发行为对水下文化遗产的巨大破坏性。

水下文化遗产的另外一种价值体现在科研或水下考古中。水下环境异常恶劣,水下考古对财力、人员素质与技术设备的要求很高,所以目前水下考古先进的一般是发达国家,特别是美国、英国、澳大利亚、加拿大、日本等海洋大国。这些国家经济发达,能够抽出较多的财力应用于文化、科研与公益事业,无论是官方机构还是民间遗产保护与研究机构,都具有较为雄厚的资金基础、先进的考古与水下发掘技术和高水平的水下考古专业人员与潜水人员。而普通发展中国家技术相对落后,缺乏相关专业人员,其有限的资金通常用于原本就薄弱的经济、军事建设中,水下文化遗产往往成为其经济、军事建设的牺牲品,而水下文化遗产保护与研究机构也难以开展保护与研究活动。实际上,水下考古本身也是对水下文化遗产的一种破坏行为,只是其主观目的在于保护与科研,其损害性比其他活动低而已。

二、水下文化遗产的特殊法律性质

水下文化遗产属于财产的一种,一方面,它拥有财产的一般属性,即所有权人可以占有、使用、收益与处分;另一方面,水下文化遗产作为"文化""遗产",其

---

①　http://www.fjql.org/qxgj/a186.htm.

与一般财产相比,还具有一些特殊的法律性质。

1. 财产与文化的双重属性

水下文化遗产具有巨大的经济价值,这使其成为各国争抢的对象,进而引发了大量的所有权争议。水下文化遗产可以进行买卖、流通,所有者可以使用它并通过它获益。这均表明水下文化遗产具有一般财产的属性。除此之外,更为重要的是水下文化遗产蕴含的文化属性。一般财产,如人们日常使用的电脑、手机等,只是人们日常使用的物品,是可以替代的。而文化遗产往往是一个民族、一个国家传统文化的体现,展现了特定时期人类文明的成果,是不可替代的,一旦遭到破坏或毁灭,是很难甚至无法恢复的。水下文化遗产的文化属性决定了在认定所有权的归属时不同于一般财产,需要考虑其文化发源国的利益。

2. 团体人格属性

一般财产通常仅与作为其所有者的某个人或某几个人相关,且这种关联仅是物质上的,很少与所有者的人格或精神相关。而水下文化遗产不同,文物可以促进一般人类群体的团体感和参与感[1],它不仅是具有财产价值的实物,更是一个国家或一个民族无法取代的"文化资源",而该国家或民族的人民对该文物享有"团体人格"(grouphood)。

在定义"团体人格权"之前首先要厘清"人格权"的概念。个人需要对周围环境中的资源拥有一定的控制权,以便实现良好的自我发展。对个人的自我构成、自我发展具有重要意义的资源即为具有人格权的资源,人格权理论在个人和完全可替代的财产之间假定了一种连续统一体。[2] 在这个统一体中,与个人的密切程度更高的财产具有更重要的意义,因为个人一旦脱离这个财产,就不再是特定的人了。如何保护这一类财产是人格权理论中最重要的问题。要构成具有人格权的财产需要满足两个标准:首先,该财产必须与所有者的身份或人格紧密相连。这一

---

[1] John Moustakas, *Group Rights in Cultural Property: Justifying Strict Inalienability*, Cornell L. Rev., vol. 74 (1988 - 1989), p. 1179.

[2] Ibid., p. 1188.

标准代表了物品与自我建构之间的密切关系。其次，即使财产对自我建构十分重要，但如果持有该财产会促进"坏的物权关系"，那么该财产也不是具有人格权的财产。

人格权是财产与某个特定的人具有特定的联系；与之类比，团体人格权是财产与某一特定的团体具有密切的联系。具体来说，具有团体人格属性的财产能够促进团体的发展、建构以及个人的身份归属感与团体感。根据现有的团体人格理论，团体人格权是独立存在的，而非个人权利或社会权利的衍生物或附属品，应当受到特殊的保护。美国的法院已经在一些案件中承认了团体人格权的存在。在威斯康星诉约德（Wisconsin v. Yoder）案中，[1]威斯康星州规定年满14周岁的儿童必须上学，而州法院则免除了门诺教派（Amish）儿童的这一强制性义务。法院的理由是：正式的学校会剥夺这些孩子自由活动（free exercise）的权利从而削弱整个门诺教派的团体性（community）。该案是保护团体性的案子。正如门诺派作为被告在法院中辩称的：没有门诺团体就没有门诺教，个人是不能代表整个门诺教的。团体存在的精神基础是一系列共同的、存活着的信仰，这些信仰是依靠整个团体一代代人敬畏的共同传统和思想延续的。在该案中，团体权利是优先于个人和社会权利的。

水下文化遗产是否具有团体人格属性呢？与财产是否具有人格权的判断标准类似，某一财产要具有团体人格属性同样需要满足两点：首先，该财产必须实质上与团体身份"相关联"；其次，保留该财产不会构成"坏的物权关系"。[2] 水下文化遗产具有文化属性，代表了某一国家或民族的文化与艺术，"艺术是直接与内在的意识对话的，通过艺术我们可以感知到属于某一集体或团体的归属感"[3]，因此水下文化遗产必定与某一团体有着密不可分的联系，它将团体成员与其祖先、子嗣联系在一起，既满足了个人基本的身份归属感需求，又体现了团体的共同价值观。某一水下文化遗产对与之无关的群体来说，或许只是一件人

---

① *Wisconsin v. Yoder*, 406 U. S. 205 (1972).

② John Moustakas, "Group Rights in Cultural Property: Justifying Strict Inalienability," *Cornell L. Rev.*, vol. 74 (1988－1989), p. 1193.

③ Ibid., p. 1195.

工制品,而对与之有密切联系的团体来说,则是一件可以让他们感到自信、能够想象未来的有生命的物品。而阻止团体成员享受这一物品会威胁团体的生存。从这一层面上来说,水下文化遗产可以促进特定团体的自我发展、自我建构、自我认知,而不会构成"坏的物权关系"。因此,水下文化遗产具有团体人格属性。很多法律都承认团体拥有"促进、加强和丰富其成员的团体感"的合法权利,这种权利可以通过为成员提供接触共同文化遗产的途径的方式实现。具有团体人格属性的水下文化遗产应当受到特殊保护。

团体人格属性可以说是水下文化遗产与一般财产相比最显著的特殊属性,这一属性决定了在确定所有权的归属时,应当将与其相关的团体利益纳入考量范畴。更为重要的是,团体人格属性意味着水下文化遗产的所有权并不完全等同于一般财产的所有权,即使其所有权属于某一特定的人或国家,它的积极权能和消极权能也要受到限制。水下文化遗产不能自由使用、收益与处分,若所有权的行使会对水下文化遗产造成损害,那么该所有权并非完全排他,团体中的其他成员是有权阻止的。这一问题将在后文中详细论述,在此不再赘述。

3. 国际与民族的双重属性

水下文化遗产是全人类共同文化的组成部分,无论其发源地在哪里,现在位于何处,属于哪一个国家管辖,都改变不了水下文化遗产的国际性。然而,国际性并不意味着水下文化遗产是"人类共同继承遗产"(common heritage of mankind)。作为全人类共同文化组成部分的水下文化遗产,其所有权可以归属国家或个人,而人类共同继承遗产的所有权只能属于全人类,国家只能是管理者或保护者,不可能成为所有权人。根据《联合国海洋法公约》,国家管辖范围以外的"区域"及其资源是人类的共同继承财产。[①] 对于水下文化遗产而言,无论其所有权归属沿海国、来源国还是发现国,其所有权人都是特定的,因而水下文化遗产的国际性并不妨碍所有权的行使。

同时,水下文化遗产也是国家文化遗产的组成部分,因而享有所有权的国家

---

① 《联合国海洋法公约》第 136 条。

有权对水下文化遗产的进出口进行控制,并有权要求返还文化遗产。从这一角度出发,世界各国可被分为资源国与市场国两类。对于资源国来说,其拥有的文化遗产超过国内的需求,像埃及、希腊等属于资源国。而对于市场国来说则刚好相反,其对文化遗产的需求大于国内拥有的数量,如美国、德国、法国。这些国家对文化遗产的需求促使它们从资源国进口。资源国通常愿意通过出口文化财产获得收益,因而往往采取较为宽松的出口限制。但这种文化遗产所有权的转移极易为其带来不可逆转的损害,也不利于保护其"文化"属性。

水下文化遗产的国际性要求在确定其所有权归属时,应当考虑全人类共同的利益,以保护水下文化遗产为基本原则。此外,应当对水下文化遗产的跨境转移施加一定的限制,以便为其提供更好的保护。

另外,水下文化遗产也具有民族性,这是其与生俱来的属性。

4. 公共利益属性

《加利福尼亚州文化与艺术创作保护法》(California Cultural and Artistic Creations Preservation Act)规定"保护文化与艺术创作的完整性中存在公共利益的要求",并且授权"特定的组织代表公共利益采取禁令性救济,保护或恢复艺术品的完整性,避免其遭受篡改或毁坏"。[①] 由此可见,文化财产是具有公共利益属性的,水下文化遗产亦是如此。根据 Merryman 的观点,这种公共利益来源于很多不同的方面。首先,水下文化遗产的公共利益属性来源于文化财产的价值,这种价值包含了文化财产表现出的确定性与真实性、道德感、身份归属感与团体感。例如,文化财产通常能体现出一个时代共同的道德观,而这种道德观往往是当时集体利益的体现。其次,公共利益来源于政治和宗教因素。文化财产经常具有政治或宗教上的用途,如很多教堂、雕塑等都是传播宗教文化的一种方式。

即使某一文化遗产归属个人或国家所有,但其中蕴含的公共利益属性也要求其为社会大众提供认识与了解的途径。所以,所有权的消极权能即行使所有权不受他人干涉的权利应该受到一定限制,以保护水下文化遗产的公共利益属性。

---

① 《加利福尼亚州文化与艺术创作保护法》第 989 条(a)和(c)款。

第三节 研究现状和研究路径

一、研究现状

文化遗产的保护,不仅关乎特定国家文化遗产保护的利益,而且关乎全人类最基本的共同利益。国内目前对文化遗产保护的研究多集中于从艺术学或民族学等角度对文化遗产的历史、现状、经验进行考察。对文化遗产保护的法律问题研究主要集中于我国文化遗产保护法律制度的构建。国外学者在这方面研究比我国起步要早,成果较为丰富。

至于水下文化遗产方面,《联合国海洋法公约》仅在第 149 条和第 303 条中提及水下文化遗产的保护,前者针对位于国际海底区域的特定文化资源,后者针对位于领海和毗连区的特定文化资源。就如何理解《联合国海洋法公约》关于特定文化资源的保护问题,中外学者开展了卓有成效的研究。① 这些学者认为,《联合国海洋法公约》关于文化资源保护的规定存在严重不足。

随着 2001 年 UNESCO 公约的制定,上述情况大为改观。中外学者对该公约给予了充分的肯定②,但是对于 2010 年 UNESCO 公约所体现的纯粹保护主义理念以及相关的制度,有学者提出了不同的观点,认为应当给水下文化遗产的商业开发留下足够的空间。③

---

① 如赵红野:《毗连区海底文物所有权问题》,《中国国际法年刊》1991 年,第 413—435 页;Cynthia Furrer Newton, "Finders Keepers? The Titanic and the 1982 Law of the Sea Convention," *Hastings International and Comparative Law Review*, vol. 10, No. 1 (1986), pp. 159 - 197; David R. Watters, "The Law of the Sea Treaty and Underwater Cultural Resources," *American Antiquity*, vol. 48, No. 4 (Oct. , 1983), pp. 808 - 816。

② 如 Michail Risvas, "The Duty to Cooperate and the Protection of Underwater Cultural Heritage," *Cambridge Journal of International and Comparative Law*, 2013, pp. 562 - 590.

③ 如 Ole Varmer, "Closing the Gaps in the Law Protecting Underwater Cultural Heritage on the Outer Continental Shelf," *Stanford Environmental Law Journal*, vol. 33, p. 251.

除上述国际法框架和规则之外,就国际海洋文化资源的保护,各国也有不同的规定。相对而言,美国的规定较为全面,但仍有提升的空间。[①] 中国的相关法律,主要是《中华人民共和国文物保护法》(以下简称《文物保护法》)和《中华人民共和国水下文物保护管理条例》(以下简称《水下文物保护管理条例》)采取了以国家所有促进保护的策略,但实际效果堪忧,也与 2001 年 UNESCO 公约的相关规定有所抵触。

当前,水下文化遗产保护的国际法和国内法法律规定因为中国南海划界争端的激化而更为复杂。如上所述,《联合国海洋法公约》的思路是先划界,再确定相关领域中各国的权利和义务关系。2001 年 UNESCO 公约以及美国、中国的国内法也采取了类似的策略。由于中国绝大部分海洋文化资源位于海上丝绸之路——南海领域之内,因此,中国对海洋文化资源的保护必然无法与划界问题割裂开来。

二、研究路径

本书主要研究的问题和研究路径如下:

第一,界定海洋自然资源和文化资源的内涵和外延,并大体勾勒出与之相对应法律理念、制度和规则。水下文化遗产为海洋文化资源的一种,与之相关的法律体系分为国际法体系和国内法体系,国内法体系又可大致分为公法体系和私法体系等。不同的法律体系,由不同的法律机构承担相应的管理和裁判职能。

第二,从水下文化遗产的开发、利用和保护的角度,讨论在水下文化遗产的开发、利用和保护过程中,存在着哪些利益集团以及这些利益集团的诉求,这些利益集团通过何种途径将其利益诉求转化为法律规定和相关的判决。

第三,对国际法的法律理念、制度和规则进行分析,特别是分析 2010 年

---

① 如 Anne M. Cottrell, "The Law of the Sea and International Marine Archaeology: Abandoning Admiralty Law to Protect Historic Shipwrecks," *Fordham International Law Journal*, vol. 17(1993), p. 667.

UNESCO 公约的立法历程、立法框架以及相关的学术评论,探讨国家在国际法框架下的规制空间。本书也会关注各利益集团在国际法框架下的权利和义务等。

第四,对中国和美国等国的国内水下文化遗产法律进行分析,通过对比,说明中国关于文化遗产保护的自身特点,其中,以国家所有制度最具特色。与美国相比,中国的法律更为注重对文化资源的保护,而相对忽略了文化资源的开发和利用。因此,仅从法律制度而言,中国国内法与 2010 年 UNESCO 公约存在一定的契合性。但是,如果分析具体条文,可以发现,中国法律的诸多规定已然超出了公约所赋予的权限。

第五,具体讨论南海领域水下文化遗产的保护问题。本书将问题放置在南海水下文化遗产保护这样一个具体的情景之下,特别分析当海洋划界出现争端时,应当如何平衡国家领土或水域之争与保护文化遗产之间的关系。就此,特别分析海洋划界问题对于确定各国保护水下文化遗产的重要法律意义,以及因划界问题所导致的水下文化遗产保护不周的隐患。具体而言,水下文化遗产的保护需要国家拿出真金实银,要持续投入人力才能完成。在争议水域中,各国很可能过度重视自然资源的开发,而忽略了对文化资源的保护。

第二章　国际水下文化遗产法的立法建构

第一节　实质的国际水下文化遗产法

一、背景

基于水下文化遗产沉没于水下,特别是深海这一现实困难,开展有关水下文化遗产活动需要复杂的水下技术,主要包括潜水技术、水下探测技术、打捞与发掘技术以及水下摄像、绘图技术等。

1. 潜水技术

在人工潜水设备发明之前,人类受自身的能力所限,只能以本能潜入很浅的水底,且下潜时间很短。所以早期与水下文化遗产有关的活动,主要限于浅水水域,人类无力对水下文化遗产进行专门的打捞活动,更谈不上大规模的打捞或破坏。事实上,在 20 世纪中叶水下呼吸器(Scuba,俗称"水肺")发明之前,水下文化遗产的专业打捞者与海洋考古人员人数很少。[①] 早期对水下文化遗产的打捞只是海洋采集或海洋渔业的副产品;早期的水下文化遗产打捞人员也仅限于少数渔夫。当时对水下文化遗产进行附带打捞的潜水活动,只是欧美国家的海绵潜水(Sponge Diving,即水下采集海绵的活动)的附带活动。传统海事法中的打捞物法(Law of Finds)中的"先到先得"(First Come, First Served)原则,和海洋

---

① 潜艇技术的发明虽然比水下呼吸器要早,但出于军事技术的敏感性直到 20 世纪下半叶才开始适用于海洋考古。

公法上的"捕鱼自由"(Freedom of Fishing)原则,都适用于水下文化遗产有关权利的取得。

长期以来,即使是浅水的活动,人类也只能在水中停留很短的时间,深水的低温、缺氧和高压环境更是使人体难以承受。如果需要在水下停留更长的时间,首先要解决水下供氧问题。"如何又简便又经济地为潜水者提供所需要的空气,同时又使空气的压力跟周围海水的压力相同,以免在深水中发生肺破裂,是一个关键性的问题。"①这直接关系到潜水员能否在水下停留足够长的时间以便搜寻、打捞和发掘水下文化遗产。这个梦想在 20 世纪中叶变成了现实。1943 年,法国海军少校、海洋地理学家、海洋考古学家库斯托(Cousteau)发明了前述的水下呼吸器。② 它一般是由氧气瓶与供氧控制系统组成,在海水压力的作用下,潜水员吸气时供给氧气,而在呼气时控制阀门自动关闭,这有效满足了潜水员水下呼吸的需要。"空气轻装潜水技术的开发使人类能像鱼一样在海底自由活动,这一方面促进了学术调查和探险活动的迅速开展,另一方面也应看到在世界各地与科学研究大相径庭的以攫取传说中的宝船和财宝为目的的活动也因此而复苏。"③

虽然水下呼吸器的发明使轻装潜水得到普及,但仍然无法使潜水员潜入深海领域,且出于安全的需要,潜水员停留在水下工作的时间仍然很短。第二次世界大战后,具有高度军事敏感性的潜艇技术随着和平时代的到来开始适用于民事与科研领域。例如,20 世纪 60 年代在美国海军的资助下,Litton Industries公司为伍兹霍尔海洋研究所(Wood Hole Oceangraphic Institution)制造了性能优越的深水小潜艇——阿尔文号(Alvin)"深潜装置"(DSV)。该潜艇能够下潜到 1828 米的深海,通常可以容纳两名科学家和一名驾驶员,它的产生推动了科

---

① http://www.losn.com.cn/jstd/source/ship4/2.htm.
② http://www.losn.com.cn/jstd/source/ship4/2.htm.
③ 小江庆雄:《水下考古学入门》,王军译,文物出版社,1996 年版,第 46 页。

学家对深海海床的直接调查与研究。[①] 潜艇可以容纳多种调查、测量、绘图、摄影以及打捞与发掘等设备,并为潜水人员提供了近似于陆地环境的优越活动空间,大大提高了水下文化遗产调查、打捞与发掘的效率。正如日本水下考古学家江上波夫教授所言:"水下考古学到现在已经从轻潜水时代因潜水艇的使用发展到一个崭新的时代了。"[②]

2. 探测与调查技术

水下文化遗产的发现是打捞或发掘的前提,但水下文化遗产一般位于水底甚至深海海底,环境恶劣,特别是光照度很差,所以即使潜水员克服低温缺氧的困难潜入水下,仅靠肉眼也难以搜寻与定位,这就需要必要的水下调查技术,这一难题是由声呐技术的应用解决的。声呐技术是动物仿生学研究的产物,是对海豚、鲸鱼等海洋哺乳动物生理超声波的模仿。由于沉船具有较大的体积,沉没在相对平坦的水底后,造成了水底起伏较大的、高低不平的地势,这为声呐扫描提供了物理前提。在使用声呐法进行海底探测时,"人为地向水下发射超声波扫描海底,声波碰到障碍便反弹出回波;接收装置显示出回波波形,并通过计算机读出回波的方向、传播时间等有关数据结果,进而推断出目标物的形状、大小、方位、距离等"[③]。

虽然早在 20 世纪初人类就开始研究声呐技术,"但直到第一次世界大战之际,出于追踪潜水艇的战略需要,才进行声呐的开发,由法国物理学家兰鸠班(Paul Langevin)研制成功"[④]。第二次世界大战以后,成熟的声呐技术开始应用于海洋探险与科研等民用领域,海洋探险事业一经引入声呐技术便实现了质的进步,更促生了水下文化遗产的专业打捞者,包括商业猎宝者(Treasure Hunters)与海洋考古人员;特别是测扫声呐(Side Scan Sonar)技术——这种声

---

① James P. Delgado, *Encyclopaedia of Underwater and Maritime Archaeology*, London: the British Museum Press, 1997, p. 409.
② 小江庆雄:《水下考古学入门》,王军译,文物出版社,1996 年版,第 154 页。
③ 张寅生:《水下考古与水下考古探测技术》,载《东南文化》,1996 年第 4 期,第 31 页。
④ 小江庆雄:《水下考古学入门》,王军译,文物出版社,1996 年版,第 13 页。

呐能对水下高低起伏的地势状态作出准确的记录,在 20 世纪 50 年代末期开始应用于科研领域,在晚近的水下文化遗产调查、打捞或发掘中取得了无法替代的地位。例如"玫瑰号"(Rose)、"莫尼特号"(Monitor)、"汉密尔顿号"(Hamilton)、"布莱德本号"(Breadalbane)、"陆龟号"(Land Tortoise)、"泰坦尼克号"(Titanic)等沉船的发现,都是测扫声呐应用的结果。①

与水下探测有关的重要技术还有地磁遥感技术等,正如有些学者所说,"随着技术进步和多种技术的应用,利用遥感和声呐技术系统探查水下沉船、遗址,利用计算机分析水下遗址的照片、图纸,利用声频信号取代测尺的全新测绘系统已经广泛应用于各种规模的水下考古调查、发掘工作。这些先进技术的运用,大大提高了工作效率,缩短了人们水下工作的时间"②。

3. 打捞与发掘技术

打捞与发掘并不是等同的概念,"打捞"为商业上的技术性概念,它重在结果,而不是实施过程中科学上的程序性;"发掘"是考古学,特别是田野考古学概念,它以考古层位为指导原则,包括遗迹的逐层剥露、测量、绘图、摄影以及遗迹、遗物的详细记录等一系列科学程序,更重视科学的程序性,这一程序性直接决定了其结果的合理性。水下考古学中发掘的概念与陆地考古学中的发掘概念并无二致,只是由于水下特别是深海中遗迹的特殊埋葬情形与环境的恶劣性,水下考古中的发掘程序无法像陆地考古中的发掘程序那样详细、严格。

如上所述,早期对水下文化遗产进行的打捞活动主要是由以海洋采集与捕鱼为生的海绵采集人与捕鱼人进行的,而被打捞的水下文化遗产,如古钱币、陶瓷器、青铜器与艺术石雕等,也是海洋采集与捕鱼活动的副产品。即使利用人类的本能或水下呼吸器对海底沉船进行打捞,往往也只能到数十米深的水下。潜艇技术的引入只是使调查与探测技术前进了一大步,但由于水下文化遗产,特别

---

① James P. Delgado, *Encyclopaedia of Underwater and Maritime Archaeology*, London: the British Museum Press, 1997, p. 385.

② 栾丰实、方辉、靳桂云:《考古学理论·方法·技术》,文物出版社,2002 年版,第 220 页。

是打捞沉船的潜艇主要是微型潜艇,它对体积较大、重量较重的水下文化遗产的打捞是无能为力的。深海的水下文化遗产的打捞主要采用空气打捞装置与气体提升技术。前者为利用空气吸引力与喷射力,将水下文化遗产予以吸取;后者为将坚固的水下文化遗产进行捆绑或将散落的水下文化遗产用石膏加固,再利用空气提升装置使其浮出水面。此外,甚至有人建议用巨型的机械爪对沉船进行整体打捞。[①]

位于深海的水下文化遗产,受潜艇技术的限制,对其的调查、发掘与记录十分困难。20世纪六七十年代,随着远程控制技术与自动化技术的发展,人类发明了远程无人操作机械和水下遥控机器人(ROV),人类对深海的调查、打捞与发掘又向前迈进了一大步。远程无人操作机械在深海作业时,工作人员无须亲自潜入深海,只需要在海面的母船上通过与其连接的电缆对其进行遥控指挥。正如著名文化遗产保护学家Patrick J. O'Keefe所说的那样,"自20世纪60年代以来,人类制造了许多人工或远程控制潜水器,这使人类可以接触到的海洋的深度超过6 000米,足以触及所有洋床面积的98%"[②]。

二、无意中影响水下文化遗产的活动

无意中影响水下文化遗产的活动是指尽管不以水下文化遗产为主要对象,但可能对其造成损伤或破坏的活动,这种活动的主观目标并非水下文化遗产,但客观结果却是对水下文化遗产造成损害,这些活动主要有海洋捕鱼、海底电缆与管道的铺设、海底矿产资源的开发、有害化学物质的海洋倾倒、国防工程与武器试验等。[③]

随着世界人口的膨胀,人类对资源的需求量也与日俱增,所以便于人类获取

---

① http://jpkc.nwu.edu.cn/kjkg/pages/jiaoan2_5.htm.

② Patrick J. O'Keefe, *Shipwrecked Heritage : A Commentary on the UNESCO Convention on Underwater Cultural Heritage*, Leicester, Great Britain: Institute of Art and Law, 2002, p. 4.

③ 参见2001年UNESCO公约第1条。

的陆地资源日渐枯竭；同时，由于一个多世纪以来海洋技术日新月异的发展，人类逐渐将生存空间扩展至海洋，展开了激烈的海洋圈地运动。这些以经济、国防为目的的海洋利用与海洋资源开发活动，极具经济与国家安全上的重要性①，与之相比，承载部分文化利益的水下文化遗产之保护的重要性显得相对小，因此，水下文化遗产在很大程度上成为海洋经济性开发与国防军事工程及武器试验的牺牲品。这种活动对水下文化遗产所造成的破坏性，比水下文化遗产的商业性打捞有过之而无不及。一方面，商业打捞者将尽力保护其认为具有重大商业价值的水下文化遗产。商业打捞的目的在于获取水下文化遗产的经济利益，而水下文化遗产的完整性是其商业价值得以保存的重要前提，只有保持遗产的完整性才能获取更大的利润，所以商业打捞者会采取一切可以利用的技术措施来保护器物的完整性，当然这并不适用于打捞者认为商业价值低的器物。另一方面，海洋开发与军事工程等活动中的某些活动，对水下文化遗产的破坏是大规模的，甚至会造成整个活动水域内的水下文化遗产完全移位或毁损，例如，海底电缆与管道的铺设有时候会要求清除位于其设计路线附近的水下文化遗产，海底矿产资源开发往往会造成施工或生产地点的水下文化遗产的大规模破坏，海洋有害化学物质倾倒会对水下文化遗产造成腐蚀，海底武器试验则会造成一定水域内水下文化遗产的完全毁灭等。

三、水下文化遗产的国际立法考量

我们需要认识到水下文化遗产的重要性。水下文化遗产受到的威胁与日俱增，包括不断增多的建筑施工活动、科技的进步使沉船的辨识与访问更为容易、海洋资源的开发，以及为了商业目的而对水下文化遗产进行的疯狂打捞等。国际社会为水下文化遗产的保护付出了不懈的努力。反映在法律方面，各国针对

---

① Patrick J. O'Keefe, *Shipwrecked Heritage*: *A Commentary on the UNESCO Convention on Underwater Cultural Heritage*, Leicester, Great Britain: Institute of Art and Law, 2002, p. 65.

水下文化遗产的保护不但制定了大量国内法,而且在国际层面上制定了许多双边、多边协定和区域性与普遍性国际公约;另外,相关国际组织也为水下文化遗产的国际保护付出了艰辛的努力,制定了许多具有或不具有法律拘束力的国际文件。

虽然各国通过国内立法对水下文化遗产进行保护起到了重要甚至不可替代的作用,但国内立法保护方式也存在许多缺陷,其中两点最为突出:第一,它们不能对位于各国主权管辖范围之外的国际海域内的水下文化遗产进行法律保护,因为对水下文化遗产进行保护的国内立法属于传统上公法的范畴,而公法只具有国内效力而不具有域外效力,他国在本国主权领域与国际领域内一般不予承认和执行。第二,由于各国国内法的规定有很大差异,在缺乏有效的国际合作时各国单独执行其国内法会不可避免地发生冲突。例如,有些国家的国内立法对水下文化遗产的管辖范围扩大至其专属经济区与大陆架,如中国《水下文物保护管理条例》、澳大利亚 1976 年《历史性沉船法案》等,而另一些国家则将管辖范围限制于主权覆盖水域,还有些国家尚未制定专门的文化遗产保护法,所以有关专属经济区与大陆架上的水下文化遗产的保护往往很容易引发争议。因此,需要国际社会就水下文化遗产制定相关的法律文件。

四、国际水下文化遗产法的法律原则

国际水下文化遗产法的主要原则主要包括:

1. 保护水下文化遗产的义务

缔约国应采取相应行动保护水下文化遗产。这并不意味着正式批准公约的国家需要开展考古发掘工作;它们只需要根据自身能力采取适当措施即可。然而,公约鼓励开展科学研究和促进公众对相关情况的了解。

2. 优先选择原地保护

在允许或采取任何针对水下文化遗产的活动之前,应首先把原地保护(即其

原所在地)作为优先选择。然而,为更好地保护水下文化遗产或大力促进对水下文化遗产的认识,可批准对相关物品实施打捞。

3. 不得进行商业开发

2001 年 UNESCO 公约明文规定不得以贸易或投机为目的对水下文化遗产进行商业化开发,且不得使其无可挽回地流散。这项规定符合已经适用于陆上文化遗产的道义原则。但是,不得据此将其理解为禁止开展考古研究或旅游开发。

4. 培训和信息共享

保护水下遗产的最大障碍之一是水下考古学还是一门新兴学科,很多国家没有足够数量的训练有素的水下考古学家。因此,2001 年 UNESCO 公约鼓励缔约国开展水下考古学方面的培训、技术转移和信息共享。

第二节　形式上的国际水下文化遗产法

一、国际习惯法

国际习惯法也可能涉及水下文化遗产。根据《联合国海洋法公约》,沿海国对在其领海内发现的水下文化遗产具有专属管辖权。然而,沿海国是否依据国际习惯法有权将其专属管辖权延伸至在其专属经济区或大陆架内发现的水下文化遗产,仍是一个存在争议的问题。在 2001 年 UNESCO 公约出台前,包括《联合国海洋法公约》在内的国际法并未处理沿海国对 24 海里以外海域发现的水下文化遗产的权利和管辖权问题。所以许多国家通过实施国内法将其管辖权延伸至本国领海外,以阻止对水下文化遗产的掠夺和不科学开发。[①]

有诸多国家实践可以借鉴,如法国、意大利、泰国等国家有较多的相关国内

---

① Etienne Clément, "Current Developments at UNESCO concerning the Protection of the Underwater Cultural Heritage," *Marine Policy*, vol. 20, Issue4(1996), pp. 313 - 316.

立法。法国《遗产法典》较为细致地界定了海洋文化财产的范围,规定了所有权问题、发现报告问题、考古发掘问题和相关奖惩措施。法国水下文化遗产保护实践中最突出的一点就是注重对军舰等享有国家船舶豁免权和所有权的船舶的规定,通过协定方式合作保护有关遗产。① 比如,"拉贝拉号"(La Belle)是法国国王在 1684 年为法国探险家拉萨尔(Cavelier de La Salle)提供的一艘船,用于法国在密西西比河河口建立一个殖民地,但该船不幸于 1686 年失踪。美国得克萨斯州的一个行政部门——得克萨斯州历史委员会(Texas Historical Commission)在 1995 年 7 月于该州的马塔哥达湾(Matagorda Bay)发现了"拉贝拉号"沉船,并花费巨资进行了近一年的发掘,发掘出了沉船船体和上万件物品,这是在北美发现的最重要的沉船之一。② 法国认为,"拉贝拉号"沉没时是法国军舰的辅助舰,法国依照国际法对沉船享有豁免权和所有权。经过交涉,法国与美国在 2003 年签订了《美利坚合众国政府与法兰西共和国政府有关"拉贝拉号"沉船的协定》(Agreement between the Government of the United States of America and the Government of the French Republic regarding the Wreck of La Belle)。根据该协定,美国承认法国对"拉贝拉号"沉船拥有完全所有权;法国无意使美国返还沉船,沉船和有关发掘品继续由得克萨斯州历史委员会保管,但美国不得征收有关发掘品;法国国防部下设的国家海洋博物馆和得克萨斯州历史委员会将谈判并达成一项协定,规范沉船的保管、研究、文献记录、展览以及相关出版物问题;处置和埋葬沉船上的人类遗骸时,应由法国驻美国大使或其指定的人和得克萨斯州历史委员会共同决定。③

又如,对于 1864 年沉没在法国领海(距离瑟堡海岸约 7 海里)中的美国军舰"阿拉巴马号"(CSS Alabama),法国与美国在 1989 年签订了《美利坚合众国政府与法兰西共和国政府有关"阿拉巴马号"沉船的协定》(Agreement between

---

①　赵亚娟:《法国水下文化遗产保护立法与实践及其对中国的启示》,载《华南理工大学学报(社会科学版)》,2013 年第 3 期。

②　http://www.texas beyond history.net/belle/ index. html.

③　《美利坚合众国政府与法兰西共和国政府有关"拉贝拉号"沉船的协定》第 1—3 条。

the Government of the United States of America and the Government of the French Republic regarding the Wreck of the CSS Alabama），通过成立混合委员会负责"阿拉巴马号"的保护与保全，尊重了美国对该沉船享有的所有权。①

此外，还有较多司法实践，比如"泰坦尼克号"（Titanic）沉船案、"梅赛德斯号"（Mercedes）沉船案等。这些司法实践对海底沉船的打捞、管辖、财产豁免等法律问题有重要的借鉴作用。例如"梅赛德斯号"沉船案对海底沉船打捞后的司法管辖权限问题、商业活动的认定问题和沉船货物豁免权问题有着直接的借鉴意义。第一，沉船的司法管辖权问题。沉船的争议往往涉及打捞国、船旗国、货物所有国或所有人三方主体，因此对于司法管辖，首先是确认沉船及其相关物是否适用主权豁免。在"奥德赛"（Odyssey）案中，法院确认沉船是军舰，享有主权豁免，自然打捞国即美国法院无权管辖。在判定了沉船是西班牙的军舰"梅塞德斯号"后，法院必须进一步确定是否能对在公海发现的属于他国主权财产的沉船行使管辖权，因为该船的沉没地点不在美国领海内。根据美国《外国主权豁免法案》（以下简称FSIA）相关规定，确认"梅赛德斯号"是西班牙的主权财产，就应该免于诉讼，除非奥德赛公司证明此处适用例外情形。② 一旦奥德赛公司能提供证据证明FSIA规定的主权豁免例外适用，举证责任将转移到西班牙方面，即通过充分的证据来证明例外不能适用。但奥德赛公司并未能成功举证有关例外规定在此案中的适用。第二，商业活动的证明。1958年《日内瓦公海公约》第9条为获得豁免的船舶设置了"非商业性服务"这一前置条件。③ 因此，船旗国需要证明该船舶沉没时从事的是非商业性活动。法院根据西班牙提出的证据，认为"梅赛德斯号"并非市场中"普通的私人"身份而是以西班牙国家的身份进行活

---

① 《美利坚合众国政府与法兰西共和国政府有关"阿拉巴马号"沉船的协定》第1—3条。

② 第1609条规定："基于在本法制定时美国为其缔约国之一的某些现行国际协定，某一外国在美国的财产应当免于扣押和执行，但本章第1610条和第1611条所规定的除外。"

③ 第9条规定："由一国所有或经营并专用于政府非商业性服务的船舶，在公海上应有不受船旗国以外任何其他国家管辖的完全豁免权。"

动,且非商业活动。① 第三,是沉船所载货物豁免权问题。鉴于"梅塞德斯号"在沉没时,船上所载的并不止政府的货物,25 位私人诉讼者认为即使"梅赛德斯号"免于扣押,它上面装载的私人货物不应在豁免范围内。25 位私人诉讼者认为,他们能对货物主张权利,因为他们是"梅赛德斯号"所载货物的利益相关人的后代。秘鲁作为货物来源国,也主张货物不应在豁免范围内。总之,他们持"船货分离说",认为货物与船身不能作为一个整体享有豁免权。美国联邦地区法院拒绝解决船上私有物品的归属问题,认为这样做会牵涉西班牙的潜在利益,将不可避免地使其成为一方当事人,因此,沉船和船上的货物应该同时享有豁免。

　　再如 1985 年在加拿大大陆架上发现的、1912 年沉没的英国皇家邮船"泰坦尼克号"。法国与美国、英国以及加拿大在 2004 年签订了《关于皇家邮船"泰坦尼克"沉船的协定》(Agreement Concerning the Shipwrecked Vessel RMS Titanic)。该协定包含了一个附件《关于针对皇家邮轮"泰坦尼克"号和/或其物品的活动的规则》(Rules Concerning Activities Aimed at the RMS Titanic and/or its Artifacts,以下简称《规则》),规范针对沉船、沉物的活动。根据该协定,缔约各国承认"泰坦尼克号"是一艘具有突出国际重要性的水下沉船,具有独特的象征意义;所有针对沉船、沉物的活动(即"项目")应依照协定规定的授权进行;缔约各国一致认为就地保存应优先,仅在出于合理的教育、科学或文化目的时才应许可涉及打捞或发掘沉船和/或沉物的项目;缔约各国应采取一切合理措施,确保该协定生效后所有从沉船上打捞出来并属于其管辖范围的物品,都依照《规则》予以保存和保管,并作为一个整体完好存放;缔约各国应采取一切必要措施,通过授权制度规范本国国民和船舶进行的项目,包括单纯进入沉船船体的项目,或针对船体外部沉物的项目,并采取适当行动,确保本国国民和船舶执行其制定的措施;缔约国应通知其他缔约国其所采取的执行协定的措施;遇有申请批准针对沉船、沉物的新项目时,缔约国应将该申请副本以及本国对申请的初步意见,

---

① 　船上人员均由西班牙海军军官和士兵组成,其军备都是西班牙战舰的标准军备,而且运载了大量的西班牙政府的货物,包括由国库支配的金钱、战争捐款和铜锡块。

通知其他缔约国,并在决定采取何种行动时,考虑其他缔约国反馈的意见;对新项目的授权或拒绝,缔约各国应通知其他缔约国;如果授权或拒绝修改已经授权的旧项目,也应同样通知;如果活动涉及多个缔约国国民或船舶,有关缔约国应相互协商,以便在规范有关活动时协调一致;如果违反协定的活动涉及多个缔约国国民或船舶,有关缔约国应相互协商,以便在采取执行行动时协调一致。①

相信随着国际法发展与水下文化遗产保护实践的丰富,关于水下文化遗产保护的习惯国际法会逐渐形成和完善。

二、国际立法

由于认识到水下文化遗产的重要性及其受到的与日俱增的威胁,国际社会为保护水下文化遗产而付出了不懈的努力,不仅各主权国家制定了许多双边、多边协定和区域性与普遍性的国际公约,相关国际组织也为保护水下文化遗产制定了许多具有或不具有法律拘束力的国际文件。

1. 1954 年《关于发生武装冲突时保护文化财产的海牙公约》

为加强战时文化财产的保护,联合国教科文组织大会在 1954 年通过了此公约,要求缔约国保障和尊重文化财产,并将考古遗址包含在了"文化财产"的定义之中。② 因此,水下的考古遗址应当属于公约保护的范围,但仅限于缔约国内水和领海内构成水下文化遗产的考古遗址。

2. 1956 年《关于可适用于考古发掘的国际原则的建议》

为指导各国的考古发掘活动,联合国教科文组织于 1956 年通过了《关于可适用于考古发掘的国际原则的建议》。虽然其针对的是考古发掘,但同时也强调,每一成员国应考虑对不同时期一定数量的考古遗址部分或整体地维持不动,以便利用改进的技术和更先进的考古知识进行发掘。对于每个正在发掘的较大

---

① 《关于皇家邮船"泰坦尼克"沉船的协定》第 1—5 条。
② 1954 年《关于发生武装冲突时保护文化财产的海牙公约》第 1 条。

遗址,只要土地性质允许,可以保留几处明确界定的"见证区"不进行发掘,要求成员国采取一切必要措施保护考古遗址免于私自发掘和损害,并制止考古发掘物非法出口。① 这些规定已显示出"就地保护"、国际合作和禁止商业性开发的最初考虑。

3. 1969 年《保护考古遗产欧洲公约》

为规范对考古遗产的非法发掘、不适当的发现和研究,1969 年欧洲理事会通过了《保护考古遗产欧洲公约》,其第 1 条规定:"为本公约的目的,由于其发掘或发现为科学情报资料的主要来源或主要来源之一,而作为时代和文明见证的所有遗存和实物,或人类存在的任何其他遗迹,应视为考古物。"②显然,公约所规定的考古遗产范围比较窄,不利于考古遗产特别是水下文化遗产的保护。

4. 1970 年《关于禁止和防止非法进出口文化财产和非法转让其所有权的方法的公约》

1970 年《关于禁止和防止非法进出口文化财产和非法转让其所有权的方法的公约》的目的之一是禁止文化财产的非法进出口,该义务主要由文化财产出口国承担;另一目的则是阻止转让非法进出口的文化财产的所有权,该义务主要由进口国承担。根据公约对"文化财产"所作的宽泛定义,如果有关国家作出了明确的指定,一些属于水下文化遗产的物品和沉船等在打捞出水后也可以受到公约的保护,不过也仅限于缔约国内水和领海内的水下文化遗产。③

5. 1972 年《保护世界文化和自然遗产公约》

为有效保护人类的不可替代的文化遗产,联合国教科文组织大会在 1972 年通过了《保护世界文化和自然遗产公约》。公约规定的"保护"包括所在国保护和国际保护两种,其中国家保护是主要方式,国际保护则可理解为建立一个旨在支

---

① 1956 年《关于可适用于考古发掘的国际原则的建议》第 9 条、第 29 条。
② 1969 年《保护考古遗产欧洲公约》第 1 条。
③ 1970 年《关于禁止和防止非法进出口文化财产和非法转让其所有权的方法的公约》第 1 条。

持公约缔约国保存和确立这类遗产的国际合作及援助系统——世界遗产委员会。公约所列举的"文化遗产"包括文物、建筑物和遗址①,可见,一些明显属于水下文化遗产的遗址等也可以受到公约的保护。

不过,1972年《保护世界文化和自然遗产公约》的适用范围有限,只有缔约国内水和领海内的水下文化遗产有可能受到公约的保护,而且不适用于可移动的遗产。同时,符合"文化遗产"定义的文物和遗址必须"具有突出的普遍价值",因而,可移动的水下文化遗产、不具有突出的普遍价值但仍然十分重要的不可移动的水下文化遗产,都无法受到公约的保护。

6. 1982年《联合国海洋法公约》

水下文化遗产保护并不是1982年《联合国海洋法公约》起草者重点关注的问题,因此,最终公约与水下文化遗产有关的规定只有两条——第149条和第303条。

这两条规定对水下文化遗产保护的有利之处在于:

首先,规定了缔约国对水下文化遗产的两种一般义务,即"保护"义务和"合作"义务。"各国有义务保护在海洋发现的考古和历史性文物,并应为此目的进行合作。"②根据该款规定,任何缔约国发现"考古和历史性文物"时都应对其进行保护,防止对该种文物的破坏活动并对这种破坏活动进行制裁。如果缔约国无力单独保护这种文物,则应向其他缔约国就保护问题寻求合作,被请求的缔约国有义务在能力所及的范围内提供这种合作,否则便构成该公约义务之违反。

其次,公约对毗连区内的水下文化遗产提供了一定程度的保护。"为了控制这种文物的贩运,沿海国可在适用第33条时推定,未经沿海国许可将这些文物移出该条所指海域的海床,将造成其领土或领海内对该条所指法律和规章的违反。"③因此,如果未经沿海国许可而将毗连区内的水下文化遗产迁移出该海域

---

① 1972年《保护世界文化和自然遗产公约》第1部分第1条。
② 1982年《联合国海洋法公约》第303条第1款。
③ 1982年《联合国海洋法公约》第303条第2款。

并违反了相关法律规定的,沿海国有权扣押、没收该遗产并对迁移者进行制裁。

最后,公约对"区域"内发现的水下文化遗产提供了保护,并制定了利益分配制度。"在'区域'内发现的一切考古和历史文物,应为全人类的利益予以保存或处置,但应特别顾及来源国,或文化上的发源国,或历史和考古上的来源国的优先权利。"①"为全人类的利益"予以保护是水下文化遗产保护理念与原则上的质的进步,它是一种与海事救助法及打捞物法的商业性原则完全不同的法律原则,排除了水下文化遗产的商业性打捞活动,对其保护十分有利。

但与此同时,《联合国海洋法公约》关于水下文化遗产的规定也存在着严重的缺陷,主要体现在:

首先,第149条规定"应特别顾及来源国,或文化上的发源国,或历史和考古上的来源国的优先权利",然而这些起源国中究竟谁的权利更为优先,优先权利具体包括哪些内容,优先权利与"为全人类的利益予以保存或处置"的原则如何相协调,这些问题都没有得到明确的界定和解答,从而为实际执行带来了困难。

其次,第303条第2款虽然禁止将毗连区内的水下文化遗产"迁移出"该区域的行为,却没有禁止对该海域内的水下文化遗产进行"就地破坏"的活动,因而当沿海国授权的矿产与油气资源开发活动导致对水下文化遗产的随附性破坏时,该条款便无计可施。"如果不将这种物品予以迁移,而是仅在其被发现的地方予以破坏,该款规定显然毫无防护作用。"②

再次,公约第303条第4款规定:"本条不妨害关于保护考古和历史性文物的其他国际协定和国际法规则。"这就回避了水下文化遗产的所有权问题,而且这种对捞救法与打捞物法等海事法规则的合法性的默示承认实际上"鼓励了对水下文化遗产的劫掠性行为"。

最后,《联合国海洋法公约》并未就专属经济区内与大陆架上的水下文化遗

---

① 1982年《联合国海洋法公约》第149条。

② Roberta Garabello and Tullio Scovazzi, *The Protection of Underwater Cultural Heritage:Before and After the* 2001 *UNESCO Convention*, Netherlands:Brill Academic Publishers, 2003, p. 6.

产的保护作出规定,因此出现了该海域内的"法律真空",无力对该海域内的水下文化遗产进行国际法层面上的保护。

无论如何,公约第149条还是为今后"区域"内水下文化遗产的保护提出了一些思路,某些国家应当享有优先权利,在保存或者处置这些遗产时,应当是为了全人类利益。第303条也有值得借鉴之处,保护考古和历史文物应当是各国的一项普遍义务,各国也应当为此合作。总之,1982年《联合国海洋法公约》已经为国际社会保护水下文化遗产作出了有益的探索,为今后缔结专门的保护水下文化遗产的国际公约留下了充分的空间,公约中所包含的某些思想也为未来的国际文件提供了启迪,从而成为在水下文化遗产保护方面的一项至关重要的国际性法律文件。

7. 1985年《保护水下文化遗产欧洲公约》草案

鉴于第三次联合国海洋法大会在准备海洋法公约上进度缓慢,且考量考古在有关各种利益因素中地位卑微,欧洲理事会起草并在1978年9月18日发布了一份《水下文化遗产报告》,为有效保护各种海域内的水下文化遗产设定了最低的法律要求,而其所提出的扩大沿海国家对水下文化遗产的管辖权、建议沿海国设立200海里的文化保护区的主张,在当时可谓创举。其采用国籍管辖原则确保有效执行保护措施的思路,也为后来积极主张保护水下文化遗产的国际法律文件所借鉴。

继上述1978年报告之后,鉴于水下文化遗产的重要性和采取有效保护措施的紧迫性,欧洲理事会在1978年10月4日又起草了有关水下文化遗产的第848号建议,建议在欧洲层面和国家层面上采取行动保护水下文化遗产。

根据上述第848号建议书的建议,一份《保护水下文化遗产欧洲公约》草案于1985年提请欧洲理事会通过。虽然该公约草案最终未能获得通过,但作为第一份专门保护水下文化遗产的国际条约(草案),其中的许多规定,如就地保护原则、缔约国之间信息共享和协作、促进公众教育和欣赏等,都值得借鉴。

8. 1992 年修订后的《保护考古遗产欧洲公约》

由于 1985 年《保护水下文化遗产欧洲公约》草案最终未能获得通过，而水下文化遗产又面临严重破坏，急待法律保护，欧洲理事会于是修订了 1969 年《保护考古遗产欧洲公约》，以便将水下文化遗产纳入保护范围。

从整体上看，修改前的 1969 年《保护考古遗产欧洲公约》注重规范非法发掘、不适当的发现和研究，而 1992 年《保护考古遗产欧洲公约》则提供了保护考古遗产应注意的七个层面，即遗产确认及保护、整合性维护、财政援助、科学资料的收集和传播、提高公众认识、预防非法交流和互相援助科技与科学等，更加关注考古遗产的整合性维护、政府的财政支持、相互提供科技援助和交流，这些都是新的保护理念。[①]

以上撷取了部分在国际上影响较广的区域性、普遍性国际公约、建议与准则，并进行了简要介绍。除此之外，各国也针对水下文化遗产签订过一些双边或多边协议，如 1972 年《澳大利亚与荷兰关于荷兰古沉船的协定》，1989 年《南非与联合王国关于规范"伯肯黑德号"沉船捞救之解决方案的换文》，2004 年美国、英国、法国和加拿大《关于"泰坦尼克号"沉船的协定》等。这些国际性法律文件虽然对水下文化遗产的保护起到了重要作用，却仍然存在诸多的缺陷。许多双边或多边协议、换文与谅解备忘录仅针对某些具体沉船进行保护，而没有对沉船实施普遍性保护，且对签字国以外的第三方无拘束力。相关的区域性、普遍性国际公约的主要目的并非保护水下文化遗产，它们或主要关心海洋事务，或对所有文化遗产甚至自然遗产进行宏观上的保护，因而难以对水下文化遗产进行有效的保护。即使存在专门为水下文化遗产制定的准则，往往也不具有法律效力，仅具有建议作用或示范效力，无力对破坏水下文化遗产的行为进行有效的制裁，这使得制定一个专门的普遍性公约以对水下文化遗产进行有效的保护显得格外迫切。

[①]　赵亚娟：《联合国教科文组织〈保护水下文化遗产公约〉研究》，厦门大学出版社 2007 年版，第 43 页。

9. 2001 年 UNESCO 公约

如前所述,虽然在国际层面上制定了许多双边、多边协定和区域性与普遍性国际公约,相关国际组织也制定了许多具有或不具有法律拘束力的国际文件,但由于种种的原因,这些法律、规定存在着各种各样的问题,无法切实对水下文化遗产加以保护。与此同时,随着科技的发展和人类海底活动的增加,又形成了必须对水下文化遗产进一步保护的现实背景。

如上文所述,基于水下文化遗产沉没于水下,特别是深海这一现实困难,随着开展有关水下文化遗产活动所需要的水下调查技术、打捞与发掘技术的发展,人类活动对水下文化遗产产生越来越大的影响。人们在先进的深水技术的帮助下,对长期以来沉没在水底,特别是海底的水下文化遗产展开了各种活动,这些与水下文化遗产有关的活动依其目的的不同一般可以分为两种,即"开发水下文化遗产的活动"与"无意中影响水下文化遗产的活动"[1],其中,前者又可分为"水下考古或科研活动"与"商业性开发活动"。"开发水下文化遗产的活动系指以水下文化遗产为主要对象,并可能直接或间接对水下文化遗产造成损伤或破坏的活动"[2],其主要与直接目的在于获得、利用或处分水下文化遗产的价值,包括商业价值和历史文化、考古、艺术等科研与精神价值。商业性开发就是一种以水下文化遗产为主要活动对象并追求其商业性价值的行为,而"无意中影响水下文化遗产的活动"的主观目标并非水下文化遗产,但客观结果却导致了对水下文化异常的损害。

有可能破坏水下文化遗产的人类活动日趋增加,同时,由于世界各国之间的水下考古发展不平衡的事实,国际合作,特别是在财政资助、技术转让与人员培训方面的合作变得越来越重要,这已经成为国际社会的共识。这种背景推动了各国在国际层面上的合作,促进了水下文化遗产保护与研究领域的相关国际组

---

[1] 傅崐成、宋玉祥:《水下文化遗产的国际法保护:2001 年联合国教科文组织〈保护水下文化遗产公约〉解析》,法律出版社,2006 年版,第 238—280 页。

[2] 2001 年 UNESCO 公约第 1 条。

织的诞生,包括政府间国际组织与非政府间国际组织,前者主要是联合国教科文组织;后者如国际博物馆委员会、国际纪念碑与遗址委员会等。

联合国教科文组织是较早关注水下文化遗产保护问题的国际组织之一。1993 年,联合国教科文组织理事会第 141 次会议通过了第 5.5.1 项决议,要求总干事研究出台一项新的保护水下文化遗产国际文件的可行性。1994 年,联合国教科文组织咨询机构国际法协会通过《保护水下文化遗产布宜诺斯艾利斯公约(草案)》。1997 年,联合国教科文组织第 29 届大会采纳了专家们的意见,邀请总干事准备一份公约草案并召集一批政府专家讨论草案。2001 年 10 月 29 日,联合国教科文组织大会第 4 委员会审议了专家会议的建议,成员国代表们主要对公约和《联合国海洋法公约》的关系问题展开了辩论,一些成员国认为两公约间存在冲突,但更多成员国认为两公约完全相符。在美国的支持下,英国和俄罗斯提出了很多修订提案,但委员会以压倒性多数否决了这些提案,法国也撤回了它的修订提案,第 4 委员会最后通过了公约,并建议联合国教科文组织大会全体通过。2001 年 11 月 2 日,教科文组织第三十一届全体大会正式通过了《保护水下文化遗产公约》(2001 年 UNESCO 公约),根据公约第 27 条的规定,该公约须在获得法定的二十个国家或领域的批准、接受、核准或加入书的三个月之后,方能在这二十个国家或领域内发生法律效力,之后其他任何国家或领域在递交其文书的三个月后,公约对其生效。与公约同时通过的还有一份附件——《关于开发水下文化遗产活动的规章》。根据公约第 33 条的规定,附件是公约的整体组成部分,除非另有明确说明,否则凡提及公约,均包括了《关于开发水下文化遗产活动的规章》。

2001 年 UNESCO 公约通过后,"成为目前联合国教科文组织通过的第四个处理文化遗产(前三个为 1956 年《关于可适用于考古发掘的国际原则的建议》、1970 年《禁止与防范非法进出口文化财产和非法转让其所有权的方法的公约》与 1972 年《保护世界文化和自然遗产公约》)、第一个现存的在国际层面上专门处理水下文化遗产的国际文件"①。

但由于水下文化遗产与各国重要的经济、政治与国防利益存在着复杂的联系,公约在制定过程中不得不对这些经济、政治与国防利益作出让步,其原因在于多数国家并不愿为了水下文化遗产所承载的部分文化利益而严重影响更具重要性的经济、政治与国防利益。一切与这些经济、政治与国防利益有关的关键和核心条款都在水下文化遗产的保护与这些经济、政治、国防利益之间作出了折中性的规定。许多条款由于其敏感性而不得不作出"建设性模糊"的规定,即故意作出模糊化处理。

---

① Roberta Garabello and Tullio Scovazzi, *The Protection of Underwater Cultural Heritage: Before and After the 2001 UNESCO Convention*, Netherlands: Brill Academic Publishers, 2003, pp. 196 - 197.

第三章　水下文化遗产的国家管辖权

　　管辖权问题是一个老生常谈的传统国际法问题,不论是国际公法中国家的基本权利,还是国际私法中各国法院的司法管辖权,均指法律文件赋予国家管理人、事、物的权利,水下文化遗产管辖权亦不例外,指国家授权、管理或禁止有关水下文化遗产的活动的权利。一般而言,一国对某水下文化遗产行使管辖权的根源在于其与该遗产之间的紧密联系,且往往体现为文化、历史、考古和经济联系。这种联系并非专门的法律概念,因而需要法律基于其实质作出明确规定,使之具有可操作性。所以,管辖权成为一个独立的法律问题。我们应当注意,任何法律问题的研究都要在特定的法律体系下进行,因为同一概念在不同的法律体系下的具体内涵有所不同,如法院管辖权指法院审理某案件并对其作出判决的权利,而水下文化遗产管辖权指国家授权、管理或禁止有关水下文化遗产的活动的权利。所以本章将从国际法和国内法两个法律体系分别展开论述。国际法注重国际社会的相对公平,而国内法更关注国家自身的主权利益。就像 Sarah Dromegoole 说的,国家有权采取行动去管理寻宝或其他对水下文化遗产造成不利影响的活动,但并不意味着该国就会实际行使这种权能。事实上,其更可能在国家利益明显受到威胁时行使这些权利,若只是保护广泛的国际利益则需要些鼓励因素,而这些鼓励因素往往以国际法义务的形式出现。①

---

　　① Sarah Dromegoole, *Underwater Cultural Heritage and International Law*, Cambridge: Cambridge University Press, 2013, p. 241.

第一节 一般管辖权原则对水下文化遗产的适用

作为管辖权的一般原则,属地原则和属人原则分别以地域和国籍(或船旗)为连接因素将特定的人、事、物与国家权力联系起来,几乎适用于国际法和国内法的所有领域,当然也包括水下文化遗产的保护。多数国家将属地原则作为优先适用的基础性原则,其他管辖权原则起到补充或辅助的作用。换句话说,只有属地原则无法直接适用时,其他管辖权原则才可能进入法律管辖适用的范畴内。[①] 接下来本节将讨论属地原则和属人原则在水下文化遗产领域的适用情形及其各自的不足之处。

一、属地原则对水下文化遗产的适用

基于属地原则,一国对发生在其领土范围内的一切活动享有立法管辖权和执法管辖权,不论是其国民所为还是其他国家国民所为。换句话说,一国有权授权、管理或禁止其领土范围内有关水下文化遗产的活动,如授权进行考古研究,管理水下文化遗产的记录、档案,禁止私人打捞等。如 2001 年 UNESCO 公约第 14 条规定:"缔约国应采取措施,阻止非法出口和/或以违反本公约的方式非法打捞的水下文化遗产进入其领土,和在其领土上买卖或拥有这种水下文化遗产。"阻止入境和在领土内实施的相关行为是属地原则直接适用的体现。有学者指出,该条中"和/或"的使用实际上包含了两种情形:一是违反缔约国的国内法出口为非法;二是以违反 2001 年 UNESCO 公约的方式进行打捞为非法。[②] 这实际上体现出想要最大限度保护水下文化遗产的意图。但是,完全依据各国国

---

① 俞世峰:《保护性管辖权的国际法问题研究》,法律出版社,2015 年版,第 24 页。

② 傅崐成、宋玉祥:《水下文化遗产的国际法保护:2001 年联合国教科文组织〈保护水下文化遗产公约〉解析》,法律出版社,2006 年版,第 91 页。

内法认定出口是否非法似有不妥，因为各国国内法规定各不相同，甚至相差极大，在适用时容易产生冲突，也不利于国际标准的统一。

除此之外，国家通过审慎利用属地原则可对其领土范围外的水下文化遗产施加影响。例如，英国1995年《商船法》(Merchant Shipping Act 1995)规定任何在英国领域外发现或占有某沉船并将其带入境内的人都应当向沉船接收站(Receiver of Wreck)报告。① 英国法赋予自身管辖权的理由也许在于该沉船已处在英国境内，而不管其发现地位于英国领域外的事实。英国2003年《文物处置罪行条例》[Dealing in Cultural Objects (Offences) Act 2003]将"处置被污染的文物"视为违法。② 尽管"处置"行为(如文物的获得和丢弃)必须发生在英国，但"污染"行为却可能发生在任何地方。所以"污染发生地"将该法案同远在天边的水下文化遗产联系起来。换句话说，具有历史和考古意义的沉船遗址不论位于世界何地，将个别文物从中取出都可能使其遭受污染，一旦其进入英国领域，即可被认定为法律的违反。③ 上述两个条例均表明，属地原则的灵活运用的确能够影响领土范围外有关沉船遗址的活动。

另外，一国可通过严格限制其港口的使用条件，限制别国水下文化遗产开发活动的物资供给和设备运输等，进而对领土外水域中关于水下文化遗产的活动施加影响。这其实是2001年UNESCO公约中"港口国管辖权"的体现。公约第15条规定："缔约国应当采取措施禁止使用其领土，包括完全处于其管辖权和控制之下的海港及人工岛，设施和结构，进行违反本公约开发水下文化遗产的活动。"事实上，公约中的属地原则本就有沿海国管辖权和港口国管辖权两种，第15条的规定将各国灵活运用属地原则的权利变成了繁重的义务，因为一国往往无法准确把握仅仅是经过其港口的别国船舶的活动。而且，采取何种措施实际

---

① 英国1995年《商船法》[Merchant Shipping Act 1995(c. 21)]第236条第1款。

② 英国2003年《文物处置罪行条例》[Dealing in Cultural Objects (Offences) Act 2003]第1条。

③ 英国2003年《文物处置罪行条例》[Dealing in Cultural Objects (Offences) Act 2003]第2条。

上也取决于各国国内法的规定,这将再一次发生因各国国内法规定不同而引发管辖权冲突的现象。

二、属人原则对水下文化遗产的适用

一国基于属人原则有权对位于其领域内外的本国人行使管辖权。这里的"本国人"不仅包括其国民,还包括悬挂该国国旗的船舶。国家可通过管理船舶及船上人员的活动,对水下文化遗产的相关活动进行管理。与一些国家将远在天边的水下文化遗产纳入本国属地管辖一样,属人原则也是间接适用的。其通过建立本国人与某特定水下文化遗产间的联系搭建起管辖权依据。如英国1986年《军事遗存保护法》(Protection of Military Remains Act 1986)和美国2004年《沉没军事船机法》(Sunken Military Craft Act of 2004)就是运用属人原则来保护领域外军事船舶和军事飞行器的典型例证。英国的立法明确规定,由英国人控制的船舶上的成员和英国人实施的针对军事沉船的违法事项受该法规制,即使这些违法事项发生在国际水域。[1] 同样,美国法明确规定其中的一些禁令仅在一定条件下适用于非国民,但这些禁止性规定不受地理限制。[2] 2001年UNESCO公约第16条也是属人原则的体现,其规定:"缔约国应采取一切可行的措施,以确保其国民和悬挂其国旗的船只不进行任何不符合本公约的水下文化遗产的开发活动。"可见该条也没有将采取措施的权利限制在缔约国领土范围内。这种"长臂条款"(本国人的域外活动)有利于水下文化遗产的保护和管理,但不能规制外国人和外国军舰的活动,具有明显的局限性。[3]

此外,大量存在的方便旗现象大大削弱了属人原则适用的有效性。方便旗

---

① 英国1986年《军事遗存保护法》(Protection of Military Remains Act 1986)第3条第1款。

② 美国2004年《沉没军事船机法》(Sunken Military Craft Act of 2004)第1402条。

③ Sarah Dromegoole, *Underwater Cultural Heritage and International Law*, Cambridge: Cambridge University Press, 2013. p. 241. 事实上,属人原则除对外国军舰和外国人难以发挥作用,实际中想在国家领土范围外适用也很困难。

船是指那些追求低廉注册费、合理避税甚至廉价劳动力而在不相关国家注册登记,进而取得该国国籍的船只。这必然导致船舶名义上的国籍国因与船舶本身不具有实质性联系而无法实际履行其国际法下的义务,而具有实质性联系的国家因身份不适格缺失对该船进行监督管理的合法权力,船旗国的监管就成了水中月、镜中花,这无疑对水下文化遗产的保护和管理构成极大的威胁。对此,有学者提出,要应对方便旗船对海洋安全、非法捕捞及海洋生态保护等方面造成的危害,船舶登记制度的完善是关键,各国间的合作协调则是必要条件。①

第二节 国际立法中水下文化遗产管辖权的规定

如上文所述,探究水下文化遗产的管辖权问题,需要分别从国际法和国内法两个法律体系入手。在国际法层面,1982 年《联合国海洋法公约》和 2001 年 UNESCO 公约是保护水下文化遗产领域中最为重要的两个公约,尤其后者是关于水下文化遗产保护的专门性公约。本节将分别介绍两公约对水下文化遗产管辖权的一般性规定以及对各海域的具体规定,并对其进行评析。

一、一般性规定

水下文化遗产管辖权的一般性规定是指那些统一适用于所有海域、所有国家(某条约的所有缔约国)的条款,像 2001 年 UNESCO 公约第 7 条至第 12 条、第 15 条、第 16 条等均不具有这样的普遍适用性。②

《联合国海洋法公约》第 303 条第 1 款是水下文化遗产保护的一般性条款,

---

① 孙叶平:《21 世纪方便旗船制度的新反思》,载《中国海商法年刊》,2010 年第 2 期,第 65—72 页。

② 2001 年 UNESCO 公约第 7 条至第 12 条分别适用于领海、毗连区、专属经济区和大陆架、区域;第 15 条是关于"港口国管辖权"的规定,适用于港口国;而第 16 条仅适用于国籍国或船旗国。

其规定："各国有义务保护在海洋发现的考古和历史性文物,并应为此目的进行合作。"该款看似简单笼统其实蕴含着丰富的含义:第一,该款实质上规定了两项相关义务,即保护水下文化遗产[①]的义务和为此进行合作的义务。同时,两项义务之间的关系可描述为,一国无力单独保护某水下文化遗产是寻求合作的充分非必要条件。[②] 第二,该款仅保护海洋环境中的、"具有考古和历史意义的物",陆地上或非海洋环境中的、不具有历史或考古意义的"普通财物"不受保护。该款也成为《联合国海洋法公约》与2001年UNESCO公约之间联系的纽带条款之一。第三,该款规定所有国家(甚至包括非缔约国)均负有保护义务,而不论该水下文化遗产是何来源,不论其是否与某国具有直接的利益关系。事实上对于非缔约国而言,只有该条款下的义务成为国际习惯法时才对其产生法律约束力,但目前很难说该款已成为国际习惯法。第四,"海洋中"的措辞意味着不论水下文化遗产位于一国管辖权范围内还是公共领域,该款均要求国家主动寻求国际法下的可用方法去保护水下文化遗产,这种略显极端的"国际主义"似乎为国家附加了一项"无理"的义务。

此外,该款还因模糊性饱受诟病。Caflisch在《联合国海洋法公约》起草时期就评论该款下的义务"太笼统模糊以至于难以获得正式批准"[③]。的确,其仅要求国家去保护水下文化遗产并为此进行合作,但没有规定具体的保护措施、保护的程度,也未明确各国间合作的方式、合作的程度等,甚至相应的指引都没有。

我们可以从《联合国海洋法公约》第192条中推理出各国履行第303条第1款下义务的思路。第192条规定:"各国有保护和保全海洋环境的义务。"因为水

---

① 虽然《联合国海洋法公约》没有对"考古和历史性文物"作出界定,但水下文化遗产领域的学者均将第303条第1款当作水下文化遗产保护的一般性条款,所以我们认为此处的"考古和历史性文物"就是指2001年UNESCO公约的水下文化遗产,只不过现代国家实践将"具有考古和历史意义的物"解释得十分广泛,包括了那些相对近期的物。

② 傅崐成、宋玉祥:《水下文化遗产的国际法保护——2001年联合国教科文组织〈保护水下文化遗产公约〉解析》,法律出版社2006年版,第22页。

③ Caflisch, "Submarine Antiquities and the International Law of the Sea," *Netherlands Yearbook of International Law*, vol. 13(2009), p. 20.

下文化遗产往往埋藏于海洋深处，沉船、古迹遗址等的物理构造使之成为海洋生物天然的栖息地，经过较长时间，该遗产通常与周围的海洋环境融为一体，成为海洋环境的组成部分。可以说，第 192 条"保护和保全""海洋环境"的用语包含着不得随便迁移、打捞文化遗产致使海洋环境发生改变或倾覆，不得以粗暴的方式勘测水下文化遗产致使附着其上的海洋生物失去长久以来的栖息之所等。这在一定程度上为各国履行第 303 条下的义务提供了指引。

二、领海

一般而言，对于本国领海内文化遗产的归属等问题由各国国内法规定，[1]而 2001 年 UNESCO 公约回避了水下文化遗产的所有权问题。尽管所有权常常构成一国行使管辖权的依据，但本章也不对所有权问题进行讨论。因为 2001 年 UNESCO 公约对沿海国在其领海内水下文化遗产的专属管辖权有明确的规定，水下文化遗产的管辖权是一个独立的法律问题。2001 年 UNESCO 公约第 7 条第 1 款赋予成员国管理和批准开发其内水、群岛水域和领海内水下文化遗产的排他性权利（或称专属性权利）。沿海国的内水、领海及群岛国家的群岛水域同领土一样受沿海国主权管辖，除领海内的无害通过权和群岛水域中的群岛海道通过权外不受任何限制。任何国家或个人未经授权不享有上述权利，也无权干涉沿海国行使其管辖权。

争议较大的是第 7 条第 3 款，其为在上述水域发现的国家沉船和飞机残骸设置了专门条款。该款要求各国秉持合作原则，向可识别的国家沉船及飞机残骸的船旗国及确有联系的国家通知该发现。[2] 可见 2001 年 UNESCO 公约在一

---

① 　孙南申、孙雯：《海底文物返还的法律问题分析及其启示———以西班牙沉船案为例》，载《上海财经大学学报》，2012 年第 6 期，第 33 页。

② 　2010 年 UNESCO 公约第 7 条第 3 款："缔约国在其群岛水域和领海内行使其主权时，根据国与国之间的通行做法，为了在保护国家船只和飞行器的最佳办法方面进行合作，要向是本公约缔约国的船旗国，并根据情况，向与该水下文化遗产确有联系，尤其是文化、历史或考古方面的联系的其他国家通知发现可认出国籍的船只和飞行器的情况。"

定程度上承认沉没的国家船舶享有主权豁免。对此学界有不同声音,有些学者认为国家船舶沉没后失去了航行的功能,便不再是船,自然不适用主权豁免。[①]但"拉贝拉号"的处理方式体现了另外一种声音——"拉贝拉号"是一艘法国军舰,于 1686 年沉没在美国得克萨斯州的马塔哥达湾,并在 1995 年被得克萨斯州的历史委员会探测到具体位置。考虑到其军舰的特殊身份,美国肯定了法国对其的所有权。美法两国签订了《美利坚合众国政府与法兰西共和国政府有关"拉贝拉号"沉船的协定》,相互约定沉船遗物将用来向公众展示。[②] 这表明沉船同样适用主权豁免,尽管法国并未实际行使其主权权利。

与第 7 条第 3 款体现的精神一致,第 2 款要求缔约国在内水、群岛水域和领海内管理和授权开发水下文化遗产的排他性管辖权不得与其他有关水下文化遗产保护的国际协定和国际法相违背;《联合国海洋法公约》第 2 条第 3 款也清晰地表明沿海国在领海行使主权时应受《联合国海洋法公约》和其他国际法规则的限制。而主权豁免原则正是这样一种由其他国际法规则承认的权利。所以主权豁免应当适用于上述水域中的国家沉船及飞行器。

三、毗连区

1.《联合国海洋法公约》第 303 条第 2 款评析

《联合国海洋法公约》第 303 条第 2 款是关于毗连区内水下文化遗产的专门条款,其规定:"为了控制这种文物的贩运,沿海国可在适用第 33 条时推定,未经沿海国许可将这些文物移出该条所指海域的海床,将造成在其领土或领海内对该条所指法律和规章的违反。"

为理解该款规定的含义,还要对其引用的条款进行解读,《联合国海洋法

---

① Caflisch, "Submarine Antiquities and the International Law of the Sea," *Netherlands Yearbook of International Law*, vol. 13(2009), p. 22.

② 转引自刘丽娜:《中国水下文化遗产的法律保护》,知识产权出版社,2015 年版,第 50—51页。

公约》第33条第1款规定："沿海国可在毗连其领海称为毗连区的区域内,行使下列事项所必要的管制:(a)防止在其领土或领海内违反其海关、财政、移民或卫生的法律和规章;(b)惩治在其领土或领海内违反上述法律和规章的行为。"

对上述条款进行综合分析,可知沿海国在毗连区享有三项权利:(1)将未经沿海国允许将文物移出毗连区的行为认定为违法;(2)阻止上述违法事项;(3)惩罚上述违法事项。事实上,第303条第2款可以看作以水下文化遗产的保护为例,对第33条实际运用的细化。换句话说,第33条仅授权沿海国在毗连区内采取措施以阻止或惩罚那些在领海或领土内的违法行为,是一种违法前的预防和违法后的惩治规定,但这并不意味着沿海国可以直接管理(阻止或惩罚)在毗连区内实施的违反上述四种法律的行为。而第303条第2款的作用在于,其将"未经沿海国许可把水下文化遗产贩运出毗连区"的行为也视为第33条所管理(阻止或惩罚)的可能"在领海或领土内违反海关、财政、移民、卫生方面的法律"的行为。事实上将水下文化遗产移出海底的行为(即使发生在领海内)不太可能构成对上述法律的违反,这是一种法律虚拟,使第303条第2款欲规制的水下文化遗产的迁移行为承担起"现成的"法律后果。

至于第303条第2款是否授权沿海国以立法权,有些学者态度较宽松,如Strati曾指出,第303条第2款的管辖权机制与第1款下的保护义务相结合,在"实质上"允许国家将其文物法扩大适用到毗连区。[1]赵红野教授也认为该条明显赋予沿海国对毗连区的水下文化遗产一种包括立法权在内的管辖权。[2]事实上近几年越来越多的国家的确因水下文化遗产的管辖需要宣告并建立了毗连区,不少欧洲国家都根据第303条第2款的规定在其毗连区内行使了立法权。但其他学者则认为沿海国适用第303条第2款只能看作对那些法律的实施,而

---

① Strati, *The Protection of Underwater Cultural Heritage: An Emerging Objective of the Contemporary Law of the Sea*, Leiden and Boston: Martinus Nijihoff Publishers, 1995, p.168.

② 赵红野:《论沿海国对毗连区海底文物的管辖权》,载《法学研究》,1992年第3期,第81页。

非行使立法权。① 赵亚娟教授也认为，该条只是将这些法律的适用对象扩大到毗连区内水下文化遗产的擅自迁移行为。假定这种迁移行为发生在该国领土或领海，则明显沿海国就只享有一项执行权，很难认为沿海国依该款享有管制移出行为的立法权。② 两种观点的争执反映出这款规定的模糊性。

通过对第 303 条第 2 款和第 33 条的解读可看出，沿海国实际不享有在毗连区内的立法权。首先，条款的表述中没有明确赋予沿海国在毗连区以立法权；其次，第 2 款授权国家在毗连区内适用本在领海及领土适用的法律，并允许国家将海关、财政、移民、卫生方面的法律适用于水下文化遗产的迁移，本身可看作一种管辖权的"扩张"。若再强行解释出立法权，与法律的准确性和权威性相悖。

《联合国海洋法公约》第 303 条第 2 款争议极大的一点在于，该款只禁止水下文化遗产的"移出"行为，对性质更为恶劣、后果更严重的就地破坏等行为没有任何涉及。正如 Tullio Scovazzi 所言，"如果不将这种物品予以迁移，而是仅在其被发现之处予以破坏，（该款规定）显然毫无防护作用"③。

2. 2001 年 UNESCO 公约第 8 条评析

根据 2001 年 UNESCO 公约第 8 条，缔约国在符合第 9 条、第 10 条以及《联合国海洋法公约》第 303 条第 2 款的情况下，享有"管理和批准开发"毗连区内水下文化遗产的权利"④。与 2001 年 UNESCO 公约第 7 条下的权利不同，该权利并非缔约国行使主权的表现，顶多被看作主权权利在保护水下文化遗产方面的

---

① 依 Oxman 的观点，第 303 条第 2 款法律虚拟的目的是为了避免"将毗连区从一个沿海国只享有有限的执行权的区域变为一个享有立法权的区域"。见 Oxman, "The Third United Nations Conference on the Law of the Sea," *American Journal of International Law*, vol. 69 (1975), p. 240.

② 赵亚娟：《水下文化遗产保护的国际法机制——论有关水下文化遗产保护的三项多边条约的关系》，载《武大国际法评论》，2007 年第 1 期，第 103—137 页。

③ Roberta Garabello and Tullio Scovazzi, *The Protection of Underwater Cultural Heritage: Before and After the 2001 UNESCO Convention*, Leiden: Brill Academic Publishers, 2003, p. 6.

④ 2001 年 UNESCO 公约第 8 条规定："在不违背第 9 条、10 条的情况下，并在此两条之外，根据《联合国海洋法公约》第 303 条第 2 段的规定，缔约国可管理和批准在毗连区内开发水下文化遗产的活动。此时，缔约国应要求遵守《规章》的各项规定。"

延伸。

一方面,"管理和批准开发水下文化遗产"的措辞表明其不仅规制《联合国海洋法公约》第303条第2款中的迁出行为,还赋予沿海国"管理"和"授权"的权利。[①] 另一方面,"根据《联合国海洋法公约》第303条第2款"的表述意味着第8条应当在第303条第2款的范围内进行解释。Le Gurun 说过,第8条对第303条第2款的"详细阐述"强调了第303条第2款的内容,并结束了其"有些隐秘的存在"。[②] 也就是说,第8条的措辞一定程度上缓解了第303条第2款规定中的争议。

2001年 UNESCO 公约第9条、第10条为缔约国设定了一系列义务,要求其通知或报告有关水下文化遗产的活动或发现,要求沿海国与其他提出意愿的国家进行协商并代表所有缔约国的整体利益采取经协商一致的措施等。[③] 而《联合国海洋法公约》第303条2款规定缔约国有权将未经许可将文化遗产移出毗连区海床的行为视为违法行为,且有权采取措施阻止并惩罚这种行为。那么,一国在行使《联合国海洋法公约》第303条第2款赋予的权利时是否要履行报告通知的义务? 是否被禁止擅自采取行动? 这些均不得而知。这种矛盾的处境最终会导致缔约国不知所措,因为行使权利可能违反2001年 UNESCO 公约,但若履行义务则于其本国利益无益。[④] 此外,上文说到,缔约国在毗连区内行使第8条下的管辖权应当符合303条的规定,也就是说,事实上只有涉及文化遗产迁出毗连区海床的行为时,缔约国才能采取2001年 UNESCO 公约或《联合国海洋法公约》规定的措施。而其他损坏毗连区内水下文化遗产的行为因《联合国海洋法公约》第303条第2款没有规定而无法受到2001年 UNESCO 公约的保护,

---

① 只是缔约国能够在多大程度上实际获得并行使这种"管理"和"授权"的权利,要打一个问号,下文将进一步分析。

② Le Gurun, *The Protection of the Underwater Cultural Heritage: National Perspectives in Light of the UNESCO Convention* 2001, Leiden and Boston: Martinus Nijhoff Publishers, 2006, p. 77.

③ 实质上代表全体缔约国采取措施的是协调国,而协调国往往就是沿海国。

④ 而事实上,的确很少有国家适用2001年 UNESCO 公约的第8条。

这显然是荒谬的。

实践中,若需适用 2001 年 UNESCO 公约第 8 条,还将依赖各国间的友好合作以及司法机构的裁决,以期在成文的法律规定不具备可操作性时发展出不成文的习惯法规则。可以断定的是,目前这种不知所措的状态还会持续很久。

四、专属经济区和大陆架

1.《联合国海洋法公约》相关规定的解释适用

《联合国海洋法公约》规定沿海国在大陆架和专属经济区内均享有相应的主权权利和对自然资源的管辖权。不同于沿海国对领海所享有的"主权",在专属经济区和大陆架,缔约国只享有因其沿海国的身份在某些方面进行管理的权利。专属经济区指自领海基线起不超过 200 里的水域,大陆架是指沿海国陆地向海洋的自然延伸,仅指海床及底土而不包括其上覆水域。专属经济区和大陆架在地理上有时是重叠的,它们的制度也会出现交叉适用的情形——当一国宣布专属经济区时,两种制度就会共同作用于领海基线至 200 里的海床及底土。[①] 但是,《联合国海洋法公约》没有关于专属经济区和大陆架内水下文化遗产的条款,我们只能寻求可通过解释予以适用的规定。

《联合国海洋法公约》第 56 条第 1 款授权沿海国勘探和开发、养护和管理专属经济区海床上覆水域和海床及其底土的自然资源;赋予沿海国在人工岛屿、设施和结构的建设和使用、海洋科学研究、海洋环境的保护和保全等方面的管辖权。[②] 可见沿海国只享有关于自然资源和人工岛屿及设施和结构、海洋科学研

---

① 《联合国海洋法公约》第 56 条第 3 款。此外,《联合国海洋法公约》第 58 条第 2 款也规定:"第 88 至第 115 条以及其他国际法有关规则,只要与本部分不相抵触,均适用于专属经济区。"

② 《联合国海洋法公约》第 56 条第 1 款规定:"沿海国在专属经济区内有:(a) 以勘探和开发、养护和管理海床上覆水域和海床及其底土的自然资源(不论为生物或非生物资源)为目的的主权权利,以及关于在该区内从事经济性开发和勘探,如利用海水、海流和风力生产能等其他活动的主权权利;(b) 本公约有关条款规定的对下列事项的管辖权:(1) 人工岛屿、设施和结构的建造和使用;(2) 海洋科学研究;(3) 海洋环境的保护和保全;(c) 本公约规定的其他权利和义务。"

究、海洋环境保护方面的权利。国际法委员会在 1956 年曾明确指出,沉船不是自然资源,且该观点自产生之日起就被广泛接受。[1] 也就是说,只有在证明水下文化遗产与第 56 条第 1 款针对的自然资源或规定中的人工岛屿、设施和结构、海洋科学研究及环境保护等存在联系的情况下,沿海国才能对水下文化遗产主张管辖权。事实上,与前文中《联合国海洋法公约》第 192 条对第 303 条第 1 款的解释适用如出一辙,要证明这种联系并不难。[2]

此外,《联合国海洋法公约》第 59 条也为这种联系提供了依据,[3]其要求缔约国应在公平的基础上参照一切有关情况,考虑到所涉利益分别对有关各方和整个国际社会的重要性,解决专属经济区内权利和管辖权的归属的冲突。Strati 曾提出以下均应视为相关因素:(1)涉案文化财产与争议方之间是否存在文化联系;(2)在较近的沉船案例中,作为沉船船旗国一方的资格;(3)保护和保存水下文化遗产的国际社会利益协调;(4)是否对沿海国或国籍国的权利行使构成了干扰。[4] 也就是说,如果各国在专属经济区内发生了管辖权纠纷,争议自然资源所附着的水下文化遗产与争议国之间的文化联系、船旗国身份、国际社会的利益以及其他国家的权益都是主张权利的国家应当考虑的因素。这种解读将大量水下文化遗产置于在《联合国海洋法公约》的保护伞之下。

《联合国海洋法公约》第 77 条专门对大陆架进行了规定。第 77 条第 1 款规定:"沿海国为勘探大陆架和开发自然资源的目的,对大陆架行使主权权利。"该条所指的自然资源是在海床及底土的矿物资源和其他非生物资源和固定栖息物

---

[1] Sarah Dromegoole, *Underwater Cultural Heritage and International Law*, Cambridge: Cambridge University Press, 2013, p. 258.

[2] 因为水下文化遗产长久地埋藏在海洋深处,沉船、古迹遗址等的物理构造使之成为海洋生物天然的栖息地,不仅与各种自然资源(尤其是生物资源)融为一体,更是成为海洋环境的组成部分。

[3] 参见 Churchill and Lowe, *The Law of the Sea*, 3rd edn, Manchester: Manchester University Press, 1999, p. 461.

[4] Strati, *The Protection of Underwater Cultural Heritage: An Emerging Objective of the Contemporary Law of the Sea*, Leiden and Boston: Martinus Nijhoff Publishers, 1995, p. 266.

种,例如珊瑚虫、海绵、牡蛎和蛤蜊。① 同样,沿海国在大陆架也仅享有探索开发自然资源的管辖权。一方面,我们仍可以通过证明其与自然资源之间的联系对水下文化遗产实施间接保护;另一方面,一般性国际法律规则开始发挥作用。如,就纯粹的大陆架(不与专属经济区重合的大陆架)来说,其法律地位是公海。有学者由此认为公海自由也包括对水下文化遗产的搜寻和打捞的自由。② 但与大陆架的公海地位不同,专属经济区拥有独立的、自成一格的(sui generis)法律地位。③ 沿海国在专属经济区的权利作为一个整体由《联合国海洋法公约》第四部分予以规定。

不论是自然资源保护条款的间接适用,还是一般性国际法规则的适用,也不论法律规定是清晰还是模糊,虽然《联合国海洋法公约》对专属经济区和大陆架中水下文化遗产的保护起到一定作用,但它没有对水下文化遗产管辖权的直接规定,仍然需要其他国际法作出弥补。

2. 2001 年 UNESCO 公约第 9 条和第 10 条评析

2001 年 UNESCO 公约第 9 条和第 10 条是公约整个管辖权机制的核心。第 9 条规定了缔约国的报告和通知义务,第 10 条关于协商和保护。条款的长度和复杂性证明了为开发水下文化遗产的活动建立一套管辖权机制所面临的困难。

第 9 条第 1 款(a)目是保护水下文化遗产的一般性规定:"所有缔约国都有责任按本公约保护其专属经济区内和大陆架上的水下文化遗产。"该条款:(1) 重述了《联合国海洋法公约》第 303 条第 1 款下要求国家在所有海域都要保护水下文化遗产的义务;(2) 明确所有缔约国均有义务保护所有水域中发现的

---

① 《联合国海洋法公约》第 77 条第 4 款。

② 《联合国海洋法公约》第六部分是关于公海的制度。第 87 条规定的六项公海自由虽与水下文化遗产的搜寻和打捞无关,但这种列举并非封闭性的,这些自由实质上包括各种对公海的合法使用。见 Churchill and Lowe, *The Law of the Sea*, Manchester: Manchester University Press, 1999, pp. 205 - 206.

③ Sarah Dromegoole, *Underwater Cultural Heritage and International Law*, Cambridge: Cambridge University Press, 2013, p. 258.

水下文化遗产；(3)规定应当以符合公约和规章的方式履行保护义务。

第9条第1款(b)目详述了实际履行该义务的方式。事实上该目是2001年UNESCO公约"建设性模糊"的典型例证,内容是:"在另一缔约国的专属经济区和大陆架上,(i)缔约国应要求该国国民[①]或船主向其,并向另一缔约国报告这些发现或活动;(ii)或,一缔约国要求该国国民或船主向其报告这些发现或活动,并迅速有效地转告所有其他缔约国。"争议焦点在于(i)目中"缔约国(States)"的措辞,对此可有两种解释:(1)国民和船主只对其所属国负有报告义务;(2)国民和船主对所有缔约国均负有报告义务,此时沿海国也享有主动获取报告的权利,而不仅仅是被动地接收报告。同时在这种解释下,上述国民和船主地报告义务变得非常繁重,甚至在实践中难以履行。因为一国国民对他国接受报告的机关未必熟悉,如该向他国的海洋管理机关还是文化遗产管理机关报告?他国接收报告事项的管辖权如何分配?[②] 这些都是一国国民难以回答的问题。

第9条还规定所有的报告都要传达或"通知"UNESCO总干事(Director-General),其应当迅速向所有成员国发布消息。任何成员国都可宣称自己与某水下文化遗产具有"可识别的联系",并就如何有效保护该水下文化遗产享有进行协商的权利。

争议颇多的第10条创设了沿海国保护和协调国保护两种模式。

首先,第10条的第2款是沿海国保护,根据该款规定,当包括《联合国海洋法公约》在内的国际法赋予国家的主权权利和管辖权遭受威胁时,成员国有权采取措施以禁止或授权在其专属经济区和大陆架内的水下文化遗产的开发活动。由前文可知,在专属经济区和大陆架内,《联合国海洋法公约》赋予沿海国的主要是关于自然资源(无论是生物或非生物资源)的权利;在专属经济区沿海国还享

---

① O'Keefe 认为,谈判者之间的普遍性协议中的"国民"应当被看作活动的领导者。O'Keefe, *Shipwrecked Heritage: A Commentary on the UNESCO Convention on Underwater Cultural Heritage*, Leicester: Institute of Art and Law, 2002, p.84.

② 傅崐成、宋玉祥:《水下文化遗产的国际法保护——2001年联合国教科文组织〈保护水下文化遗产公约〉解析》,法律出版社,2006年版,第78页。

有经济勘探和开发、建造设施和结构、海洋科学研究以及海洋保护的权利。该款承认了水下文化遗产与自然资源之间的联系,并允许成员国采取措施以阻止那些可能破坏自然资源的开发水下文化遗产的活动。如果一国认为一项行为可能对其自然资源构成干扰,不论基于第 9 条的通知程序还是第 10 条的规制机制,其总有依据去阻止那种干扰。此外,如果这种干扰被证明为合法的,沿海国就应当保证其符合 2001 年 UNESCO 公约附件规章的要求。通过前文的分析我们已经知道水下文化遗产往往与海洋自然资源存在紧密联系,即使有时开发水下文化遗产的活动对《联合国海洋法公约》保护的专属经济区和大陆架内自然资源产生的不利影响并不明显,一国也不会去质疑他国为保护主权权利而采取的行动。①

在第 2 款不适用时,第 3—6 款的协调国保护模式就成为管理水下文化遗产开发活动的可选机制。该模式旨在沿海国和宣称与水下文化遗产存在可识别联系的其他成员国之间进行协商,并在此基础上寻求更佳的保护方法。沿海国或另一国会被任命为“合作国”,②合作国应当代表全体缔约国的整体利益,根据经协商一致的保护方式采取一切可行措施并授予一切必要权利、进行任何必要的事前调查并发布关于该调查的必要授权。调查结果必须被提交教科文组织理事长,理事长必须迅速地向其他成员国发布该消息。

上述规定引发了一个问题,即沿海国行使第 2 款下的权利时是否应当履行第 3—6 款下的义务? 或者说,在国际法赋予的主权权利和管辖权受到威胁时,沿海国在采取行动前是否还要与其他国家进行协商、代表所有缔约国的利益且采取经协商一致的措施? 对此,2001 年 UNESCO 公约没有明确规定或提供指引。有学者指出,采取措施以防止主权权利和管辖权受到侵害的权利是《联合国

---

① O'Keefe, *Shipwrecked Heritage: A Commentary on the UNESCO Convention on Underwater Cultural Heritage*, Leicester: Institute of Art and Law, 2002, p. 90.

② 除非其表示不愿意,一般沿海国都是合作国——第 10 条第(3)款(b)项。例如,当沿海国担心该角色应当采取什么措施,尤其是当沿海国与争议水下文化遗产之间没有直接联系的时候,其可以表达其不情愿。尽管公约没有明示,但沿海国如果没有被任命为合作国,任何国家(甚至是非成员国)都有可能成为合作国,但实践中往往是宣称过利益关系的国家。

海洋法公约》所承认的,且遵守第3—6款的协商义务在实践中也是难以想象的,所以第2款必须被看作独立的条款。但考虑合作原则是2001年 UNESCO 公约的基本原则之一,沿海国负有与其他利益相关国进行协商的道德义务。[①]

其次,第10条第4款规定在水下文化遗产面临"紧迫威胁"时,合作国可在与其他利益相关国进行协商之前采取行动,这种威胁可能来自"人类活动或其他任何原因",除了针对水下文化遗产的活动(如抢夺、打捞),还包括自然原因和无意中影响到水下文化遗产的其他活动,如清淤和捕鱼。一种声音认为该款其实在一定程度上赋予沿海国对水下文化遗产的"专属管辖权"。2001年 UNESCO 公约没有对"紧迫威胁"和"所有实际可行的措施"进行界定,因此作为合作国的沿海国可自行判断。甚至在水下文化遗产面临潜在的威胁时,沿海国仍然可以采取行动,只要该行动实际可行且不违反公约的规定。但是另一种声音认为出于保护水下文化遗产的需要,这种例外条款的设定是必要的,因为文化遗产发生实际的或潜在的紧急危险时,还要求履行耗时的协商程序会直接导致错过最佳的保护时间。况且第4款只是为了有效应对紧急危险,充分发挥沿海国作为国际社会集体利益执行人的作用,并不足以引起授予其新权利的担忧。[②]

五、国际海底区域

1.《联合国海洋法公约》第149条评析

《联合国海洋法公约》的基本目的之一是建立一套国际标准以确保深海矿产资源的开发是平等的且是为了全人类的利益,"国际海底区域"(以下简称"区域")的构建就是为了明确这套标准的适用范围。区域是指"在国家管辖权之外的海床、洋底及底土"。《联合国海洋法公约》第149条对区域内的水下文化遗产

---

① Sarah Dromegoole, *Underwater Cultural Heritage and International Law*, Cambridge: Cambridge University Press, 2013, pp. 292 - 293.

② 赵亚娟:《联合国教科文组织〈保护水下文化遗产公约〉研究》,厦门大学出版社2007年版,第111页。

做了专门规定："在'区域'内发现的一切考古和历史文物,应为全人类的利益予以保存或处置,但应特别顾及来源国,或文化上的发源国,或历史和考古上的来源国的优先权利。"

第 149 条自《联合国海洋法公约》生效以来就因其模糊性而备受批评。条款要求"为全人类的利益予以保存或处置"水下文化遗产,却未说明义务主体和义务的履行方式。同时,应当如何认定来源国? 来源国的优先权包括哪些具体的权利,是直接管理和保护的权利还是仅有协商权,又或者仅指被动接收通知的权利? 同时存在多个来源国的,谁的权利更优先? 非来源国家能够行使什么权利? 对于这些问题,《联合国海洋法公约》都没有回答。这样的模糊性与第 303 条第 1 款如出一辙。事实上,第 149 条未赋予单个国家或国家整体行动的任何权利,也并未施加运用管辖权一般原则的义务。① 换句话说,该条的义务主体即缔约国,不明确"做什么",而能够在区域内采取行动的主体——国际海底管理局并没有被赋予水下文化遗产保护任何直接权利。从《联合国海洋法公约》的规定中可以看出,国际海底管理局的作用被限制在与矿产资源的探索和开发有关的活动,将其职能扩展至水下文化遗产的提议没有被采纳。这种模糊性带来的后果就是,各国可自行管理"区域"内有关考古和历史文物的活动。这毫无疑问存在诸多弊病:第一,难以保证"为全人类利益"目的的实现;第二,使更熟悉区域内各种资源情况的国际海底管理局无法和外界有效沟通,徒然浪费资源;第三,在有关文物的活动与勘探开发自然资源的活动发生冲突时,不能提供有效的解决方法。② 有学者指出,第 149 条未使用"人类共同继承遗产"的表述,而采纳了"为全人类的利益"的措辞,所以国际海底区域内文化遗产的地位显然不同于其他自然资源。同时,将文化遗产排除出"人类共同继承遗产"之外,为相关国家或猎宝

---

① Sarah Dromegoole, *Underwater Cultural Heritage and International Law*, Cambridge: Cambridge University Press, 2013, p. 260.

② 赵亚娟:《水下文化遗产保护的国际法机制—论有关水下文化遗产保护的三项多边条约的关系》,载《武大国际法评论》,2007 年第 1 期,第 103—137 页。

者主张水下遗产的所有权留下了可能性。[①]

2. 2001 年 UNESCO 公约第 11 条和第 12 条评析

在教科文组织起草《保护水下文化遗产公约》的过程中，一篇发表于 1995 年的可行性报告明确了国际海底区域在地理上的重要性。[②]《联合国海洋法公约》第 149 条没有规定义务主体和具体的义务内容，故 2001 年 UNESCO 公约努力在主体和义务内容两方面作出规定。

与 2001 年 UNESCO 公约第 9 条呼应，第 11 条建立了一套报告和通知机制。成员国有义务要求其国民或悬挂其国旗的船舶船长向其报告国际海底区域内发现的水下文化遗产及水下文化遗产的开发活动。该国必须将该事项报告教科文组织的总干事和国际海底管理局秘书处。总干事须将该报告快速传达给所有成员国。具有可识别联系的国家可宣布其与水下文化遗产存在利益关系进而要求就保护水下文化遗产的有效手段进行协商。与第 9 条的选择机制或者补充机制不同，第 11 条的报告机制的唯一的，这就减少了条款的模糊性。

第 12 条则建立了与第 10 条第 3 至 6 款相似的协商和保护机制。但第 12 条要求总干事必须邀请那些宣称存在利益关系的成员国及国际海底管理局参加协商程序，并任命一名合作国来实施保护措施。实践中，由于沿海国不会以合作国的身份参与其中（因为区域在国家的管辖权之外，不存在沿海国），则接受报告的国家或具有可识别联系的国家就很可能担任合作国。第 12 条第 3 款规定，协商之前有若必要，所有成员国（不仅是合作国或那些有可识别联系的国家）都可在水下文化遗产受到"来自人类活动或其他原因"的紧迫威胁时采取任何可行的行动。与第 10 条第 4 款相比，该款并未明确要求所采取的行动必须符合国际法。

2001 年 UNESCO 公约第 11、12 条建立的体制明显符合《联合国海洋法公

[①]　孙南申、孙雯：《海底文物返还的法律问题分析及其启示———以西班牙沉船案为例》，载《上海财经大学学报》，2012 年第 6 期，第 33 页。

[②]　UNESCO 秘书："对水下文化遗产保护的新条约的可行性研究"，这一可行性研究被提交到 UNESCO 执行委员会的第 146 次例会，巴黎，1995 年 3 月 23 日，Doc. 146EX/27，para. 10.

约》第 149 条。首先,第 11 条第 1 款强调成员国依第 11 条、第 12 条采取的任何行动都必须符合第 149 条的规定。这在合作原则和来源国的优先权两处有所体现。其次,第 12 条第 6 款明确规定合作国的行动必须"以全人类的利益为理,代表所有的缔约国",具有可识别联系的成员国可获得该条下的协商权,且"应特别考虑有关水下文化遗产的文化、历史和考古起源国的优先权利"。①《联合国海洋法公约》第 149 条同样要求区域内的水下文化遗产应当为了全人类的整体利益保存或处置,同时要求顾及来源国的优先权。这意味着,2001 年 UNESCO 公约的非成员国尽管可能因其起源国的身份而享有第 149 下的优先权,但事实上其无法实际直接参与到 UNECSO 公约的协商程序中来,只能由合作国在采取行动时考虑这些国家的权利。

2001 年 UNESCO 公约第 11 和 12 条为教科文组织的总干事设定了诸多权利,也可以说是义务。总干事必须充当第 11 条中报告的桥梁,协调可识别联系国家发表的利益声明,并与国际海底管理局保持联系。我们知道《联合国海洋法公约》赋予国际海底管理局的职能仅限于管理与探索开发矿产资源相关的活动。第三次海洋法会议拒绝让国际海底管理局承担更多关于水下文化遗产的职能。同样,2001 年 UNESCO 公约亦不打算让国际海底管理局承担更多的管理责任,所以只是规定"教科文组织总干事还应邀请国际海底管理局参加此类协商"。但实践中,在区域内发现水下文化遗产的国家往往是与国际海底管理局签订勘探开发矿产资源的合同的国家,而这些国家履行合同②的行为可能破坏水下文化遗产;反过来,保护水下文化遗产的措施也会影响这些自然资源的开发活动的进行,所以国际海底管理局的参与实际上意义巨大。③

---

① 第 11 条第 4 款并非重复第 149 条下笨拙的模式(其涉及"起源国,或文化起源国、历史起源和考古起源国"的优先权),2001 年 UNESCO 公约使用了更简洁的模式——"文化、历史和考古起源国"的优先权利。这在实践中会有所不同。

② 指勘探开发自然资源的合同。

③ 国际海底管理局基于《联合国海洋法公约》第十一部分的规则在深海床对矿产活动进行规制与 2001 年 UNESCO 公约中关于国际海底区域的规定之间的关系。

六、小结

有学者提出《联合国海洋法公约》中的现有规定并不足以成为一个系统保护水下文化遗产的法律制度。最直观的体现是该公约未使用"水下文化遗产"的表述，而使用了"考古和历史文物"，甚至都没有明确哪些物品可以构成这类文物。[①] 一方面，《联合国海洋法公约》在水下文化遗产的保护方面仅有第 303 条和第 149 条，通过模糊的条款蜻蜓点水般地要求成员国"保护"水下文化遗产，对更重要的"如何保护"没有详细的规定，甚至连指引都是不清晰的。这的确不利于水下文化遗产保护的国际立法及实践的统一。但另一方面，《联合国海洋法公约》也产生了积极作用。例如，公约规定了国家应当保护水下文化遗产并为此进行合作；规定了沿海国及其他国家在不同海域内可采取的措施等。尤其是《联合国海洋法公约》支持各国签订有关水下文化遗产保护的国际协定和国际法规则，只要：(1)与《联合国海洋法公约》宗旨和目的的有效实现相符合；(2)不影响《联合国海洋法公约》基本原则的适用；且(3)不会侵犯其他非该后续条款成员国但是《联合国海洋法公约》的成员国在《联合国海洋法公约》下的权利。尽管有诸多学者认为其具有"海洋宪法"的地位，但《联合国海洋法公约》毕竟不是专门保护水下文化遗产的条约。

同时，2001 年 UNESCO 公约作为专门保护水下文化遗产的国际条约，虽然目前缔约国数量不多，但却具有里程碑式的意义。公约规定了合作原则、为全人类利益保护原则、就地保护原则、禁止商业开发原则和鼓励公众参与、提高公众意识原则等多项基本原则，为各缔约国设定了一般性义务，为领海、毗连区、专属经济区、大陆架和国际海底区域等各海域分别设置了管辖权条款，形成了完整的

---

① 聂博敏：《水下文化遗产的国际法保护》，载《中国海洋法评论》，2015 年第 2 期，第 285 页。

水下文化遗产管辖权体系。虽然由于两大阵营①的激烈分歧使得一些条款存在"建设性模糊",但这并不影响其对水下文化遗产保护的重大意义。

对于《联合国海洋法公约》和 2001 年 UNESCO 公约的关系,学界争论不断。《联合国海洋法公约》第 303 条第 4 款规定:"本条不妨害关于保护考古和历史性文物的其他国际协定和国际法规则。"学者们由此普遍认为任何新条约都不会被第 303 条所束缚。但事实上,《联合国海洋法公约》第 311 条对其与其他国际条约的关系作出了规定。第 311 条第 3 款②限制了成员国在之后可能加入的条约条款减损《联合国海洋法公约》的权利:(1) 不得与《联合国海洋法公约》宗旨和目的的有效实现相违背;(2) 不得影响《联合国海洋法公约》基本原则的适用;且(3) 不得侵犯其他非该后续条约成员国但是《联合国海洋法公约》的成员国在《联合国海洋法公约》下的权利。

与之对应,2001 年 UNESCO 公约第 3 条规定:"本公约中的任何条款均不得妨碍国际法,包括《联合国海洋法公约》,所赋予各国的权利、管辖权和义务。本公约应当结合国际法,包括《联合国海洋法公约》,加以解释和执行,不得与之相悖。"该条似乎也承认两公约存在矛盾的情况下,《联合国海洋法公约》优先适用,但存在很大的模糊性。该模糊性源于"国际法,包括"的措辞,这为成员国解释公约提供了一定的自由空间。Le Gurun 注意到 2001 年 UNESCO 公约之所以"妥协于"《联合国海洋法公约》,是"为了平复那些不情愿国家的担忧",但却"也有可能出乎意料地强化其担忧"。③ 事实上,无论该条背后的目的是什么,对于管辖权服从的问题,它也没能提供被广泛接受的确切结论。学界对此存在广

---

① 极力维护《联合国海洋法公约》所创造的精致平衡,进而主张限制沿海国在各海域内的权利的海洋大国,和支持 2001 年 UNESCO 公约、支持水下文化遗产保护的、水下文化遗产众多的大多数发展中国家。

② 《联合国海洋法公约》第 311 条第 3 款:"本公约两个或两个以缔约国可订立仅在各国相互关系上适用的、修改或暂停适用本公约的规定的协定,但须这种协定不涉及本公约中某项规定,如对该规定予以减损就与公约的目的及宗旨的有效执行不相符合,而且这种协定不应影响本公约所载各项基本原则的适用,同时这种协定的规定不影响其他缔约国根据本公约享有其权利和履行其义务。"

③ Le Gurun, *The Protection of the Underwater Cultural Heritage: National Perspectives in Light of the UNESCO Convention* 2001, Leiden and Boston: Martinus Nijhoff Publishers, 2006, p. 78.

泛的讨论。一些国家认为新条约不应当"从属于"《联合国海洋法公约》。① 为支持其观点，他们经常引用条约法一般规则中关于对同一事项的条约继承的规定：在同为两条约成员的国家之间，后条约的规则优先适用。② 另一方面，其他国家（包括主要的海洋国家）认为与其他一般条约相比，《联合国海洋法公约》具有宪法性质的崇高地位，③其总是比一般法律具有更重的分量，也更难以推翻或修正。《联合国海洋法公约》具有特殊地位的正当性在于其秉持着精雕细琢的"一揽子计划"，平衡了船旗国和沿海国的权利，是一个具有整体性的不可分割的条约体系，不允许国家仅签署特定的部分内容。

第三节　国家保护水下文化遗产的其他权利义务

在水下文化遗产保护的语境下探讨国家的其他权利义务，需要注意明确其概念实质，并理解其与国家管辖权的联系与区别。

一、其他权利义务的实质

国家在水下文化遗产保护方面的其他权利义务是为了区分管辖权，并不脱离一般国际权利义务的本质——平等和互惠。平等的法律地位为各国产生利益冲突留下了空间，而互惠的国际法要求则提供了平衡各国利益冲突的手段。

平等是主权原则的固有含义，《蒙特维多国家权利义务公约》第 4 条规定："各国法律地位平等，享有平等的权利及行使权利的能力，且因其在国际法上存

---

① Aznar-Gomez, "Treasure Hunters, Sunken State Vessels and the 2001 UNESCO Convention on the Protection of the Underwater Cultural Heritage," *International Journal of Marine and Coastal Law.* vol. 25(2010)，p. 231.

② 《维也纳公约》第 30 条。

③ 这种观点后来在联合国大会上得以加强，其要求新条约与《联合国海洋法公约》的部分条款"完全一致"。

在本身而享有这些权利。"①这也是国际社会稳定运行的基础。一方面,各缔约国在同一法律体系下享有同样的权利,履行同样的义务,承担同样的法律责任。另一方面,一国行使权利不能建立在蔑视其他国家权利的基础上,不能滥用自己的权利,这也是国际法义务的一般基础。② 换句话说,一国的权利即为另一国的义务,权利义务总是相对的,同一主体的权利义务未必完全对应,但权利义务总量相等。值得注意的是,权利义务的平等是在同一或特定法律体系语境下,例如中国公民与美国公民在个人的具体权利义务上就不是完全一致的,但不能说这是"不平等"的,因为在两个不同的法律框架下比较权利义务平等与否是没有根据的。

互惠指各国在行使权利、履行义务的同时应当秉持着善意对其他国家的权益予以照顾,相互合作,达到共赢。这是"平等"的必然后果。因为平等者之间无管辖权,任何国际法文件的缔结、任何国际共识的达成都是在各方秉持着互惠原则在相互妥协的基础上实现的。换句话说,互惠蕴含着"适当顾及"。有学者梳理过《联合国海洋法公约》中共出现了 19 次关于"适当顾及"的条款,要求缔约国在行使自身的海洋权利和自由时,合理地照顾到其他国家地海洋权利和自由。而且,《联合国海洋法公约》把这种要求提升到了一种积极的法律命令,而不仅停留在消极的义务阶段。③ 可以说,这是互惠的权利义务本质要求在具体条约中的具象体现,就像应然的自然权利在法律规定中具象化为实然的法律权利一样。

二、其他权利义务与管辖权的关系

1. 管辖权与其他权利义务本质相同

通过上文的分析我们可以看出,在水下文化遗产保护的语境下,2001 年

---

① 1933 年《蒙特维多国家权利义务公约》第 4 条。
② 陈荔彤:《海洋法论》,学林文化事业有限公司,2001 年版,第 515 页。
③ 张国斌:《〈联合国海洋法公约〉"适当顾及"研究》,载《中国海洋法学评论》,2014 年第 2 期,第 58 页。

UNESCO 公约设置的管辖权机制实质上包含了权利和义务,甚至更多地体现为义务,如作为核心内容的第 9、10 条规定的报告通知义务和协调国的义务;又如第 8 条虽然属于授权性规范,但其适用仍然要满足诸多条件,为沿海国构成繁重的负担。所以管辖权和国家的其他权利义务在保护水下文化遗产这一大背景下,似乎没有本质的区别,只是前者更加强调国家的个体权利,而后者更强调各国间的平等和互惠。前者的适用更加具体,2001 年 UNESCO 公约在领海、毗连区、专属经济区和大陆架等各海域分别对沿海国、船旗国的管辖权予以规定;而后者往往更加笼统,如《联合国海洋法公约》第 303 条。除此之外,在水下文化遗产保护的作用上,二者也有不同。管辖权以水下文化遗产为对象,发挥着直接保护的作用。而如《联合国海洋法公约》赋予沿海国在专属经济区和大陆架内保护自然资源的权利,这些权利因海洋内的文化遗产与海洋环境及生物、非生物资源之间的紧密联系而对文化遗产的保护发挥着间接作用。所以说国家权利在一定程度上是管辖权的补充。

2. 其他权利和义务的本质相同

正如 Dromegoole 所说,当涉及其自身利益时,国家行使权利会更加主动,而当仅涉及国际利益则需要以国际法义务的形式进行督促。[①] 他的观点巧妙地揭示了国际法层面下国家权利义务的同质性及其实际适用中的区别。换言之,在保护水下文化遗产的语境下,国家的权利和义务在本质上都是指"一国要做什么",只是作为权利时该国有选择的自由,因为该活动符合其国家利益,所以一国行动时往往更加主动而不需要外在的激励措施;而作为义务时没有选择的余地,国际法对其的期待具有更高的强制性。现实中,没有哪个国家会主动放弃自己的权利。所以,不论作为权利还是义务,结果都是一样——国家按照国际法的规定采取保护水下文化遗产措施。

---

① Sarah Dromegoole, *Underwater Cultural Heritage and International Law*, Cambridge: Cambridge University Press, 2013, p. 241.

第四节 管辖权的"单边扩张"

事实上，很多国家都已为保护本国水下文化遗产制定了国内法，如我国的《水下文物保护管理条例》；法国的第 89/874 号《关于海洋文化财产的法案》（Law No. 89 - 874）；英国的 1986 年《军事遗存保护法》（Protection of Military Remains Act 1986）、1979 年《古迹与考古区域法》（Ancient Monument and Archaeological Areas Act 1979）；美国的 1987 年《被抛弃沉船法案》（Abandoned Shipwreck Act of 1987）、1906 年《古迹法》（Antiquities Act of 1906）；澳大利亚的 1976 年《历史沉船法》（Historic Shipwreck Act 1976）；瑞典的《文化古迹法》（The Cultural Monument Act）；等等。在这些国内立法中，有些保护对象包括水下和陆上的所有文化遗产，有些只针对水下文化遗产，还有些考虑到水下文化遗产的主要表现形式，直接为历史沉船的保护立法。不可否认，这些国内立法对水下文化遗产的保护发挥着重要的作用。

事实上，国内法可以成为一国对某特定水下文化遗产行使管辖权的法律依据，且各国的国内法规定的效力并不局限于其领土范围内。如我国的《水下文物保护管理条例》第 2 条规定"水下文物"包括遗存于中国领海以外依照中国法律由中国管辖的其他海域内的起源于中国的和起源国不明的文物；遗存于外国领海以外的其他管辖海域以及公海区域内的起源于中国的文物。[①] 这意味着在我国领海之外的水下文化遗产也受我国立法的约束。但是，此类国内法仍然属于"公法"范畴，[②]不具有域外效力，他国一般不会承认和执行。而水下文化遗产多存在于各国的毗连区、专属经济区、大陆架甚至公海中，牵扯着各国的利益，这就要求各国在国际法中寻找其行使管辖权的依据。"荷花号"案首次明确了国家行

---

① 《水下文物保护管理条例》第 2 条。

② 傅崐成、宋玉祥：《水下文化遗产的国际法保护——2001 年联合国教科文组织〈保护水下文化遗产公约〉解析》，法律出版社，2006 年版，第 18 页。

使管辖权的根本所在,接下来将通过分析"荷花号"案的管辖权标准,尝试着探讨各国单边管辖权扩张的实质。

一、"荷花号"案管辖权问题评析

常设国际法院在 1926 年的"荷花号"(The Lotus)案①中对国家的管辖权事项作出了判决,法院认为,除非国际法中有规则禁止一国对外国人在国外的犯罪行为行使管辖权,否则土耳其不被禁止这样做。但并不存在这样的国际法规则。其指出,虽然船舶在公海上的行为应由船旗国管辖,但本案中德蒙船长的失误行为所造成的后果发生在土耳其船舶上,即相当于发生在土耳其的领土内,这就涉及两个国家如何行使管辖权的问题,而不仅仅是船旗国的专属管辖问题。事实上,各国法律都承认:犯罪者在外国的犯罪行为,只要有一个犯罪因素发生在其领土之内,就可被认为是发生在本国领土。"荷花号"案中法国船长在公海上的行为后果发生在了"土耳其的领土之内"。后来《联合国海洋法公约》规定,在公海上航行的船舶受船旗国管辖。遇有船舶在公海上碰撞或任何其他航行事故涉及船长或任何其他为船舶服务的刑事或纪律责任时,对该人员的任何刑事诉讼,仅可向船旗国或此种人员所属国的司法或行政当局提出。

换句话说,常设国际法院认为只要没有国际法规则予以禁止,一国可自由行使其管辖权,而不论在其领土之内还是之外。这就将很多事项管辖权问题变成了国内法的问题。但不容忽视的是,虽然一国可以就此主张其管辖权,但该权利是否能够实际行使,能否实际发挥作用就要看其他国家是否承认,看各国的合作是否有效,于水下文化遗产亦是如此。

---

① 法国油船"荷花号"在公海航行时,因船长的疏忽失误撞上土耳其的一艘船,导致土耳其船沉没,8 人死亡。当"荷花号"航行至伊斯坦布尔时,土耳其政府逮捕了"荷花号"船长——法国公民德蒙上尉,并依土耳其刑法典对其进行审判。法国政府提出反对,双方将该纠纷提交至常设国际法院。

二、各国"单边管辖权扩张"的立法趋势

各国的国内立法纷纷体现出了单边管辖权扩张的趋势,如 1976 年澳大利亚《历史性沉船法案》适用于"与国家海岸相邻的水域",1967 年的《石油(水下陆地)法案》将"文化保护区"定义为包括与大陆架外边缘坐标对应位置的水域;爱尔兰《1987 年国家文物法案(修正案)》中关于沉船和考古遗迹保护的规定适用于"1968 年大陆架法案 2(1)涵盖的海床之下、之中、之上"的区域;1985 年的《西班牙第 16 号法》要求任何针对水下文化遗产的活动都需授权。① 除此之外,一些国家曾对专属经济区和大陆架内的水下文化遗产发表单边管辖权声明,如在一个 1991 年发表的关于逐渐扩张的管辖权的详细调查中,Kwiatkowska 报告说一些国家——包括澳大利亚、佛得角、塞浦路斯、爱尔兰、摩洛哥、西班牙和塞舌尔——要求移动 24 里以外的水下文化遗产时需要事先同意。② 这也表明他们关心水下文化遗产是否能够得到充分的保护。这种"单边管辖权扩张"一直以来都是极力维护《联合国海洋法公约》创造的精致平衡的海洋大国警惕和防范的现象。

为规制专属经济区和大陆架内开采开发自然资源的行为,一些国家规定对符合条件的活动准予颁发许可证。但各国在水下文化遗产保护领域内的单边管辖权扩张与之不同。对勘探开发自然资源的规制措施实质上与国际海底管理局对深海床的采矿活动进行管理的行为更为类似。希腊和挪威是较早规定对离岸活动中无意发现的水下文化遗产进行报告的国家,其他国家紧随其后。施加这些前提条件及事先同意程序是基于考古考虑,其为国家提供了阻止或减轻其离

---

① 转引自 Sarah Dromegoole, *Underwater Cultural Heritage and International Law*, Cambridge: Cambridge University Press, 2013, p. 265.

② Kwiatkowska, "Creeping Jurisdiction Beyond 200 Miles in the Light of the 1982 Law of the Sea Convention and State Practice", *Ocean Development and International Law*, vol. 2(1991), p. 163.

岸水域活动所带来的无意损坏的有效手段。但是，由于一国也可能对外国国民强制实施这些规定，所以会产生合法性的问题。

另一方面，国家可能会因其与水下文化遗产之间的利益关系而批准公约。比如西班牙已经这么做了，澳大利亚和爱尔兰将会这么做。① 但是，批准公约是否会限制国家国内法赋予其的管辖权成为一个具有争议的问题。支持水下文化遗产保护的国家将 2001 年 UNESCO 公约作为不会对管辖权构成限制的论证。因为公约明确其不会"损害国家在包括《联合国海洋法公约》在内的国际法下的权利、管辖权及义务"。但是，即使 2001 年 UNESCO 公约的适用限定在既存国际法规则的范围内，也不能说明其不会限制国家的单边"管辖权扩张"。因为 2001 年 UNESCO 公约只是"服从于"包括《联合国海洋法公约》在内的国际法，而并非"服从于"各国国内法。事实上，国家一旦签署了国际条约，就意味着其承诺履行该义务，条约与国内法间的冲突不能成为其不履行国际义务的理由。

三、小结

综上所述，2001 年 UNESCO 公约为水下文化遗产的保护提供了直接有效的手段，一般管辖权原则、《联合国海洋法公约》等其他国际法律规范也发挥着不可小觑的作用。可以说，国际社会已经形成了保护水下文化遗产的较健全的法律体系。但同时，2001 年 UNESCO 公约"建设性模糊"的规定还不能提供统一明确的国际规范，该体系有待完善。此外，管辖权和其他国家权利义务之间具有同质性，均体现为"一国基于国际法的规定作出一定行为"，当然这种行为的背后可能是自我驱动，也可能是外部的激励因素的推动。同时，由于国际社会是一个平等互惠的环境，2001 年 UNESCO 公约的多处条款均要求成员国与声称存在

---

① 两个国家都投票支持了公约。2009 年澳大利亚宣布其将考虑批准公约。而爱尔兰对公约的批准仅仅因其先行立法变化的政治优先性不足而被否决了。

利益关系的其他成员国进行协商。在批准 2001 年 UNESCO 公约的国家中，不论其是否会正式修订其有关水下文化遗产的国内立法以确保公约的有效适用，但不与其他具有相关利益的成员国进行协商，水下文化遗产的管理和保护都难以有实质性进展。一方面，在水下文化遗产保护的语境下，深海勘探、摄像、测量、潜水等技术要求较高，要消耗大量的人力、物力、财力，仅靠一国之力是难以承受的；另一方面，《联合国海洋法公约》和 2001 年 UNESCO 公约的模糊规定使得成员国在很多方面不能明确其权利义务范围，友好协商合作能够帮助各国在模糊的法律环境下采取行动，而更科学、明确和完善的国际法规则也将在这种善意合作的过程中产生。

第四章　水下文化遗产的法律适用问题

第一节　国际法的适用

一、1982 年《联合国海洋法公约》的适用

由于 19 世纪七八十年代国际层面对水下文化遗产的规定只有一些简单的内容或者简单的原则,因此通常大多数国家对适用相对来说更为完善的国内海洋法并没有太多反对意见。

1982 年《联合国海洋法公约》中与水下文化遗产相关的第 303 条第 3 款的内容是:本条的任何规定不影响可辨认的物主的权利、打捞法或其他海事法规则,也不影响关于文化交流的法律和惯例。

从《联合国海洋法公约》的谈判历史中可以看出,第 303 条第 3 款中的"打捞法或其他海事法规则"需要在海商事法律的范围内理解。可以预见的是这些法律中应该包括从英国商船运输规则中衍生出的打捞救助法,也包括被诸如美国联邦海事法庭等海商事法庭使用的发现物法。

为了使第 303 条第 3 款和第 303 条其他条款及第 149 条的内容中的保护目标相协调,学者 Strati 认为第 303 条第 3 款中"打捞救助法和其他海洋法规则"应仅仅指 100 年内的法规,①在她看来,更古老的法规应属于"考古和历史本质

---

① Strati, *The Protection of the Underwater Cultural Heritage*, The Hague, London and Boston: Martinus Nijhoff Publishers, 1995, p. 173.

的客体"的范畴,而不再属于打捞救助法的领域。但即使在与 Strati 学者类似的观点不断出现的时代,出于国际法公约条款目的而将一些古老的法规视为属于考古和历史的范畴的做法也存在争议。在各个国家实践的发展中,将上述观点中认为不适用的范围是指有些超过 100 年以上的很古老的法规,扩展到 50 年以下的法规也可能被认为属于不适用的范围之中。[①] 事实上即使是为了第 303 条或第 149 条的顺利实施,也没有必要将打捞救助法中的实际调整对象与有着考古和历史性质的实质调整对象划清界限。第 303 条第 3 款的效力只是对第 303 条和第 149 条的保护条款,其条文本身并不影响打捞救助法和其他海洋规则的适用,换言之,我们不能直接认定这些法律不适用于具有考古和历史性质的客体,而是需要在具体的国内法律体系中找到依据来决定。

二、1989 年《国际救助公约》的适用

1989 年《国际救助公约》(下称 1989 年公约)将打捞救助法中的基本原则奉为圭臬(但在有些情况下也会有些微小的改动)。它最重要的内容就是保证救助者在现代商业环境下打捞救助后可以获得充足的回报。[②]

在水下文化遗产语境下,需要回答两个问题:第一,在涉及水下文化遗产的物质恢复情况中 1989 年公约适用的程度问题;第二,对属于水下文化遗产的财产与其他海洋财产区别对待的必要性的考虑问题。要解答这两个问题,首先需要考虑的是"打捞救助行为"本身的概念。

1989 年公约将"救助作业"定义为:"可航水域或其他任何水域中援救处于危险中的船舶或任何其他财产的行为或活动。"它进而将"船舶"定义为:"任何船

---

① Sarah Dromegoole, *Underwater Cultural Heritage and International Law*, Cambridge: Cambridge University Press, 2013, p. 71.

② 关注的原因有两个:第一是防止商业打捞救助产业的衰落;第二是激励打捞救助者在打捞救助中尽量减少对环境的破坏。详细论述见 Gaskell, "The 1989 Salvage Convention and the Lloyd's Open Form (LOF) Salvage Agreement 1990," *Tulane Maritime Law Journal*, vol. 16, no. 1 (Fall 1991), pp. 5 - 7.

只、艇筏或任何能够航行的构造物";将"财产"定义为:"非永久性和非有意地依附于岸线的任何财产,包括有风险的运费"。

因为 1989 年公约整体对"船舶"和"财产"的定义中并没有提及沉船或其他沉没的财产,如此一来,对于这样的财产能够成为条约领域内可被打捞救助的财产就出现了问题。这些问题在制定 1989 年公约的外交代表会议的观察员 Gaskell 看来:"在整个谈判中对于有价值的沉船及其货物的救助行为的概念性质都存在着误解或分歧(有时既有误解又有分歧)。"①

对于该问题不同国家有不同做法,有些国家认为救助沉没财产是不可能的,但很多普通法国家认为是可能的。② 经过深入分析后 Gaskell 总结道:"不论是从英文单词的自然含义,还是 1989 年外交官会议上的理解而言,沉没财产是可以被打捞救助的。"③然而,他继续指出,"对于财产是否处于危险中是由国内法院决定的"④。似乎从原则上来说,1989 年公约可能是适用于沉没财产的,但是缔约国国内法院可以自由裁量"危险"的定义,这样沉没财产或在海底沉睡了一段时间的财产就被排除在适用范围之外。不过即使是在这种可能性之下,有着文化价值的残骸仍然属于 1989 年公约的一般范围之内。此外,1989 年公约对"财产"采取了非常宽泛的定义,这一事实表明了在比传统的海洋财产概念更宽泛的范围内对水下文化遗产适用公约的可能性。

1989 年公约的基本方案中并没有将可能属于水下文化遗产范围的财物考虑在内的条款,但谈判会议中法国代表提议有文化利益的财物应当被明确排除在 1989 年公约的范围之外。虽然这个提议最终被拒绝,但也导致 1989 年公约

---

① Gaskell, "Merchant Shipping Act 1995," *Cultural Law Statutes Annotated*, Schedule 11 (1995), pp. 21-376.

② Gaskell, "Merchant Shipping Act 1995," *Cultural Law Statutes Annotated*, Schedule 11 (1995), pp. 21-376.

③ Gaskell, "Merchant Shipping Act 1995," *Cultural Law Statutes Annotated*, Schedule 11 (1995), pp. 21-377.

④ Gaskell, "Merchant Shipping Act 1995," *Cultural Law Statutes Annotated*, Schedule 11 (1995), pp. 21-377.

最终在海洋文化财产方面的规定是有所保留的。① 根据 1989 年公约第 30 条第 1 款的第 4 项的规定,任何国家都有权保留对位于海床上的具有史前的、考古的或历史价值的海上文化财产适用的权利。因此 1989 年公约在关于水下文化遗产的案件中承认国家适用与打捞救助法不同的其他法律解决途径,公约也允许国家这么做。在第 30 条第 1 款的第 4 项下作出的保留本身并不意味着国家排除了打捞救助法对海洋文化财产的适用,而仅仅是指国家有权利这么做而已。② 但是,就像 O'Keefe 指出的那样,③1989 年公约中第 30 条第 1 款的第 4 项的保留条款是对《联合国海洋法公约》第 303 条第 3 款并不禁止国家将水下文化遗产排除出打捞救助法范畴的强有力的证明。

三、2001 年 UNESCO 公约中对打捞救助法和发现物法的态度

1. 背景

国际条约一开始针对水下文化遗产是在 1978 年欧洲议会第 848 号提案中④,提案明确了对于打捞救助法的立场:欧洲议会的成员国不希望在任何提案中涉及保护物品案件,即主张对那些在水下超过 100 年的物品的案件中直接适用"现存的打捞救助和残骸法律"。一方面,当时的公约作为这些法律的代替,鼓励因为诚实而获得报酬,从而鼓励发现者报告其发现。另一方面,1985 年《保护水下文化遗产欧洲公约》草案事实上是对打捞救助法和其他海洋规则以及所有者身份识别规则的复制,并将《联合国海洋法公约》的第 303 条第 3 款奉为圭臬,因此在内容上没有很多实质区别。

---

① Gaskell, "Merchant Shipping Act 1995," *Cultural Law Statutes Annotated*, Schedule 11 (1995), pp. 21 - 377.

② 62 个加入公约的国家中有 22 个国家作出了保留。

③ O'Keefe, *Shipwrecked Heritage: A Commentary on the UNESCO Convention on Underwater Cultural Heritage*, Leicester: Institute of Art and Law, 2002, p. 19.

④ Sarah Dromegoole, *Underwater Cultural Heritage and International Law*, Cambridge: Cambridge University Press, 2013, section 2.2.1.

事实上,在起草关于水下文化遗产的特殊条约时,一个可能比较棘手的问题是《联合国海洋法公约》与新的条约在打捞救助方面的规定的关系问题,即《联合国海洋法公约》第 303 条第 3 条是否受到之后的关于打捞救助条约的约束? 国际法协会认为并不会受到约束,因为在 1994 年的《联合国海洋法公约》草案中,关于打捞救助的条款规定并不适用于水下文化遗产。1996 年 3 月经过联合国教科文组织组织的专家学者热烈的讨论之后,这种对水下文化遗产的适用的排除被抛弃了,在 1998 年的联合国教科文组织《保护水下文化遗产公约》(草案)(下简称 1998 年草案)中被表述更加模糊的条款代替:国家成员需要规定不适用任何能够具有对水下文化遗产的开采和转移的商业刺激作用的国内法或国内规则。

这个条款掩盖于 1998 年草案第 12 条名为"水下文化遗产的处置"的第 2 款中。根据 1998 年草案的官方评论,这一款是为了避免在适用打捞救助法中出现"被所有人反对的行为",即"对被带出该国可能出现出于经济上的刺激而导致开采的管辖区外的物品仍适用国内法"的做法而设计的。[①]

虽然官方评论中暗示"其他打捞救助法的条款还需要被审查,以确保它们在公约章节中的领域内是保持一致的",但因为公约的总体目标是为了防止出于经济目的的开采,所以很难确定打捞救助法在哪些领域可以得到适用。

2. 2001 年 UNESCO 公约及其适用

2001 年 UNESCO 公约的第 4 条规定:

> 打捞法和打捞物法不适用于开发本公约所指的水下文化遗产的活动,除非它:(a)得到主管当局的批准,同时
>
> (b)完全符合本公约的规定,同时又

---

① Dromgoole and Gaskell, "Draft UNESCO Convention on the Protection of the Underwater Cultural Heritage 1998," *International Journal of Marine and Coastal Law*, vol. 14, no. 2 (May 1999), p. 202.

(c)确保任何打捞出来的水下文化遗产都能得到最大程度的保护。

在考虑这些条款时,需要同时考虑公约的最后文本中包括的范围不仅仅是遗弃物,就像之前的草案中所规定的,也包括了可考人类的存在以来在水下沉睡了至少100年的财物。因此第4条对于这些财物是适用的。条件(a)(b)和(c)很明显与财物恢复时和恢复之后的环境有关。假设这些条件都能被满足,似乎就可以要求适用打捞救助法或发现物法以获得打捞救助报酬。

具体而言,条件一是需要有权国家机关的作为。公约条款明确了国家有权机关必须把遗产就地保护作为第一选择,只有在以科学研究或保护为目的的条件下才能授权恢复开发。授权行为可能出于对水下文化遗产的保护或对知识的发展有重要贡献的目的,也可能是"出于必要的科学研究目的或是对水下文化遗产的终极保护目的"而进行开采或恢复的情况。具体这些原则如何被诠释,根据每个国家的权力机关不同可能会有所不同。虽然发现者可以争辩说其发现使得水下文化遗产处于危险中,唯一的保护方法就是对其开发,即便这样的说法似乎很有说服力,但与整个公约中对财产恢复的有限干预及类似内容所体现的考古学精神依然是不相符的。

如果开发恢复时其行为已被授权,即满足条件(a)的情况下就需要考虑条件(b)是否被满足:开采恢复行为与公约之间不得有任何冲突。这一条最重要的内容就是恢复行为要与公约附件中关于项目的集资和设计、项目团队的资格、信息的记录、恢复的财产的保护、遗址的管理、发现物的报告和传播以及项目建筑的策展的规则相一致。这些标准是最重要的涉及专业财产打捞救助者需要遵守的部分。但是,我们不能忘记,公约对待打捞救助法的态度是与对商业开发的态度紧密结合的。当恢复行为是出于自身的经济利益时,该项目很有可能会与被恢复财产的出卖规则和项目的资金来源性质相冲突。总的来说,除非"在任何行动开始之前"能够确保有足够的资金支持,否则在一开始这个项目就不会被授权。

条件(c)可能是事实上适用打捞救助法和发现物法的最大障碍。第三个条件要求任何对水下文化遗产的恢复工作必须要保证做到了最大程度的保护。但是什么是"最大程度的保护"呢？第 2 条确立了公约的目标和总体原则，认为水下文化遗产应当为了"人类利益"而得到保护，需要"以能够保证其长期保存的方法处理、保存和管理"，不能被商业开发。如前所述，对于打捞救助法的适用通常会为了偿付打捞救助者的报酬而导致法院对被恢复财产进行拍卖。虽然很少有案件涉及财产的打捞救助，但仍会产生货币报酬的支付，因此打捞救助者常常会获得被恢复财产的所有权。对发现物法的使用也会导致发现者成为所有者。

第 4 条中规定适用打捞救助法和发现物法的适用条件很明显设置了很高的证明标准。就像 O'Keefe 指出的那样，即使适用了，也会使对原来的条文的阐释产生偏差。① 因此在对于残骸遗址的发现者通过已经成为公约成员国的普通法管辖中海事法庭的传统路径来获得权利的情况下，适用第 4 条的吸引力是很小的。

需要注意的是没有什么可以阻止联合国教科文组织公约成员国制定比第 4 条关于对符合公约条件的水下文化遗产适用打捞救助法和发现物法更严厉的条款。很明显，那些在加入公约之前其立法排除水下文化遗产的打捞救助法的适用的国家，也会持续这种做法。而那些在加入公约之前允许在水下文化遗产中适用打捞救助法和发现物法的国家可能会被建议考虑作出更加明确和绝对的排除适用条款。这就防止了在打捞救助法和公约其他义务之间的关系会出现任何复杂问题的可能性。

3. 2001 年 UNESCO 公约和 1989 年《国际救助公约》的关系

当一个 1989 年《国际救助公约》成员国对第 30 条第 1 款第 4 项作出保留是在批准 2001 年 UNESCO 公约之后，那么关于条约的可行性就不会有问题。但是对于没有作出保留的国家就会产生条约可行性的问题。总体而言，当两个条

---

① In the words of Bishop, '[i]n essence Article 4 does away with both areas of law': Bishop, "The Underwater Cultural Heritage Convention 2001," *Shipping and Transport Lawyer*, vol. 3, no. 18 - 20 (2002), p. 18.

约对于同一问题有规定时,如果之前的条约的两个成员国家之间只有一方加入了后面的条约,那么先加入的条约优先于后加入的条约。①

为了与 2001 年 UNESCO 公约条文相一致,有关国家对于打捞救助法有两个选择:一是可以选择将水下文化遗产排除出打捞救助法的范畴;二是选择按照公约第 4 条的做法不把打捞救助法完全排除在外的折中做法。如果选择第一种,则肯定会出现不兼容的可能性,因为与 2001 年 UNESCO 公约不同,《国际救助公约》的首要目的是确保打捞救助者能够获得足够的报酬。② 如果选择第二种途径,需要被特别关注的一个问题是打捞救助报酬。在其他打捞救助公约成员国的打捞救助者不满足 2001 年 UNESCO 公约第 4 条的条件时,是否应当拒绝其支付报酬的要求? 在《国际救助分约》中打捞救助者有权利要求报酬,除非其行为达到了"不当行为"的程度。在《国际救助公约》第 18 条的规定下,"不当行为"被严格限制为:"如因救助人的过失或疏忽或因救助人有欺诈或其他不诚实行为而使救助作业成为必需或更加困难,可剥夺救助人按本公约规定所得的全部或部分支付款项。"

对打捞救助者适用"过错"或"过失"的程度区别似乎反而显示了打捞救助行为是必要的或困难的。因此,问题似乎就变成:未被 2001 年 UNESCO 公约规定下有权机关授权的针对水下文化遗产的打捞救助活动,或是未按照 2001 年 UNESCO 公约标准实施的打捞救助活动,是否会被认为是"过错"或"欺诈行为"? 但这种行为通常难以举证。

在 2001 年 UNESCO 公约开始考虑成为水下文化遗产领域的新条约时,一位国际海事组织的代表就暗示了在两个公约之间可能存在不兼容的情况,因为"打捞救助公约的私法性质决定了其并不是强制适用的,也就是说'即使没有明确作出保留,仍存在对打捞救助法的适用进行排除的权利'"。另一方面,近期国际海事委员会表达了如果打捞救助公约成员国没有作出对第 30 条第 1 款第 4

---

① 参见《维也纳条约法公约》Art. 30(4)(b)。

② Sarah Dromegoole, *Underwater Cultural Heritage and International Law*, Cambridge: Cambridge University Press, 2013, section 3.2.

项的保留，则在加入 2001 年 UNESCO 公约之前须先退出《国际救助公约》。这种情况下国家就需要考虑是否退出《国际救助公约》，以及（假设国家希望这么做）在作出保留后重新批准加入的事项。

《国际救助公约》没有提及打捞救助者的占有权，因此，任何关于这些权利行使的妨碍所产生的问题直接适用 2001 年 UNESCO 公约，因此不会在两个公约之间产生冲突。但这种妨碍是否会产生问题是另一回事①，无论如何这个问题有可能会使条约在适用领域内的优先适用变得困难是另一回事。②

第二节　国内法的适用

一、打捞救助法和发现物法简介

打捞救助法和发现物法是关于水下文化遗产的私法中非常重要的部分，它们主要调整私人主体之间的关系，而不涉及国家作为主体时的关系的调整。虽然打捞救助法也是国际条约法调整的对象，但它们主要由国内法调整。打捞救助法和发现物法实际上属于不同领域的法律，有着完全不同的渊源，但在水下文化遗产的语境下，发现物法常常被认为是打捞救助法的附属法。

二、打捞救助法的基本原则

打捞救助法有着深厚的历史起源。它的理论基础是出于公共政策的考虑，

---

① Sarah Dromegoole, *Underwater Cultural Heritage and International Law*, Cambridge: Cambridge University Press, 2013, section 3.3.

② O'Keefe, *Shipwrecked Heritage: A Commentary on the UNESCO Convention on Underwater Cultural Heritage*, Leicester: Institute of Art and Law, 2002, p.64.

当水手在海上时被鼓励拯救他人处于危难的财产。① "海难救助者"是指作出有价值的公共服务行为的人,这些行为常常是费时、费钱甚至是危险的,因此应当被慷慨地奖励。19 世纪至 20 世纪诞生了专业的打捞救助产业,他们为遇难船只提供非常重要的服务,打捞救助法也因此被归于海商法的范畴中。国际上,对于沉船财产是否能被打捞救助存在一些差异较大的观点,有些国家认为沉船的恢复不属于打捞救助的范围,但总的来说,打捞救助法适用于遇难船的做法在遵循普通法原则下的海事法院在英国判例法中就已经建立了基础。

打捞救助法有一些基本的特征,其适用也存在前提条件。从传统角度来说,它主要涉及"海事财产"的恢复,尤其是对海上的船舶及其货物的恢复。这里所说的在"海上",是指包括所有可航行的(或者在英国普通法中,有潮汐的)水道。如果要明确海事财产的构成,也就是哪些财产是打捞救助法的客体,在不同的管辖区域下可能会是不同的内容,但是在大多数情况下其定义都是被扩大到包含航空器。② 海事财产确实必须要从危险中拯救出来,但是不同的司法管辖区对于危险的定义以及造成危险的原因的判断方法不同。假设所有者明确的财产被提供恢复的服务者(一般来说,即打捞救助者)所恢复,按照打捞救助法规定,所有者要向海难救助者给付报酬作为回报。这种回报通常按照被打捞救助的财产的商业价值的比例来估算确定,并且不能超过被救助财产本身的价值。为了能够获得报酬,救助服务必须要成功,不论是整体意义上的还是部分意义上的成功,因此海难救助就建立在"无效果无报酬"的基础上了。还有一点需要注意的是,海难救助行为不一定发生在订立合同的基础上。虽然现代传统商业海难救助都是在合同下进行的,海难救助者(不论是基于合同进行的海难救助者还是单纯的海难救助者)都必须出于自愿。也就是说,海难救助必须是在事前存在合同或其他法律义务的情况下实施的行为。

考虑到海难救助的正面意义,海难救助者被赋予了广泛的法律权利。他们

---

① Gaskell, "Merchant Shipping Act 1995," *Current Law Statues Annotated* 1995, Schedule 11, pp. 21 - 374.

② 参见 UK Civil Aviation 1982, s. 87(1).

受益于其对被救助的财产享有"海事留置权"的法律保障机制,这意味着该财产可以在诉讼中被法院扣押作为海难救助者诉讼的保全,并以最终拍卖的价款实现其诉讼请求。[1] 海难救助者还享有额外的保障,就是其在打捞救助过程中对还未恢复的财产享有占有权。这种占有权能否被海难救助者享有取决于船舶是否仍被它的主人占有和控制。在遗弃物的情况下,也就是说当船舶的主人不再对其占有时[2],哪个海难救助者最先占有了船舶,如果从表面看打捞救助行为可能被成功实施的话,其即享有进行打捞救助行为的独有权利。在这种情况下,海难救助者被称为"占有的海难救助者"。

在遇难船舶的打捞救助过程中,救助行为可能持续数月甚至数年,一旦沉船的位置被确定并进入打捞救助程序,海难救助人就很有可能希望能够利用海事法庭将残骸扣留,作为自身利益的保障。扣留作为对物权行使的开始,也就是针对财产本身的法律程序(也就是物权)。假设海难救助人可以通过证明占有,证明其救助行为是负责任地进行,法院可能会准备宣布海难救助人对于该地点有独有权利,并且通过发布禁止令来保障其权利不被同业竞争者侵犯。最终,当海难救助行为顺利结束时,由法院考虑相关因素并决定海难救助报酬。这些因素包括海难救助者的技术和贡献,以及包含的风险和成本。一般最终的报酬都会比较丰厚,除非海难救助人在过程中出现了失误。一般来说,救助财产会通过司法拍卖,拍卖后所有人的剩余财产会用以偿付海难救助人的报酬。

英国打捞海难救助法中最有名的一个涉及沉船的案子是"图班提亚号"(Tubantia)案,该案阐释了打捞救助法中一些原则,同时也展现了对于海难救助者的行为典型的司法态度。"图班提亚号"是一艘荷兰的汽船,据信承载了价值将近 200 万英镑的金子,在 1916 年被德国的水雷攻击后沉没在北海的 100 英尺深的水下。在 1922 年,海难救助者定位到沉船的位置,从 1922 年至 1923 年,只

---

[1]　Dromgoole and Gaskell,*Interests in Wreck*,London and Hong Kong:Lloyd's of London Press,1988,pp. 188 - 189.

[2]　Sarah Dromegoole,*Underwater Cultural Heritage and International Law*,Cambridge:Cambridge University Press,2013,section 3.

要在气候和潮汐都允许的时节就进行救助作业。他们将残骸区域标识出来,通过浮漂停泊,将残骸固定在原址上方。在 1923 年,一个竞争公司去到现场介入了之前的海难救助者的行动。法庭需要解决的问题是:第一个公司对该地址是否已经达到了足够程度的占有以至赋予其独有的救助权利。要证明这样的占有很困难,考虑到残骸的沉没深度以及在该位置工作的小时数和天数,取证能力是有限的。然而,首席法官对第一个海难救助者的情况表示了同情:

> 必须要说的是,因为原告潜水员的工作一次只能两个人进行,在很短的时间内还受到很多妨碍,因为要完全掌控"图班提亚号"会受到各种气候压力的影响,所以认为船舶以及船上的货物都没有被占有?我认为这将是不幸的结论,非常不利于在救助过程中的救助公司,他们的勇敢和成本不菲的工作对于公众来说有着很重要的意义。我并不想作出这个结论。

最终结论就是之前的海难救助者已经证明了他事实上对"图班提亚号"占有,有排除其他人占有的意图,且没有明显的不胜任的情况。法官对竞争公司颁布了禁止令,防止竞争公司在"图班提亚号"范围内或其附近进行妨碍原告打捞救助的行为。

战后环境中的海上救助行为需要鼓励残骸修复,因此偏向于第一个海难救助者的判决被认为对海事法庭在海难救助案件有指导作用。这个案子也表明了在打捞救助法中"占有"含义的重要性,以及在深海残骸的案件中证明占有的困难性。①

"图班提亚号"案件中还有两个争议点是造成该案臭名昭著的原因。首先,这些推导似乎假设了"图班提亚号"的残骸是处于危险中的,即使它已在海底沉

---

① *Columbus-America Discovery Group* v. *Unidentified*, *Wrecked and Abandoned Sailing Vessel*, *SS Central America*[1989] AMC 1955,1958 (ED Va. June 30,1989).

睡了 6 年。其次,法官并没有怀疑过法院对残骸案件的管辖权,即使它存在于离英国海岸 50 英里的国际海域。这两个问题对于水下文化遗产来说非常重要,我们将在后文中讨论。

三、发现物法的基本原则

打捞救助法的原则来源于普通法,发现物法的原则来源于英国判例法。和打捞救助法不同的是,发现物法是整个财产法的一部分,而不是海事法律中的特殊领域,发现物法的原则是从陆地财产发现的案例中衍生的。

发现物法可能可以适用于遗失物、遗弃物。当财产仅仅是被主人所遗失时,发现者可以占有并获得权利的规则对于真正的主人以外的所有人来说都是好的。另一方面,当财产是被主人遗弃时,发现者占有后其地位就会优先于原来主人的地位。这里再次申明,对于海难救助者可能获得专属权利的占有权来说,仅仅发现财产并不足以获得占有权,还需要物理上的占有或控制以及对该财产排除其他人占有的意图。当财产在陆地上被非发现者拥有或占有时情况会变得很复杂,根据具体的情况,原所有者或占有者可能比发现者有更优先的权利。例如,如果财产是在土地上附着的或嵌入土地的,土地所有者或占有者比发现者有更优先的权利,因为对土地的占有包括了对土地附着物和土地中嵌入物的占有。

四、打捞救助法的国际规则

发现物法是在发现国内财产的语境下发展起来的。不同于发现物法,打捞救助法从一开始就很明确地属于国际范畴。任何国籍的船舶在海洋的任何地方都可能成为打捞救助法的客体。因此,20 世纪早期国际海事委员会(CMI)曾经试图创造规范打捞救助行为的统一法律规则,从而使得法律适用更加明确和可预期。这个想法促成了 1910 年《布鲁塞尔公约》[①]，之后该公约被 1989 年《国际救助公约》取代。1989 年《国际救助公约》最早由国际海事委员会起草，之后被国际海洋组织（IMO）采纳。1989 年《国际救助公约》的规则更先进以满足当代需求，尤其是增加了鼓励打捞救助行为以防止或减少对海洋环境的损害的条款。与其他海洋条约一样，1989 年《国际救助公约》并不适用于战舰或其他非商业用途的国家船只[②]，该公约为国有非商业用途船只在用作商船时制定了特殊条款。[③]

1989 年《国际救助公约》从 1996 年开始被国际接受并生效，已成为国际打捞救助领域的主流适用法律。公约的缔约方包括美国、英国和许多包括普通法国家在内的其他国家。

第三节　水下文化遗产中的打捞救助法和发现物法适用

在 19 世纪 60 年代和 70 年代，随着对沉船的潜在历史和考古价值的意识不断增强，打捞救助法在处理具有重要文化价值的海洋财产的纠纷上的不适宜性愈加明显。

一个涉及英国皇家海军舰艇的案例可以显示出在单一的传统打捞救助法规范下，残骸遗址的考古价值会被摧毁到什么程度。在 1707 年，这艘船队的旗舰从地中海的战役中满载着金币和银币返回，在锡利群岛搁浅后沉没。作为英国海军船只，皇室被赋予对该船只的权利，并且在此之前英国国防部已与三个潜水

---

① 完整标题为：Convention for the Unification of Certain Rules of Law Respecting Assistance and Salvage at Sea (Brussels, 1919)。

② 参见 1989 年《国际救助公约》第 4 条第 1 款。

③ 参见 1989 年《国际救助公约》第 25 条。另外，参见 Gaskell, "Merchant Shipping Act 1995," *Cultural Law Statutes Annotated*, Schedule 11 (1995), pp. 21 - 429。

竞争团队签订了打捞救助合同。① 在 1967 年沉船被发现之前，国内和国外的潜水员都为沉船地址而争吵，随后数千的沉船物品被拍卖（因此不可避免地被分散至各地），以作为打捞救助的报酬。虽然这件事促成了《1973 年残骸保护法案》②，但对于皇家海军舰队来说造成了一定的损失；对于沉船来说，如此粗糙的恢复手段（包括应用了爆破技术），也并不能算是好的法律保护。

在澳大利亚，1963 年发现的四艘荷兰东印度商船中的第一艘中承载了大量的银块，这件事被诉诸澳大利亚高级法院审判。③ 这一案件对打捞救助法适用于遗失多年的船只提出了一些重要的问题：第一，那些在海底沉睡了数十年甚至几个世纪的财产是否真的处于危险中？ 第二，纯粹出于个人收益目的的恢复工作是否算作打捞救助，而不是视为向所有者提供服务？ 第三，在财产被珊瑚结壳或其他海洋增益的情况下是否还可以拥有该残骸，以及如果是在不被海床完全覆盖而可以勉强辨认出来的情况下呢？④ 审理此案的六个法官在这些问题上没有达成一致。

尽管在早期打捞救助法和遗产保护之间有明显的冲突，但直到现在有一些法院仍会在水下文化财产案件中适用打捞救助法。虽然对于这些实质问题有时是以修正的形式采用，但打捞救助法的本质属性仍是问题的来源。当船只在海底沉睡一段了时间后，船只沉没的危险显然已经消失。从自然的角度看，事实上沉船在海底非但没有危险，反而处于一种相对安全的情况下，唯一可能会对其造成危险的就是人类在该位置对其的干涉。⑤ 一个关于考古学家的俗语就是"开发就是毁坏"：一旦残骸遗址被打捞或开发，就成为考古学资源而逐渐被消耗。

---

① Dromgoole, "Protection of Historic Wreck," *International Journal of Estuarine and Coastal Law*, vol. 4, no. 1 (February 1989), p. 36.

② Sarah Dromegoole, *Underwater Cultural Heritage and International Law*, Cambridge: Cambridge University Press, 2013, section 2.

③ *Robinson* v. *The Western Australian Museum* (1977) 51 ALJR 806.

④ *Robinson* v. *The Western Australian Museum* (1977) 51 ALJR 806 per Gibbs J, at 812.

⑤ Varmer, "The Case Against the 'Salvage' of the Cultural Heritage," *Journal of Maritime Law and Commerce*, vol. 30, no. 2 (April 1999), pp. 280 - 281.

正是这个原因,将其保留在原址成了对考古学家进行管理的更好选择。保留在原址的原则不代表所有的考古学遗址都必须要将其保留在原址,而是指在对其的干预获得许可成为合理之前将其保留在原址是最好的选择。可能出于该地址存在威胁或此类原因,或对其的干预将有助于解答某种亟待解决的科学问题的情况,可以成为例外。在打捞救助法中,有权管理遗产的权威机构在打捞救助开始前并没有将这些因素考虑进去的机会。事实上,一旦打捞救助行为开始,出于打捞救助回报是以救助物质的价值来衡量的考虑,打捞者很可能只对该地有价值的货物和其他有价值的物品进行打捞救助。那些例如船体、设备、配置等对考古学家来说很有价值的残骸将会在打捞救助中被损坏。此外,打捞救助行为本身花费巨大,且为了尽量使利润最大化,打捞过程必须快速且尽量降低成本;相反的,考古学家所要求的打捞救助方法是缓慢且痛苦的,需要根据残骸位置以及彼此之间的位置的不同情况进行细节性处理。此外,通常打捞救助过程的结果,即司法拍卖被打捞物,许多船舶残骸被分散至各地,和考古学家期望的将被发现的残骸保存在一起的愿望是相反的。

虽然一般情况下发现物法比打捞救助法更少得到适用,但在水下文化遗产的所有者不知或不明,或所有者决定抛弃所有权的案件中发现物法就会被适用。其对文化物品的适用可能会产生比适用打捞救助法更不合理的结果。打捞救助法中至少所有者有提出请求的可能性,在某些体系中,通过残骸法或类似的法的辅助,没有人请求所有权的被打捞救助的物品归属皇室。国家成为所有者的结果,不论是作为原所有者的继受者还是原始取得,对于文化遗产的保护都是有利的。但是如果发现物法可以让发现者成为所有者,不可避免地会助长日益猖獗的寻宝活动。

一、美国国内法适用

国际上对于打捞救助沉没财产是否属于打捞救助范畴存在着分歧。似乎大多普通法国家认为打捞救助法适用于沉没的残骸,因此很大程度上只有在这些司法管辖区内打捞救助法和文化遗产保护的公共利益之间会存在冲突。在有些案例中这种冲突以不同方式被不断改善，有些是以将水下文化财产排除出打捞救助法的范畴来解决的。

英国 1995 年《商船法案》将 1989 年《国际救助法》纳入英国法律。虽然英国在批准公约时对海洋文化财产作出了保留，英国行使了其保留权利，但在涉及相关财产时也没有适用打捞救助法。尤其是在该法案的第九章关于残骸和所有年代的财物，包括 1973 年《残骸保护法案》中指定的"具有历史、考古和艺术重要性"的遗址。《商船法案》第九章的规定（从 1894 年同名法案改编）是为危难中的船舶的财产保全和处理而制定，其原始目的有三重：为财产所有者找回失物，为发现者提供救助报酬，通过将无主残骸的权利赋予皇室而为财政部提供额外税收来源。① 佩戴水肺的潜水浪潮的到来给文化价值的物质的条款的适用带来了不好的影响。② 但是，从 19 世纪 90 年代以来，主管残骸恢复的人员对于这些物质都是以尽可能谨慎的态度来处理的。皇室现在可以有效地获取无主财产的经济利益，发现人被鼓励放弃其法定的物权，所以发现物可以被捐赠给博物馆。然而在这个体系中，所有者的个人利益和救助者在有文化重要性的物质上有优先于公共利益的权利。③

在英国之外，包括澳大利亚、爱尔兰、南非和新西兰在内的有些司法管辖区内仍然存在残骸接受者（类似于打捞救助者即所有者）或类似的制度体系。但是，这些体系在文化财产的处置问题上的管辖程度是不同的。④ 在爱尔兰和新

① Sarah Dromegoole, *Underwater Cultural Heritage and International Law*, Cambridge: Cambridge University Press, 2013, section 2.

② Dromgoole, "Protection of Historic Wreck," *International Journal of Estuarine and Coastal Law*, vol. 4, no. 1 (February 1989), pp. 35 - 36.

③ Sarah Dromgoole, *The Protection of the Underwater Cultural Heritage: National Perspectives in Light of the UNESCO Convention* 2001, Leiden and Boston: Martinus Nijhoff Publishers, 2006, pp. 316 - 320.

④ J. Gribble, *The Protection of the Underwater Cultural Heritage: National Perspectives in Light of the UNESCO Convention* 2001, Leiden and Boston: Martinus Nijhoff Publishers, 2006, pp. 129 - 134.

西兰体系中仍有一些情况是适用的,但澳大利亚和南非对历史船舶残骸的处理已经不属于该体系管辖。①

对从经济上刺激财产修复的法律体系的废弃,不可避免地产生了疑问,那就是鼓励发现者在发现财产后上报的制度是否还有存在的必要。这类体系中最发达的可能是澳大利亚的体系。在评价这个法律体系时,Forrest 和 Gribble 有如下论述:

> 虽然和法案保持一致的鼓励是明显的(需要对于水下文化遗产进行报告),在某种程度上,它实际的初始目的是对发现者打捞救助财产能力的损失的补偿。这种回报不仅仅是作为正当权利来看待,而且考虑的是发现物的遗产价值而不是单纯的经济价值。因此这种回报并不一定是经济上的,政府也可能会给发现者奖励牌匾或是奖牌、船舶或遗迹的模型或复制品,或一些历史遗迹的碎片来纪念这次发现。②
>
> 关于发现者是否应当被特殊的经济利益驱使以报告水下文化遗产的发现是有争议的,即使是在澳大利亚的法律体系中关于对发现者的奖励也是值得思考的。③ 在南非,发现者没有报酬,但是发现者可以在填完政府要求的表格之后有机会参与到一系列的恢复活动中。④

---

① Forrest and Gribble, "Perspectives from the Southern Hemisphere: Australia and South Africa," in Joint Nautical Archaeology Policy Committee, eds., *The UNESCO Convention for the Protection of the Underwater Cultural Heritage: Proceedings of the Burlington House Seminar*, 2005, pp. 30 - 31.

② Forrest and Gribble, "Perspectives from the Southern Hemisphere: Australia and South Africa," in Joint Nautical Archaeology Policy Committee, eds., *The UNESCO Convention for the Protection of the Underwater Cultural Heritage: Proceedings of the Burlington House Seminar*, 2005, p. 32.

③ Australian government, "Australia's Maritime Heritage," *Discussion Paper*, June 2009, p. 12.

④ Forrest and Gribble, "Perspectives from the Southern Hemisphere: Australia and South Africa," in Joint Nautical Archaeology Policy Committee, eds., *The UNESCO Convention for the Protection of the Underwater Cultural Heritage: Proceedings of the Burlington House Seminar*, 2005, p. 32.

　　以下案件充分展示了法院在处理打捞救助法和遗产目标之间冲突的挣扎。1994年的爱尔兰高级法院处理一起关于三艘于1588年在斯莱戈郡的海岸失事的西班牙无敌舰队的船只——"拉维亚"(La Lavia)、"朱莉安娜"(Juliana)和"圣玛丽亚"(Santa Maria de la Vision)的案件,在打捞救助法认为发现者对于残骸没有权利的前提下,审判法官认为:"我认为当船舶的损失的发生已经是很久以前的事情时,对于所有权的问题以及伴随的如船舶身份的问题已经失去实际意义,因为船舶本身已经成为历史的一部分,残骸应当从海事打捞救助法中商业领域中脱离出来,归入考古法律的领域的范畴。"①在这个案件中,原始所有权已经不可追溯。对于爱尔兰高院而言,接下来需要决定的是关于在陆地上的无主考古发现的归属②,法院最终作出的结论是所有权属于国家。

　　对1771年沉没于芬兰西南群岛的"沃里·玛利亚"(Vrouw Maria)案件的处理与上述案例产生了一些有趣的对比。据说在1999年发现了承载着凯瑟琳大帝的艺术品的残骸,作为一艘超过100年历史的船舶,沉船符合了芬兰关于文物保护法规的对象要求,法规中也说明了国家拥有所有权。但是,发现残骸的一群潜水员声称他们对其拥有所有权,在海事法律中规定了履行所有打捞救助行为的人有要求报酬的权利。另外,他们认为,根据发现物法,他们基于残骸是被原主人抛弃的事实而可以拥有所有权。在2004年,图尔库海事法院在一审中认为,在本案的情况下,文物法对于海事法规来说优先适用,同时排除了打捞救助法条款的适用。在2006年对该案的上诉中,图尔库上诉法院认为文物法律并不优先于海事法律,并认为两部法律都适用于本案。法院继而认为从其文物的性质上来说,该遗址的所有权在国家,在海事法律中国家作为所有者可以基于该财产并不处于"实质的危险中"而排除打捞救助法的适用。此外,因为残骸在文物法律的保护下不能被改变,所以发现者在事实上不能获得优先权,也不能获得所

---

　　①　*King and Chapman* v. *The Owners and all Persons Claiming an Interest in the* '*La Lavia*', '*Juliana*' *and* '*Santa Maria de la Vision*', 1986 No. 11076,11077,11078 P(Transcript)(Ir. H. Ct. 1994), p. 34.

　　②　*Webb* v. *Ireland* [1988] IR353.

有权。因此,潜水队员不能因为是发现者而获得权利。①

"沃里·玛利亚"的案子也提出了另一个基于打捞救助法或发现物法提出的权利要求和对于遗产保护要求之间的冲突的问题。在图尔库上诉法院于 2005 年作出判决后,残骸发现者主要依据欧盟人权法的规定认为芬兰政府侵犯了他们在《欧盟人权公约第一议定书》(下简称《第一议定书》)的第 1 条下的权利。《第一议定书》的第 1 条内容如下:"所有的自然人或法人都有权利在和平的环境下拥有所有权。除非出于公共利益或其他国际法律或国际法原则的规定的条件下没有人可以剥夺其所有权。"

前款规定似乎出于与一般利益相协调的目的或保障税收或其他罚款而需要控制财产的使用,但不能作为减损国家实施其法律的依据。

虽然申请人知道他们因为芬兰文物法的规定而没有占有遗址,但他们认为,作为"第一救助人"("最先到达现场,并做好准备愿意实施打捞救助"),他们有权利实施打捞救助行为并要求打捞救助回报。② 基于此,他们认为他们对财产价值合理比例的利益有合法的期待并被《第一议定书》的第 1 条所保护。2010 年,欧盟人权法院认为在芬兰海事法律下申请人不满足要求回报的条件,因为国家作为所有者在本案中有权禁止打捞救助。③

应该说,欧盟人权法院对"沃里·玛利亚"案的判决是个很特别的个例,但是却享有更广泛的意义。在特定的情况下,残骸遗址的打捞救助者或发现者可能会取得对其的所有权,但如果这些权利被国家出于保护遗产的目的而干涉,则存在违反《第一议定书》第一款的可能(假设国家是议定书成员国)。这一现象是很有可能发生的,尤其是对于像英国这样的司法管辖区来说是很麻烦的,英国对指定的遗址有特别的遗产法律,而不是一揽子保护。在这种情况下,遗址是在被发

---

① J. Gribble, *The Protection of the Underwater Cultural Heritage: National Perspectives in Light of the UNESCO Convention* 2001, Leiden and Boston: Martinus Nijhoff Publishers, 2006, pp. 52 - 54.

② *Koivusaari and others* v. *Finland* (dec.), No. 20690/06, 23 February 2010, p. 10.

③ *Koivusaari and others* v. *Finland* (dec.), No. 20690/06, 23 February 2010, p. 12.

现后才被指定保护的,因此很明显存在发现者会因其发现先于被指定保护而获得所有权的风险。发现者可能会试图以违反《第一议定书》第 1 条的理由来争辩。① 一揽子保护的一个优点是,这种保护很可能存在于所有权要求产生以前。

二、美国联邦海事法律

财产打捞救助是二战后在佛罗里达兴起的商事产业。随着潜水设备的逐渐开放,加上佛罗里达海岸附近就是西班牙皇家舰队在西印度和欧洲之间的航线,因此不可避免地引起了许多人的兴趣。在之后的几十年内,特别是在 1622 年、1715 年和 1733 年随着被风暴袭击的舰队的船舶被不断发现,以及其他殖民时期的船舶残骸不断被发现,促成了决定发现者的权利的海事判例法机构及其判例的迅速发展。在很大程度上,美国联邦海事法庭会从有利于打捞救助产业的公司的角度来考虑,以及有利于参与恢复危难中的船舶和附近发现的残骸的打捞救助者的角度来判断,这些都反映了对打捞救助行为慷慨的回报。因此,美国有些属于联邦法院的体系中的地区法院和巡回法院也成为许多财产救助者选择的司法管辖法院,不管打捞救助活动或其他活动是否在美国海岸发生。

虽然财产打捞救助诉讼的结果不总是可预测的,但是有一个较为统一的方法是将其作为特定的基础问题看待。总体而言,联邦海事法院将包括那些失踪很久的船舶和沉船都作为可能被打捞救助的对象。虽然,就像一个美国海事法律的著名评论家说的"海上危险的范围被扩展到最大了"以应对那些在海底沉睡了几百年的残骸的案件。② 法院一般从经济的角度而不是从遗产的角度来衡量危险:在海底,残骸的商业价值被认为是缺失或被固定了的,从所有者和世界的

---

① Flercher-Tomenius and Williams, "'The Protection of Wrecks Act 1973': A Breach of Human Rights?" in *International Journal of Marine and Coastal Law*, vol. 13, no. 4 (December 1998), pp. 623 - 642.

② Schoenbaum, Admiralty and Maritime Law, 4th edn, *St Paul*, *MN*: *Thomson & West*, 2004, pp. 833 - 834.

角度来看都是这样；因此，公共服务提供了救助以将其恢复到商业流转中。也就是说关于动机的问题和财产救助者很有可能纯碎是出于个人利益的情况一般没有被考虑其中。确实，打捞救助法和发现物法被作为替代法律适用的程度之高以至于有人说发现物法已经"被美国海事法律所接纳"。① 不论是打捞救助法还是发现物法最终被决定适用于案件，恢复者都可能被给予慷慨的回报：不论是基于自由的打捞救助奖励（数额可能会达到救助财产的商业价值的百分之九十甚至百分之百），或"发现者"的权利。

1. 早期的财产打捞救助案例

早期的财产救助案件以打捞救助者在联邦政府层面和州政府层面都能够对残骸要求权利为特点。最有代表性的就是关于 Nuestra Senora de Atocha 的财产救助案件②，这艘西班牙大型帆船从 1622 年开始属于西班牙普雷特舰队，于 1971 年在佛罗里达海岸外大概 4 英里处被发现。

此案中涉及政府和发现者关于残骸及其内容物的权利要求冲突。财产打捞救助公司认为残骸及其内容物已经被遗弃了，因此根据发现物法，被发现的财产应该属于发现者。佛罗里达州政府要求权利的理由是 Atocha 是位于佛罗里达被淹没的土地上。但该要求被反驳法院了，因为残骸是位于大陆架上被淹没的土地之外的位置上。③ 当联邦政府要求权利时认为其对公海上的残骸有主权特权并将其带上岸，这些要求都因美国国会是否有特权的证据不足而被驳回。第五巡回上诉法庭认为 Atocha 无可争议地是被抛弃的船舶，地区法庭对发现物法的适用是正确的。④ 第五巡回法庭在作出这个结论时的论述如下：

---

① McQuown, "An Archaeological Argument for the Inapplicability of Admiralty Law in the Disposition of Historic Shipwrecks," *William Mitchell Law Review*, vol. 26, no. 2 (2000), p. 299.

② *Treasure Salvors, Inc. v. Unidentified, Wrecked and Abandoned Sailing Vessel*, 408 F. Supp. 907 (D. Fla. 1976), aff'd, 569 F. 2d 330 (5ᵗʰ Cir. 1978) (known as Treasure Salvors I).

③ 569 F. 2d 330 at 333. Atocha 位于国家水域范围之外，因此也位于美国领土范围之外。美国国家领海宽度是三英里（该宽度在 1988 年被拓宽到 12 海里）。

④ *Treasure Salvors, Inc. v. The Unidentified Wrecked and Abandoned Sailing Vessel*, 569 F. 2d 330 at 336，March 13，1978.

类似这个案子的那些不寻常的案子中,当财产被遗失或被抛弃了很长时间……海洋发现法通常通过赋予打捞救助者所有权利益,并授予占有的发现者对这些被抛弃的财产权利。①

这样的判决很快被佛罗里达南部地区法院在"科布硬币"(Cobb Coin)案中效仿。州政府对财产的所有权要求再一次被驳回,这次的打捞救助者被回报以所有被打捞救助的财物作为"打捞救助服务的最高回报"。②

尽管当时美国判例法的总体趋势是历史残骸的发现者就能成为所有者,但这些判决对于打捞救助法的适用仍是有推动作用的。在"克莱因"(Klein)案③和"钱斯"(Chance)案④中,联邦和州政府分别的所有权要求在基于对发现物法的排除适用后都被支持了。⑤ 此外,基于残骸并没有处于危险中所以打捞救助回报的要求都被拒绝了。在克莱因案中,第十一巡回法庭反复强调地区法院"对于文物不科学的移除会对其造成更大的危险"的观点。⑥ 在钱斯案中,地区法院采纳了专家证人的说法,在一段时间后,残骸将会达到平衡的状态并保持不会被损害的状态。从残骸从遗址中转移出来所造成的损害,以及被转移的残骸会"相对于保留在海底而言面临更大的损害危险"的角度来看,法院认为对打捞救助行为

① *Treasure Salvors*, *Inc.* v. *The Unidentified*, *Wrecked and Abandoned Sailing Vessel*, 640 F. 2d 560,567 (5th Cir. 1981), March 09, 1981.

② *Cobb Coin Co.* v. *Unidentified*, *Wrecked and Abandoned Sailing Vessel*, 549 F. Supp. 540,561 (SD Fla,1982). 在本案中,救助者获得了财产奖励,作出该判决的地区法院的依据是"被救助的财产具有超越金钱价值的独一无二的内在价值"。

③ *Klein* v. *Unidentified*, *Wrecked and Abandoned Sailing Vessel*, 586 F. Supp. 1562 (SD Fla,1983);*Klein* v. *Unidentified*, *Wrecked and Abandoned Sailing Vessel*, 758 F. 2d 1511 (11th Cir. 1985)

④ *Chance* v. *Certain Artifacts Found and Salvaged from the Nashville*, 606 F. Supp. 801 (D. Geo. 1985).

⑤ McQuown, "An Archaeological Argument for the Inapplicability of Admiralty Law in the Disposition of Historic Shipwrecks," *William Mitchell Law Review*, vol. 26, no. 2 (2000), p. 301.

⑥ *Joan M. Klein*, *Plaintiff-Appellant* v. *The Unidentified Wrecked and Abandoned Sailing Vessel*, 758 F. 2d 1511,1515, April 29, 1985.

的回报要求应当被否定。[①]

2.《被抛弃沉船法案》(ASA)简介

1987 年《被抛弃沉船法案》是财产救助案直接促成的结果,在克莱因案和钱斯案后被法典化。[②] 这部联邦法案适用的船舶残骸包括被抛弃的船舶残骸以及那些:(1) 位于州陆地的水下部分的;(2) 位于州的水下陆地由州所保护的珊瑚丛中的;(3) 位于州水下陆地上并包括在或符合国家历史遗迹登记条例的要求的残骸。美国联邦政府认为其对于所有符合这些条件的船舶残骸都有权要求权利,而那些在水下的残骸的权利将会自动赋予国家。《被抛弃沉船法案》对属于这些范围内的残骸显然不适用打捞救助法和发现物法。在《被抛弃沉船法案》的立法历史中,渔业和海商事白宫国会委员会清楚地表明其不会将法案范围内的船舶残骸认为是"处于海洋危险中需要打捞救助公司的救助",同时不认为打捞救助法和发现物法"能够很好地保护国家海洋遗产":这些财产被国家保护的最好方法是通过联邦指导下的历史保护计划。

虽然《被抛弃沉船法案》减少了该领域的诉讼数量,但它也只能说部分地实现了这个目标。就像 Varmar 所指出的,因为《被抛弃沉船法案》没有将它产生之前的判例法中需要国家来证明其抛弃是案件的一个要素的问题法典化,例如财产救助案中被抛弃的沉船残骸达到一定时间后仍处于无主状态,在《被抛弃沉船法案》中就倾向于直接假设存在一个所有者。这种情况下财产救助者就会改变其策略,他们不再以残骸被抛弃从而使发现物法被适用,而是强调存在的所有者的权利不能被忽视,从而使打捞救助法获得适用进而保障其丰厚回报的获得。

我们不能拿《被抛弃沉船法案》和其他司法管辖区的关于水下文化遗产的遗产立法做一般的比较,因为该法案采纳了一种多重用途的管辖领域,其中也包括

[①] *Frank Chance, Paul Chance and David Topper, Plaintiffs* v. *Certain Artifacts Found and Salvaged from the Nashville*, 606 F. Supp. 801,809, Aug 16, 1984.

[②] J. Gribble, *The Protection of the Underwater Cultural Heritage: National Perspectives in Light of the UNESCO Convention 2001*, Leiden and Boston: Martinus Nijhoff Publishers, 2006, pp. 355 and 357.

了在被允许的条件下的私人救助。根据 Varmer 的观点，法案倾向于保留在原址的保护①，因此使得该遗址能够被用于许多用途，包括非侵入式的研究，教育、重建和旅游等。② 但是，在为实施法案而进行的制度建设过程中，有一点必须要注意，即州政府必须考虑公共领域和私人领域对船舶残骸的恢复与历史价值的保护相一致。在《被抛弃沉船法案》中确立的指导方针就是确立恢复活动（不论是政府行为还是私人行为）都有可能对遗址造成伤害和毁坏，因此需要更加具体的条款来规定在怎样的情形下允许恢复活动。但是，这种指导方针对于州政府来说没有法律约束力，因此不能被一致地遵守，有些州政府依然允许对私人恢复行为进行补偿。③

3. 美国联邦打捞救助法与考古价值的协调

在联邦海事法庭中，在《被抛弃沉船法案》和其他联邦法律的管辖范围之外的船舶残骸恢复只能适用关于打捞救助和发现物的一般规则。虽然这些一般规则不是成文法④，但关于船舶残骸的历史和考古价值确实是联邦法官在判决时会考虑的因素，并且试图将打捞救助法中的传统认知和这些价值考量相协调。位于国际深海中的"中美洲号"和"泰坦尼克号"案件都能够生动地阐释这种发展。两个案子都被美国弗吉尼亚州东部地区法院管辖并在第四巡回法院上诉。

在"中美洲号"案中⑤，美国哥伦布探索集团（CADG）花费了 13 年的时间对船舶残骸和货物以及金币进行洋底搜寻，经过巨大的努力后终于定位到了沉船

---

① Varmer, "The Case Against the 'Salvage' of the Cultural Heritage," *Journal of Maritime Law and Commerce*, vol. 30, no. 2 (April 1999), p. 283.

② Varmer, "The Case Against the 'Salvage' of the Cultural Heritage," *Journal of Maritime Law and Commerce*, vol. 30, no. 2 (April 1999), p. 288.

③ Kang, "Charting through Protection for Historic Shipwrecks Found in US Territorial Waters: Sea Hunt, Inc. v. Unidentified, Shipwrecked Vessel or Vessels'," *Virginia Environmental Law Journal*, vol. 19, no. 1 (2000), pp. 106 – 111.

④ Varmer, "The Case Against the 'Salvage' of the Cultural Heritage," in *Journal of Maritime Law and Commerce*, vol. 30, no. 2 (April 1999), p. 297.

⑤ *Columbus-America Discovery Group, Inc. v. Unidentified, Wrecked and Abandoned Sailing Vessel*, 549 F. Supp. 1327 (ED Va, Aug. 14. 1990)

的位置。1987年,该公司向诺福克法院申请确认其发现者身份的权利并要求打捞救助报酬。地区法院适用发现物法作出判决后,该案被上诉到第四巡回法院,上诉法院认为应适用打捞救助法而不是发现物法①,并支持了该公司要求丰厚报酬的要求。上诉法院强调打捞救助报酬通常都超过了对一般的工作和努力的酬劳,这种有意地多偿付是有深厚的公共政策原则基础的,不仅仅是对某一特定的打捞救助者的报酬,也可以推动提高对类似服务的待遇。虽然一般认为CADG的恢复工作是出于自身经济利益②,但这些努力也被认为代表了"美国人的首创精神、智慧和决心"。

4. 美国联邦法律和1989年《国际救助公约》的关系

关于美国联邦海事法的一个奇怪特点是,虽然事实上美国批准了1989《国际救助公约》,公约于1996年7月14日在国际上生效并成为美国国内法,但联邦海事法庭对该条约却几乎只字未提。确实,根据有关调查,只有一个报告的案例中适用了该公约。③ 根据调查者Davies分析,公约之所以被联邦海事法庭无视可能是因为该公约是自动执行条约④,也就是说并不需要立法来使其有效。⑤ 结果就是在美国法典中完全没有其记录,而美国法典是确定案件相关法律的工具。在Davies看来,这就意味着公约属于美国法的一部分的事实被忽视了。结果就是联邦法庭一直在适用一般海洋法中的打捞救助规定,而不是公约的条款。

在财产打捞救助语境下,被美国联邦海事法庭适用的打捞救助公约和一般

---

① Columbus-America Discovery Group, Plaintiff-Appellee, and Trustees of Columbia University in the City of New York; Harry G. John; Jack F. Grimm, Plaintiffs, v. Atlantic Mutual Insurance Company; Insurance Company of North America; Salvage Association; London Assurance; Alliance Assurance Company, Ltd.; Royal Exchange Assurance; Indemnity Marine Assurance Company, Ltd.; Marine Insurance Company, Ltd.; Superintendent of Insurance of the State of New York, 974 F. 2d 450. 464, Argued June 5,1991, Decided Aug 26, 1992, as Amended Nov 12, 1992.

② Ibid.

③ Davis, "Whatever Happened to the Salvage Convention 1989?" *Journal of Maritime Law and Commerce*, vol. 39, no. 4 (October 2008) p. 463. 该案不涉及财产救助。

④ Ibid., pp. 503 - 504.

⑤ Ibid.

海洋法中的打捞救助条款在两个特别的领域内值得比较。

首先是《国际救助公约》第 19 条对于打捞救助行为的禁止的条款："不顾船舶所有人、船长或其他处于危险中的不在船上而且未曾装过船的财产的所有人的明确而合理的制止而提供的服务,不产生本公约规定的支付款项。"

在第 19 条规定下,有效的禁止必须是明确的和合理的。在美国联邦管辖之下,至少在历史性残骸的领域内,虽然对于沉船碎片的物权所有者希望保护其军队墓地的请求是获得支持的,但值得注意的是在"海上捕猎"(Sea Hunt)案[①]和其他案件中禁止打捞救助的原因并没有受到特殊的仔细审查。确实在国际航空救助案中,正如第四法庭在"海上捕猎"案中那样,第十一巡回上诉法庭着重强调物权所有者禁止打捞救助的权利,法庭可以"基于对拒绝打捞救助服务的审慎而不作出判决"。现在这样的案子将会被美国《沉没军事航行器法》(SMCA)所管辖,其中清楚地表明了在打捞救助行为开始之前必须获得主权所有者的允许。但是,如果案件不属于 SMCA 的管辖范围,那么禁止打捞救助的合理性是什么,从技术上来说是值得考虑的问题。事实上,不仅对公约整体能否适用于沉没财产是存在争议的,甚至 SMCA 第 19 条本身就暗含了其制度设计主要是针对船只。[②] 文化层面的原因是否足够,比如对墓地的保护、将历史性遗址保留在原址或所有者对于打捞救助需要在某种程度上存在行为不当? 在英国普通法系中关于所有者是否有权利禁止被授权的打捞救助行为是存在争议的。[③] 考虑到 1989《国际救助公约》第 19 条没有明确表示其适用需要有不当行为,禁止的动机完全没有被美国海事法庭纳入考虑范围,似乎他们认为出于保护目的的禁止不可能是不合理的。

当不存在禁止或禁止是没有效力的时候,会出现另外一个问题:对历史残骸

---

① Sarah Dromegoole, *Underwater Cultural Heritage and International Law*, Cambridge: Cambridge University Press, 2013, section 4.

② Gaskell, "Merchant Shipping Act 1995," *Current Law Statues Annotated* 1995, Schedule 11, pp. 21 – 422.

③ Dromgoole and Gaskell, *Interests in Wreck*, London and Hong Kong: Lloyd's of London Press, 1988, p. 190.

的打捞救助行为不适当到什么程度,可以被部分或者全部剥夺获得报酬权? 在美国联邦财产救助管辖中,虽然打捞救助者为了保证其报酬的获得而考虑到对历史遗产碎片的保护,但是对于考古价值保护不够而导致回报的减少的情况是很少见的。如果考虑到《国际救助公约》,那么适用的法律会发生变化吗?《国际救助公约》第 18 条关于打捞救助者不当行为的效力的条文如下:

> 如因救助人的过失或疏忽或因救助人有欺诈或其他不诚实行为而使救助作业成为必需或更加困难,可剥夺救助人按本公约规定所得的全部或部分支付款项。

可以看出,"不当行为"只在第 18 条下适用,导致剥夺报酬权的行为的本质被限定在该条文之下。虽然只是在财产打捞救助的语境下,但是也可能会构建一个环境使其适用于该条文,尤其是当打捞救助者基于其会采纳符合考古标准的打捞救助方法而获得大量的排他权利时,或是像在"泰坦尼克号"案件中那样对被打捞救助的残骸的处置设置特殊条款,如果不设置特殊条款,其行为将会被归于第 18 条之下的"不当行为"。在"泰坦尼克号"案件中,法官 Beach Smith J. 指出,如果一个打捞救助者没有出于完全的善意和诚信目的,"双手干净、行为端正"地到法院来,其打捞救助回报会被减少或完全被剥夺。[①] 但是,她似乎在泰坦尼克公司可能存在不合格的不当行为的判断上持犹豫的态度,虽然泰坦尼克公司已经对打捞救助财产做好了出卖的计划,但是这个行为是与其对法庭的保证和法庭的命令相反的。[②] 虽然法官似乎认为这个计划是不当行为,对于会减少或完全剥夺获得报酬权的不当行为的判断实际上设置了很高的标准,在第 18 条之下能否设立一个较低的标准是值得怀疑的。

---

① R. M. S. Titanic, Inc., successor-in-interest to Titanic Ventures, limited partnership, Plaintiff, v. The Wrecked and Abandoned Vessel, Its Engines, Tackle, Apparel, Appurtenances, Cargo, etc. 742 F. Supp. 2d 784,803, Aug 12, 2010.

② Ibid.

有趣的是,美国在批准《国际救助公约》时没有对公约第 30 条第 1 款第 4 项作出保留。考虑到之前颁布的《被抛弃沉船法案》中将船舶残骸放入其管辖范围而排除在打捞救助范畴内,这似乎是有些出人意料的。因为之前颁布的《被抛弃沉船法案》在公约之前存在,但其中对于将特定船舶残骸排除在打捞救助范畴内的条文的持续有效似乎没有受到什么严重的质疑。[①]

5. 仍需填补的漏洞

《被抛弃沉船法案》事实上将残骸的管辖权从联邦海事私法的私法领域转移到公共规范领域,但是在《被抛弃沉船法案》转移管辖权之外仍存在有效的联邦立法和司法实践中对其他的残骸的管辖权。其中一个主要的分类就是发生在国际水域中的案件。

在这种情况下的残骸会让人有疑惑:为什么美国联邦法庭对超过其领土管辖范围内的财产有管辖权? 例如,在对"阿托查号"、"中美洲号"和"泰坦尼克号"案进行管辖时,客体在诉讼时都是处于国际水域。

在域外司法管辖中,联邦法庭发展和适用了一种抽象的"推定对物管辖权"。为了使法院有对物管辖权,"物"必须要在法院管辖领域内。"推定对物管辖权"的基础是,通过将地理管辖范围内的财产的代表部分带到法院来,法院对整个财产就有管辖权。比如,在"泰坦尼克号"案件中,残骸中的玻璃酒瓶就被带到了管辖区内。通过这种法律拟制,法院认为自身有权利对该遗址的活动加以控制,作出排他的打捞救助权裁定以及发布从打捞竞争者处保护财产的禁令直到打捞救助行为被顺利完成。

对国际海域中的船舶残骸进行域外管辖的另一个理由是联邦海事法庭对国

---

① Nafziger. "Historic Salvage Law Revisited," *Ocean Development and International Law*, vol. 31, no. 1-2 (2000) p. 94.

际法原则的适用,也就是说,对所有国家来说的普通法规则。① 比如说,在"梅赛德斯号"案中②,虽然地方法官 Pizzo 总结为管辖的"锚绳"应当被船舶的主权豁免所切断③,他认为国际法和推定的对物管辖权原则都解释了法院面前的案子。在解释为什么两个原则都是必要的时候,他引用了第四法庭在"泰坦尼克号"案中的判决:

> 当国家同意法律适用于公海时,他们即是同意在其主权范围之外的一种秩序,虽然他们希望能在公海上被执行,但只有在人或财产在国家权力范围内,即主权范围内才能被完全和有效地执行。④

确实,第四法院通过提及"无法律状态"证明其对"泰坦尼克号"的域外管辖权观点的正当性,正说明了对于残骸的域外管辖在联邦法院看来是一种弥补国际公法不足的方法。

从《被抛弃沉船法案》出现以来,美国一直都存在关于历史船舶残骸究竟应被海事法院适用私法管辖还是归属国际公法即公共遗产部门来规制的辩论。有些评论员认为自由市场中最重要的就是要提倡海事法院的管辖,历史考古价值

---

① Nafziger, "The Evolving Role of Admiralty Courts in Litigation Related to Historic Wrecks," *Harvard International Law Journal*, vol. 44, no. 1 (Winter 2003), pp. 251 - 270. Niemayer, "Applying Jus Gentium to the Salvage of the RMS Titanic in International Waters," *Journal of Maritime Law and Commerce*, vol. 36, no. 4 (October 2005), pp. 431 - 446.

② Sarah Dromegoole, *Underwater Cultural Heritage and International Law*, Cambridge: Cambridge University Press, 2013, section 2. 3. 2.

③ *Odyssey Marine Exploration*, *Inc.* v. *Unidentified*, *Wrecked and Abandoned Sailing Vessel*, 727 F. Supp. 2d 1341, 1348 (MD Fla. Dec 22, 2009)

④ *R. M. S. Titanic, Incorporated*, *successor in interest to Titanic Ventures, limited partnership*, *Plaintiff - Appellee* v. *Christopher S. Haver, Deep Ocean Expeditions, Parties in Interest - Appellants, and the Wrecked and Abandoned Vessel*, 171 F. 3d 943, 966, Argued Oct 29, 1998, Decided March 24, 1999.

可以通过修改打捞救助法来保证。① 其他持相反意见的人则认为公共政策对于公共利益处于危险中的情况来说是应当被适用的。②

　　如果暂时不讨论公法和私法所扮演的合适的角色问题，从实际的角度出发，联邦司法不论其对于考古价值的考虑多么完善和成熟，都会受到保护历史残骸的公共利益的束缚。根本上说最核心的问题还是打捞救助法的实质是关于经济上刺激打捞恢复的法律。即使是在"泰坦尼克号"案中，残骸被普遍认为是具有国际文化重要意义的例外，即使不是残骸遗址而仅仅是对其碎片藏品的待遇，都不可避免地会受到首要关注，因此该案中泰坦尼克公司的活动被认为是"将残骸的历史价值最大可能地为社会恢复并为了全人类用作一般用途和教育而使用"③。海事法庭一直强调问题首先是打捞救助行为是否应当实施，针对这个问题或许唯一实际的方法是建立一个机构来通过有权公共机关的批准或许可系统审查打捞救助行动的适当性。

---

① Bederman, "Historic Salvage and the Law of the Sea" and "Maritime Preservation Law: Old Challenges, New Trends," *Widener Law Symposium Journal*, vol. 8, no. 2 (2002), pp. 163-206.

② Varmer, "The Case Against the 'Salvage' of the Cultural Heritage," *Journal of Maritime Law and Commerce*, vol. 30, no. 2 (April 1999), p. 297.

③ *R. M. S. Titanic, Incorporated, successor in interest to Titanic Ventures, limited partnership, Plaintiff - Appellant* v. *The Wrecked and Abandoned Vessel*, 435 F. 3d 521, 536-7, Argued Oct 26, 2005, Decided Jan 31, 2006.

第五章　水下文化遗产的所有权及其他利益

　　所有权被视为"一个成熟的法律体系所承认的所有可能的利益中最大的利益"①，并且所有人的利益是法定的，这就意味着在法律上是可实施的。纵观文化遗产保护领域，所有权与文化遗产管理的要求之间存在紧张关系，水下文化遗产也不例外。法律的作用是平衡所有者的权利和保护文化遗产价值。根据传统，普通法体系国家更注重所有者的私权，在采取保护性的措施时倾向于采用更为严格的方法；而大陆法系国家则更倾向于保护公共文化利益，采取更加具有保护主义色彩的措施。事实上，大陆法系国家经常会提供资产使得文化遗产成为国家所有，并将这种方法视为保护这些文化遗产最好的方式。

　　所有权概念的复杂性以及国际上关于这一概念的态度和定义方式存在巨大不同，这意味着在文化遗产保护领域起草国际条约条款时，人们会发现所有权的问题极具挑战性。有时条约制定者们会认为，与其将所有权概念问题交由单独的可适用的国内法解决，不如根本不去提及这一问题。同时，考虑到条约条款的主要问题除了"财产"还有"遗产"，他们可能会正式承认一些比所有人利益更广泛或者与所有人利益完全不同的利益。相比陆地考古遗产领域，水下文化遗产领域的所有权问题更具普遍的实践意义，相关国际法也明确承认了大量的其他权利和利益。此外，所有权领域还可能会出现法律实施的问题，而所有权与可辨认的物主的其他权利之间的关系也可能产生问题。

　　本章分为三个部分。第一部分关于水下文化遗产语境下的所有权，探究它们（所有权）如何依据国内法获得、依法设立以及丧失。第二部分关于《联合国海

---

① Sarah Dromgoole, *Legal Protection of the Underwater Cultural Heritage*：*National and International Perspectives*，The Hague：Kluwer Law International，1999，p. 96.

洋法公约》和 2001 年 UNESCO 公约对所有权采取的方式。最后一部分关于被上述两个条约所承认的其他类型的利益,并且探究这些利益与可辨认的所有权之间的关系。

第一节 水下文化遗产语境下的所有权

一、所有权的法律界定

在普通法系,所有权有时被认为是赋予所有人的财产之上的"一束权利"(a bundle of rights)。所有权包含:控制的权利,包括排他权;让与的权利(也就是出售或者转移产权);利用的权利;毁坏的权利。每一种权利都有可能与遗产管理的理念相违背,比如遗产管理有两个核心原则:相关发现应当作为收藏品被完整保存;研究人员和公众有权使用这些收藏品。因此,由国内法限制所有权以保护遗产价值的情况是非常普遍的;在某些情况下这样的权利(所有权)甚至被国家剥夺(征收、充公)。

在水下文化遗产领域,所有权问题出现在沉船方面。出现争议的不仅仅是船本身(船体、固定设备和配件),还有货物以及乘客和船上工作人员的私人物品。[①] 通常沉船上的货物是最具商业价值的,在一些例外情形下价值是非常巨大的(至少潜在价值巨大)。[②] 这一因素使得水下文化遗产领域的所有权问题变

---

① 原则上说,关于与沉船相关的人类遗迹所有权也会产生问题。相关争论的焦点在于遗体能否构成财产。参见 Magnusson, "Proprietary Rights in Human Tissue," *Hibernian Law Journal*, vol. 12 (2013), pp. 27 - 34. 考虑到在沉船语境下将人类遗迹视作具有所有权:参见 Dromgoole, Gaskell, "Interests in Wreck," *Art Antiquity and Law*, vol. 2, no. 4 (December 1999), pp. 159 - 160.

② 在西班牙军舰"梅赛德斯号"中发现的五十多万枚钱币的商业价值大约为三亿欧元。参见 "Treasure Hunters Ordered to Hand over ￡300m Booty from Sunken Ship," *The Times*, June 5, 2009.

得非常重要,有时也非常具有争议。① 与沉船相比,水下文化遗产领域的其他遗骸所有权争议相对不频繁,或许是因为遗骸年代过于久远无法追溯所有权,或许是因为它们(遗骸)不具有引起所有权争议的商业价值或其他价值。基于以上原因,下文的讨论将集中在沉船的所有权问题上。②

二、水下文化遗产所有权的获得

沉船和相关制品的所有权有很多种获得方式。对于已经失踪一段时间的古老沉船,其中一种取得所有权的方式是通过从原始所有人处继承取得。以这种方式获得的继承的权利可能是私人的③,也可能是共同的④。所有权也能通过买卖或捐赠取得。⑤ 救助失事船舶的人也可能取得所有权,他可以通过按规定形式打捞而获得奖励,也可能是适用打捞物法获得所有权。另外一个其所有权具有重要性的群体是保险公司。依据海事保险法,保险公司在支付全损后获得所有人或被保险物剩余部分的全部利益。⑥ 由于海事保险在 17 世纪初才建立起来,在考虑在此之前的船舶和货物的所有权时,财产是否被保险的问题是需要我们记住。

正如私人个体和公司可以取得失事船舶和货物的所有权,国家也可以。一

---

① 尽管偶尔会在陆地发现具有巨大商业价值的遗迹,比如 2012 年位于地下的金属探测器在海峡群岛发现的罗马和凯尔特的钱币(参见"Roman and Celtic Coin Hoard worth up to £10m Found in Jersey", *BBC Online News*, June 26, 2012),一般来说这样的物品是无法确定所有权的。

② 将来,沉没的航空器的所有权的问题会越来越多地出现在文化遗产法律、政策和实践的语境中。一般来说,会适用与沉船相同的法律。

③ 例如,原始所有者的直接继承人可能会主张对 Resurgam 沉船的所有权。参见 Fletcher-Tomenius, Williams, "The Protection of Wrecks Act 1973: A Breach of Human Rights," *International Journal of Marine and Coastal Law*, vol. 13, no. 4 (December 1998), p. 626.

④ 例如,White Star Line 的共同继承人即"泰坦尼克号"的原始所有人,可以主张对船体、固定装置和配件的所有权。

⑤ 有些情况下,代表皇室行使职权的英国国防部会给予具有历史重要性的沉没的军舰以信任,例如 HMS Victoria。

⑥ 例如,英国 1906 年《海洋保险法案》第 79(1)条。

国可以继承所有权。很多海洋国家对沉没的军舰（除非在战争中被俘或投降）在该军舰被明确放弃后主张所有权，还有一些国家甚至对有几个世纪历史的船舶主张所有权。例如，英国对"苏塞克斯号"和"胜利号"主张权利，西班牙对"梅塞德斯号"军舰也有相同的主张。国家也能从对公司的继承中获益，一个著名的事例是荷兰政府对荷兰东印度公司资产的所有权。① 国家能够取得沉船和货物所有权的另一种方式是通过战争风险保险。很多在第一次世界大战和第二次世界大战中失事的商业运输船舶会被支付战争风险保险计划的国家所有。例如，英国运输部对将近5000艘这样的船舶行使所有权。②

　　某种利益的争议涉及前殖民地对于其之前行使殖民权的物品的权利。这一问题在西班牙海军护卫舰"梅赛德斯号"一案中被提出，该军舰在1804年沉没。2007年，大约594000的钱币（主要是银币）和其他一些人造制品在距直布罗陀海峡100英里的地方被美国奥德赛海洋勘探公司（OME）发现，该公司是一家从事海洋勘探沉船和海难救助的商业公司。在美国地方法院（最终由第十一巡回上诉法庭裁决）起诉由OME开始的打捞作业时，西班牙主张对船舶以及包括钱币在内的船舶上所有物品的所有权，依据是"梅赛德斯号"是由西班牙主权所有的军舰，享有主权豁免。③ 秘鲁也主张所有权，共同所有，或者对钱币的平等共有，将具有争议的国家继承概念作为其引用的依据。④ 秘鲁认为铸造钱币的矿

---

　　① 巴达维亚共和国作为荷兰王国的继承者，在1795年清算时继承了荷兰东印度公司的资产和责任。英国政府可能也对东印度公司的沉船享有所有权，尽管其权利受到了印度和巴基斯坦的质疑。参见 Dromgoole, Gaskell, "Interests in Wreck," *Art Antiquity and Law*, vol. 2, no. 4 (December 1999), pp. 155 - 156.

　　② 2009年，英国政府对两艘这样的船舶——RMS Laconia 和 SS Cairsoppa——主张所有权，这两艘船都是英国商船，在第一次世界大战期间失踪。英国政府依据救助法在美国联邦海事法院起诉主张所有权。

　　③ *Odyssey Marine Exploration，Inc. v. Unidentified*，Shipwrecked Vessel，675 F. Supp. 2d 1126（MD FLA. Dec. 22，2009）；aff'd，657 F. 3d 1159（11ᵗʰ Cir（Fla.）Sept. 21，2011）；cert. Denied，132 S. Ct. 2379（US May 14，2010）.

　　④ 秘鲁引用了1983年《维也纳公约》中国家继承部分关于国家财产、档案和债务继承的内容，以支持其关于适用国家继承的观点。参见"The Republic of Peru's Response to the Kingdom of Spain's Motion to Dismiss or for Summary Judgment," November 17，2008. 除了西班牙和秘鲁，另外还有25个个体主张是"梅赛德斯号"货物的继承人，并起诉。

山的位置,现今是秘鲁的地域,而且该钱币也是在此地铸造的[1],声称船上的货物应是秘鲁继承的遗产,因为秘鲁对源于领土或由其人民创造的财产都应该享有主权。[2] 西班牙反诉称,重要的是在独立之时对转让(割让)所作的声明和达成的共识,秘鲁的独立声明不包括独立之后位于秘鲁领域外的财产(包括在海域沉没的)。

国内继承法有时会规定国家取得位于其沿海水域的沉船的所有权。立法可以规定无主的或者看起来是无主的沉船的所有权取得。例如,1994 年爱尔兰《国家古迹法案》(修正案)规定"任何在本国领域的考古发现……发现的物品在发现当时不存在可以知晓的所有人"[3]属于国家所有。在挪威,1978 年《文化遗产法案》规定,依据当时情况没有能够发现存在所有人的任何合理可能性时[4],国家对具有 100 年以上历史的船舶包括该船舶上的货物和其他相关物品拥有所有权。极其例外的情况下,立法在本质上是剥夺性的。1999 年《南非国家遗产资源法案》规定:"所有考古发现的物品……都是国家财产"[5],考古发现的物品被定义为包括超过 60 年历史或国家文物部门认为具有保护价值的失事船舶和航空器,以及相关货物和其他物品。[6] 正如 Forrest 指出的,法律未能解决优先的所有权,而是压制了这一问题,这会引起更大的问题。在其他的方面,关于赔偿的支付会产生问题。南非的立法同样不同寻常,它不仅规定了对在领海发现的物品主张所有权,还规定对在毗连区发现的物品也可以主张所有权。[7]

国内立法之所以规定失事船舶及船舶上物品的国家所有权,除了出于保护

---

① 参见 675 F. Supp. 2d 1126,1146.

② 孙南申、彭岳等:《文化财产的跨国流转与返还法律问题研究》,法律出版社,2017 年版,第 206 页。

③ O'Connor 指出,"'文物'的定义非常广泛且包含所有阶段的物品"。

④ Sarah Dromgoole, *Underwater Culture Heritage and International Law*, Cambridge: Cambridge University Press, 2001, p. 101.

⑤ 参见 1999 年《南非国家遗产资源法案》第 35 条第 2 款。

⑥ 参见 1999 年《南非国家遗产资源法案》第 2 条第 2 款 (c)项。

⑦ 正如 Prott 和 O'Keffe 指出的,在一国领域内——包括领水——一国有权"授予任何法人所有权……包括其自己"。参见欧洲议会报告起草委员会:《水下文化遗产:委员会关于文化和教育的报告》(起草者:John Roper)。

文化价值的原因外还有很多原因。例如,1995 英国商船条例规定皇室对物主不明的失事船舶享有所有权,这有效地使传统普通法系国家的特权成文化。[1] 尽管该条款最初的目的是为财政部提供收入,但最近英国皇室放弃具有历史重要性的物品的金融利益。[2] 同样的,在其他国家,海事法制定的最初目的并不是文化遗产保护,规定国家所有权越来越多地成为国家保护文化利益的行政手段。例如,开曼群岛 1966 年制定的《抛弃沉船法》规定了位于本国海床、具有 50 年以上历史的沉船的所有权,规定救助人与开曼群岛政府之间关于被救助沉船的利益分摊。然而,很多年来政府都否认寻宝猎人适用打捞法。[3]

三、水下文化遗产所有权的设立

从上述讨论我们可以明显看出财产沉入海底的事实并不意味着其所有人丧失了对该财产的所有权。[4] 事实上,即使一艘船舶位于海底已达几个世纪之久,通常来说我们不能假设其所有权已经丧失。除非财产被依法征收或被所有人抛弃,否则所有权会继续存在。

具有一定文化重要性的失事船舶的所有权是否存在的问题经常会出现在美国联邦海事法庭审理的财宝打捞诉讼中。想要对打捞行动中的财产主张所有权的任何人,包括国家、法人或个人,都要到该法庭。为了能够起诉,必须清理几个障碍。障碍包括确认原始所有人,表明原始所有人与原告之间的继承上的直接关系;可能还需要解决所有权是否已经丧失的问题,例如通过某种形式的转让或

---

[1]　参见 Dromgoole, Gaskell, "Interests in Wreck," *Art Antiquity and Law*, vol. 2, no. 4 (December 1999), pp. 178 - 182.

[2]　参见 Sarah Dromgoole, *Legal Protection of the Underwater Cultural Heritage：National and International Perspectives*, The Hague：Kluwer Law International, 1999, p. 320.

[3]　参见 Leshikar-Denton, Luna, "Underwater and Maritime Archaeology in Latin America and Caribbean," *Journal of Anthropological Research*, vol. 39, no. 2 (2017), pp. 222 - 223.

[4]　根据 Prott 和 O'Keffe 的观点,"在任何法域船舶所有者不会在船舶沉没时丧失对其的所有权"。参见 Lyndel V. Prott, P. J. O'Keefe, *Law and the Cultural Heritage*, London：Butterworths, 1989.

通过放弃的方式。当原告是保险公司时，可能需要清除的障碍更多，例如，必须证明原始保险公司行使权利接管了被保险财产的利益。①

　　成功清除这些障碍非常困难，即使是在最近的事故中。1912 年失事的"泰坦尼克号"的情况表明了可能面临的问题。船体、固定装置和配件被保险的价值为一百万英镑，事实全损的保险请求也完全满足。② 然而，劳埃德保险社的保险单上有很多签名——甚至只在可解读的范围内（就有如此之多）——而且其代表的大部分利益不能被识别。此外，还存在一些关于"泰坦尼克号"的权利是否被保险公司事实上取得了的问题，假设保险公司取得了，船舶是否被保险，在这种情况下原始权利人的权利继承人，英国白星航运公司，可以保留一些权利。③ 另外一个例子是"中美洲号"。1857 年"中美洲号"运送受委托的金子从巴拿马前往纽约，在美国南卡罗来纳州沉没。一家名为 Columbus-America Discovery Group 的打捞公司于 1989 年发现船体后，开始了打捞行动。关于船上的金子价值可能超过十亿美元的报道使得大量保险公司和保险公司利益代表争相主张支付货物保险。然而，他们要证明自己的主张非常困难，因为他们只能依靠当时的报纸报道而非官方记录去证明他们为委托物进行保险并支付了赔偿。④

　　伦敦救助协会保留了从 1860 年起全世界细致的海事损失记录并且在这些事故中代表私人利益。在这一日期之前的船舶和其他货物的案件中，通常只有国家而非私人实体才能克服提起所有权之诉的障碍。最近这些年，西班牙偶尔会参与到涉及历史船舶和货物的打捞活动中，一方面是为了保护文化遗产，另一方面也保护沉没的墓地神圣不受侵犯。第一次，其对海军护卫舰"朱诺号"和"拉

---

　　① 参见 Dromgoole, Gaskell, "Interests in Wreck," *Art Antiquity and Law*, vol. 2, no. 4 (December 1999), pp. 168 - 70.

　　② 参见 Dromgoole, Gaskell, "Interests in Wreck," *Art Antiquity and Law*, vol. 2, no. 4 (December 1999), pp. 172 - 3.

　　③ 在美国联邦海事法院关于"泰坦尼克号"长时间的救助诉讼中，没有一方主张过对船体的所有权。

　　④ 参见 Columbus-America Discovery Group, *Inc v. Atlantic Mutual Insurance Co.*, 974 F. 2d 450(4ᵗʰ Cir. 1992).

加尔加号"的所有权主张在 2000 年的一次具有重大影响的判决（the Sea Hunt Case）中得到了第四巡回上诉法庭的支持。① 2011 年，第十一巡回上诉法庭支持了西班牙对"梅赛德斯号"军舰及军舰上的钱币货物的所有权主张。② 这两个案件的结果都表明主张国家权利是保护文化利益的有效手段。

提前充分收集关于失事船舶身份（更不用说支持所有权主张本身的案件）的事实会使所有权诉讼更好地被提起。然而，在所有权设立之前，必须确定沉没船舶的身份。在一些案件中确定船舶身份是容易的，至少是相对容易的。③ 例如，军舰可能会载有不同的大炮，而这些大炮中的一个或多个可能被发现。④ 然而，在其他一些案件中确认身份会更加困难，例如，如果像"梅赛德斯号"这样的船舶是被敌人的炮火炸毁。⑤ 对主张所有权的原告来说一个困难是残骸的物理证据通常会完全被掌握在救助者（打捞人）的手中，但是确认身份对救助者来说没有利益，那么就会出现关于要求救助者向法院披露的程度问题。

私人个体依据继承权对船舶、货物或私人物品的所有权主张很少，而且这样的主张被法院正式支持的例子也没有。⑥ 原告是原始所有者（甚至是最近的或者唯一可知的继承人）的直接继承人这一事实并不意味着他们一定能继承财产：法院是否一定愿意审查还是个问题。⑦

---

① 参见 Hunt，Inc. , 47 F. Supp. 2d 678（ED Va. 1999），aff'd in part, rev'd in part, 221 F. 3d 634（4th Cir. 2000），cert. Denied，531，US 1144（2001）。

② 参见 Odyssey Marine Exploration，Inc. v. Unidentified，Shipwrecked Vessel，675 F. Supp. 2d 1126（MD Fla. Dec. 22，2009）；aff'd，657 F. 3d 1159（11th Cir（Fla. ）Sept. 21，2011）；cert. Denied，132 S. Ct. 2379（US May 14，2010）。

③ 船舶的身份若要设立必须至少在经过一定程度的干预之后，并且在很多案件中需要大范围的干预。当然，在一些案件中，身份永远不会被设立。

④ 例如，沉没的英国军舰"胜利号"案件。尽管船舶残骸所在的位置与预期相比存在一定偏差，然而从该处发现的两个青铜大炮被认为起源于 Admiral Sir John Balchin's 'First Rate' 军舰。

⑤ 在"梅赛德斯号"案件中，残骸"散落在几个足球场大小的区域"，参见 675 F. Supp. 2d 1126，1136.

⑥ 在"梅赛德斯号"案件中，各方对船上私人货物的所有权主张在美国联邦诉讼中未作出裁决。

⑦ 未发现任何根据 1995 年英国商船法案关于此种诉讼得到支持的事例。

四、水下文化遗产所有权的抛弃

一个得到普遍接受的观点是所有权不会仅仅因为船舶沉没而丧失；相反，如果所有人失去其权利，必须证明所有人转让了权利，如通过转让条约，或者放弃了权利。[①] 放弃如果发生，仅仅是对船舶物理上的抛弃（通常是因为迫近的危险被船员抛弃）是不够的；[②]相反，必须存在某种形式的积极意图（意思表示）表明所有人放弃其所有权。这种意图可以是明示的，也可以是通过情境推断出的。

一个难以解决的问题是通过时间的流逝和不作为来确定抛弃的意图时，这种时间的流逝和不作为需要达到何种程度。当一个失事船舶在海滩上很多年无人问津，我们可以得出所有权已被抛弃的结论。如果原告在这种情况下起诉，我们或许会发现要反驳关于抛弃意图的证据是非常困难的。另一方面，一艘船沉没在离岸很远的深海里，其位置在最近才被发现，或者不可能对其进行打捞，或者经济上不具可行性，这种情况下我们真的能说所有人仅仅通过不作为就能表明积极的抛弃意图吗？尽管对这个问题不同的法域采取的方法不同，但清楚的是——缺少抛弃意图的表达——不能推断出已被抛弃。

沉没的军舰和其他国家船舶的情形涉及公共服务，其被抛弃的情况与普通商业船舶被抛弃不同。包括法国、德国、日本、俄罗斯、西班牙、英国、美国在内的很多海洋大国坚定主张像这样的沉没船舶（军舰、国家船舶）的所有权不能被视为抛弃，除非存在明确表达的放弃，此时他们主张这些失事船舶属于船旗国的财产。明确表达放弃权利可以通过条约发生。例如，在 Sea Hunt 案中，关于西班牙是否依据 1763 年法国、英国和西班牙最后达成的和约放弃了其权利这一问题

---

① 以环境污染为例，所有权的抛弃问题与所有权抛弃的能力问题是不同的。参见 Dromgoole, Forrest, "The Nairobi Wreck Removal Convention 2007 and Hazardous Historic Shipwrecks," *Lloyds Maritime & Commercial Law Quarterly*, vol. 1 (2011).

② 然而，仅仅具有物理上的抛弃的国家在救助法中的确有重要作用。

是西班牙海军护卫舰"拉加尔加号"(La Galga)案的争议焦点。①

　　美国关于打捞历史沉船的诉讼中,抛弃的问题经常是决定救助者权利的核心问题。联邦海事法庭表明他们不愿意作出存在抛弃意图的决定,特别是当所有人(即使所有人是主权国家)起诉时。20 世纪 70 年代开始,大量的关于抛弃问题的案例法发展起来。最初,救助者倾向于主张沉船已被抛弃,目的是使他们能够依据打捞物法获得所有权②;然而,在美国 1987《被抛弃沉船法案》颁布后,在适用这个法案的情形中,他们将策略转向主张沉船未被抛弃,因此他们有权依据打捞物法获得奖励。③在里程碑式的 Sea Hunt 案中,法院审理的核心问题是西班牙是否抛弃了对"朱诺号"和"拉加尔加号"的所有权。④ 第四巡回上诉法院认为当之前的所有人主张一个遗失了很长时间的财产是非自愿脱离其控制的,法律对寻找抛弃持犹豫态度。⑤ 如果所有人到法院,通过明示行为作出的抛弃表明所有人失去其权利。这反映了长期存在的海事法规则即当船舶在大海失踪时所有人的所有权仍然存在。尽管第四巡回上诉法院强调了原告是主权国家这一事实,并且强调这是为了保护其军事基地的不可侵犯性,但是判决中没有表明这些事实具有决定性作用。因此,似乎应该采取一个相似的立场,即使是在所有人非国家的案件中。实际上,法院的依据是涉及私人原告的 Columbus-America案。第四巡回法庭认为"对抛弃的推断只有在没有所有人出现的情况下才被允许"⑥。同时,法庭也强调了西班牙、美国和其他表达抛弃的国家的观点,在涉及

---

　　①　参见 47 F. Supp. 2d 678(ED Va. 1999)。

　　②　该方法在具有里程碑意义的关于西班牙大型帆船 Atocha 的 Treasure Salvors 案中是成功的。见 *Treasure Salvors* v. *The Unidentified Wreck and Abandoned Sailing Vessel* 569 F. 2d 330 (5th Cir. 1978). 西班牙在本案中未主张权利。

　　③　根据《被抛弃沉船法案》(ASA),美国主张所有嵌入其领域内沉没的陆地中的被抛弃的遇难船,以及位于其领域内沉没的陆地上的被抛弃的遇难船,其所有权均属于美国。

　　④　在该案中,弗吉尼亚州根据 ASA 主张对失事船舶的所有权,并起诉救助者 Sea Hunter 允许其修复手工艺品。请求还包含要求州和 Sea Hunter 分享所有进程。

　　⑤　参见 221 F. 3d 634,641(4th Cir. 2000),引用 Columbus-America,974 F. 2d 450,467 - 8 [4th Cir. (Va.) Aug. 26, 1992]。

　　⑥　参见 221 F. 3d 634,641.

军舰和其他国家船舶时需要考虑他们的观点。①

关于依据不同情形中推断抛弃何时发生的问题有一个有意思的案件，*Yukon Recovery LLC. v. Certain Abandoned Property*（2000）。② 这个案件涉及两个救助者中的哪一个对一艘 1901 年沉没的船舶上的金子享有排他的救助权。一个寻求排他权利的"纯粹救助者"主张一个与他竞争的"契约救助者"没有权利，因为与之订立契约的保险公司之前就抛弃了该财产。③ 第九巡回上诉法庭的结论是，"尽管富有创新性但非常简单"的方法在 1934 年能够被适用于救助船体 2/3 的部分，但这一事实并不意味着保险公司抛弃了对金子的权利，因为它并没有运用此方法救助金子。相反，法院的结论是，"只有通过现代的技术提高（救助的东西），目前的救助意图才在可能性的范围内"④。

被抛弃的财产会成为什么？在识别被抛弃财产的性质时有两种不同的方法。在一些法域，通过主权特权或者适用国内法律，抛弃的财产会成为国家财产。在另外一些法域，被抛弃的财产会成为无主物，换言之，成为无主的东西，直到发现者使其成为他/她的东西之前一直维持无主的状态。前一种方法有时被称作"英国"规则，而后一种方法被称作"美国"规则（根据《被抛弃沉船法案》之前的观点，被抛弃沉船的权利属于发现者，在与《被抛弃沉船法案》无关的案件中亦如此）。在这两个方法中，"英国"规则更倾向于从文化遗产保护的立场出发，因为这种方法避免了"谁找到就归谁"（finders keepers）原则的适用。

尽管规定被抛弃的财产归国家所有的国内立法对于保护文化遗产是有利的，但是这种方法会带来一些潜在的问题。例如，根据芬兰文物立法，如果能从外部条件推断沉船已被所有人抛弃，那么沉没超过 100 年、位于芬兰领域内的船舶残骸属于芬兰国家所有。1999 年，Vrouw Maria 的残骸在图尔库外群岛被发

---

① 参见 221 F. 3d 634，643.

② 参见 *Yukon Recovery LLC. v. Certain Abandoned Property*，205 F. 3d 1189［9ᵗʰ Cir. (Alaska) 2000］；cert. Denied，531 US 820，121 S. Ct. 62(2000).

③ 根据合同救助可能发生也可能不发生。一个"纯粹的"救助者是在没有合同约束的情况下进行救助。

④ 参见 205 F. 3d 1189，1194.

现。这一荷兰商船于 1771 年在从阿姆斯特丹到圣彼得堡的途中沉没,这艘船被认为载有从拍卖会上购买的代表凯瑟琳大帝的贵重的艺术品。2005 年,在一次由发现者组织的打捞活动中,图尔库上诉法院认为沉船已经被明确抛弃并且属于芬兰国家所有。然而,在 2008 年,据报道,俄罗斯——俄罗斯帝国(包括凯瑟琳大帝)的财产的所有权的继承人——对救助这些画感兴趣。[①] 正如这个案件表明的,解决所有权问题最好的方法是对沉船的未来管理达成合作协定,最终或许只有通过外交和合作的方式才能解决冲突。[②]

　　成功解决此种冲突的一个例子是澳大利亚与荷兰关于四个荷兰东印度公司的人在澳大利亚西海岸发现沉船的案件中所使用的方法。在沉船被发现后,荷兰与澳大利亚之间出现了就所有权归属导致的紧张关系。荷兰主张拥有所有权的依据是荷兰是荷兰东印度公司的所有权继承人,但是澳大利亚认为沉船可以通过时间和不作为推断为已被抛弃。最终争端通过两国达成双边协定解决,该协定规定了人工制品的救助方案。1972 年荷兰与澳大利亚关于旧荷兰沉船的协定(The Agreement Between the Netherlands and Australia Concerning Old Dutch Shipwrecks of 1972)规定荷兰对沉船的"所有的权利、产权与利益"的转让,荷兰、澳大利亚、西澳大利亚州政府之间关于人工制品的共享。该协定承认荷兰是荷兰东印度公司的"财产和资产的继承人",但是不对沉船享有产权。相反协定提出荷兰具有的"持续的利益","特别是出于历史和其他文化的原因"。[③]

---

　　① 参见 "Russia to Raise Shipwreck Containing Catherine the Great's Treasures," *Daily Telegragh*, November 18, 2008.

　　② 2010 年末,还未达成正式的协议,但是所有的相关利益国——芬兰、俄罗斯、荷兰和瑞典(瑞典是因为其持有相关的历史档案)——都在政治层面参与了讨论:在 2010 年 12 月 21 日与 Maija Matikka 进行了私人对话。

　　③ 关于协定,参见 Lyndel V. Prott, P. J. O'Keefe, *Law and the Cultural Heritage*, London: Butterworths, 1989, pp. 318 - 19.

五、文化遗产立法中规定的所有权的界限或征收

私人所有权存在的情况下，所有者想拥有财产的意愿与文化遗产立法的目标和目的之间很可能产生冲突。这种发生冲突的潜在可能性从最近的一个"卢西塔尼亚号"(Lusitania)案中可以得到例证。该班轮遭受到一艘德国 U 型潜水艇的袭击后于 1915 年在爱尔兰海岸沉没，该船体及其附属物的所有权被一个私人个体组成的团体于 1967 年从担保战争风险的保险公司手中购买。这个团体中的一个私人个体 Bemis 从他的共有人手中买下了全部产权。1995 年，根据爱尔兰国家遗迹法的规定，失事地点被指定为限制区。2001 年 Bemis 根据该法申请许可进入该地区对失事船舶进行调查。2007 年，爱尔兰最高法院支持了一审法院的判决，认为爱尔兰文化部拒绝 Bemis 的申请超越了权限，是无效的。① 尽管这一案件取决于法律的解释和程序，但最终结果似乎是被接受的——至少被一审的法官和文化部所接受——申请人的财产权在决定许可申请的结果中是一个相关的考虑因素。②

在决定是否审理许可申请时考虑财产权的问题并不意味着该申请一定要被受理，也不意味着任何被受理的申请在妨碍了所有人的权利时就一定被驳回。爱尔兰最高法院早前的一个关于贮藏珍宝所有权问题的判决强调了一个原则：国家有权出于保护文化遗产的"公共利益"考虑来规范私人财产权的行使。③ 尽管该判决出于其他的一些原因被视作爱尔兰法律中的里程碑，④但该判决依据的"公共利益"原则是对"任何人的财产不得被任意剥夺"(No one shall be arbitrarily

---

① 参见 *Bemis v. Minister for Arts，Heritage，Gaeltacht and the Islands* [2007] 3 IR 255.

② 关于这个判决，参见 *Bemis v. Minister for Arts，Heritage，Gaeltacht and the Islands* [2005] IEHC 207。

③ 参见 *Webb v. Ireland* [1988] IR 353。

④ 由此确立了一个普通法原则，国家而非发现者是不存在已知所有人的考古发现的所有人。这一原则之后被编入 National Monuments(Amendment) Act 1994。

deprived of his property)这一国际法基本原则的扩展。① 对国家来说,出于保护文化遗产的考虑对所有人的财产权进行限定是很普遍的,②换言之,限制所有人充分行使其所有权的能力包括排他权、转让权和毁坏权。重要的是这种限制不能是任意的并且需要在公众和私人利益之间达到一个恰当的平衡。③

有时候(例如,1999《南非国家遗产资源法案》),遗产立法可能会导致财产被"剥夺",换言之,产权被"剥夺"。为了成为合法的"剥夺"或者征收,需要进行公平的补偿。④ 然而,一般情况下,遗产法涉及财产权的问题规定经过特定的时间认为抛弃已经发生时,这种情况在多数时候会被视作对抛弃的一般概念的解释,而不会被视作剥夺。⑤

第二节　国际法框架下的水下文化遗产的所有权

一、国际法对待水下文化遗产所有权的态度

保护水下文化遗产的国际法律文本起草者所面临的难题之一便是如何处理现存的所有权问题。很显然在所有权人的权利(特别但不一定必须的是,私人所有者的权利)和文化遗产保护需求之间可能会产生大量的潜在冲突。

从表面上看,避免潜在冲突最直接的方法是寻找一个能将所有权问题整个移出范畴之外的方式。一个选择是采用一种将在水下超过 100 年的水下文化遗

---

① 《世界人权宣言》第 17 条第 2 款增加了这一点。同见《欧洲人权公约第一议定书》第 1 条。

② 关于此,参见 Prott, O'Keefe, "'Cultural Heritage' or 'Cultural Property'?" *International Journal of Cultural Property*,vol. 2,no. 4 (1999),p. 310.

③ 在适用欧洲人权公约第一议定书第一条时,关键的因素是在对所有者的权利施加限制和来自这些限制的公共利益之间进行平衡。

④ 根据国内的宪法征收必须进行补偿。

⑤ 参见 Lyndel V. Prott, P. J. O'Keefe, *Law and the cultural heritage*, London: Butterworths, 1989, p. 193.

产全部视作已被抛弃。然而,由于追溯至 1860 年的沉船具有贵重的商业价值,这些沉船有记录并可以追溯,所以这种方法很可能给具有偏向私人利益传统的国家带来政治上的不愉快。一个可替代的方法是限制保护性措施的实施范围,只能对已被抛弃的物品采取保护性措施。然而,除非"抛弃"的概念在文中有明确定义,否则会产生问题,美国的《抛弃沉船法案》就是一个例子;同时,起草抛弃的定义本身就存在很多困难。采取上述任何一种方法,都会产生关于被抛弃财产的性质问题。显然,"美国"规则——谁找到归谁所有——是不恰当的,但是适用"英国"规则即被抛弃的财产归国家所有也存在很多困难。一些国家对国家所有的概念有政治和哲学目标,很多国家担心可能产生的潜在责任。[①] 同时还会产生一些其他的问题,比如当在不受管辖的水域适用法律时,哪个国家能成为所有权人。不同的国家对财产概念的界定有不同的方法,需要在私人财产权和公共利益之间达成平衡,这些事实都使得在该问题上达成国际共识极其困难。

二、水下文化遗产的所有权与 1982 年《联合国海洋法公约》

《联合国海洋法公约》中与水下文化遗产相关的两个条款中,只有一条明确提到了所有权问题,其第 303(3)条规定:"本条的任何规定不影响可辨认的物主的权利、打捞法或其他海事法规则,也不影响关于文化交流的法律和惯例。"

这一条的作用很难说清楚。显然这一条文并不是为了排除或废除可辨认物主人的所有人的权利;同时,该条也没有规定国家必须承认所有权或者赋予所有人比遗产保护目标更有限的权利。

第 303(3)条适用于第 303 条的其他条款:第 1 款施加给各国保护在海洋发现的水下文化遗产的责任,并以此为目的进行合作,第 2 款对在毗连区发现的水

---

① 例如,失事船舶造成航行或污染危害的情形。关于此种危害的具体细节讨论,参见 Dromgoole, Forrest, "The Nairobi Wreck Removal Convention 2007 and Hazardous Historic Shipwrecks," *Lloyds Maritime & Commercial Law Quarterly*, vol. 1 (2011).

下文化遗产规定了具体条款。① 这一条也适用于公约第 149 条,第 149 条是《联合国海洋法公约》中另一条解决水下文化遗产的条款。第 303 条——除了第 2 款——适用于所有的海域,因为第 303 条属于第 16 部分(标题是"一般规定")。事实上,据此第 149 条更应该被视作第 303(3)条对特定的保护责任的具体适用。

对第 303(3)条的保留的内容明确了依据第 1 款的责任和第 2 款的控制机制不能干涉或者剥夺可辨认的物主的权利。相反,在适用这些条款的情况下,所有权的问题就会变成由可适用的国内法来决定。正如上面看到的,在解决这样的权利(所有权)时有各种各样的方法。只要涉及第 303(3)条对第 149 条的影响时,需要考虑一个因素即条文对水下文化遗产其他利益的承认,因此需要考虑这些利益与可能的所有权之间的互动。

随着时间的推移出现的一个问题是,第 303(3)条对之后该领域的国际协定会产生多大程度的影响,以及会在多大程度上约束国际协定。我们可以认为,任何在之后订立关于水下文化遗产条约的行为都是对第 303(1)条规定的保护责任的具体适用,因此,应该符合第 303(3)条。这意味着之后的条约不应该干涉所有权,而是将所有权问题交由国内法规定。然而,我们必须考虑到第 303(4)条。该条规定:本条不妨害关于保护考古和历史性文物的其他国际协定和国际法规则。

像大部分评论者所做的一样,如果我们假设本条提到的"其他国际协定和国际法规则"包括在《联合国海洋法公约》之前和之后制定的条约,那么关于水下文化遗产所有权问题的特定条约的制定者可以以他们觉得合适的方式自由制定条约,第 303(3)条对这种自由没有影响。

---

① 与公约第 303 条第 4 款中的"没有偏见"条款无关。

三、水下文化遗产的所有权与 2001 年 UNESCO 公约

1. 公约的相关背景

1978 年,法律专家顾问 Prott 和 O'Keefe 建议欧洲文化教育委员会通过国内立法制定关于水下文化遗产的最低要求,提议所有在水下超过 100 年的物品归国家所有。① 他们相信这样可以促使有能力的遗产管理当局及时并准确地决定这些物品的命运。然而,提议并没有包含第 848 号建议中规定的最低要求。1985 年欧洲公约草案也没有通过规定国家所有来干预私人所有权,否则就会像 UNLOSC 中的第 303(3)条一样采取一个保留条款。②

在早期草案的发展中,为了明确哪些能成为 2001 年 UNESCO 公约的内容,最初由 UNESCO 采用、后由国际法协会所采用的方法遵循了美国的主要法规《被遗弃船舶残骸法案》,只在物品被抛弃时适用公约。③ 然而,美国的法规未能明确地对抛弃进行定义,这就导致了大量的不确定性,大量诉讼进入美国法院,因此必须承认,为了"稳定的预期",公约需要规定抛弃的定义。

1998 年 UNESCO 公约草案采取的定义遵循了 1994 年 ILA 草案,即规定关于抛弃被"视作"已经发生的两种情形:第一,当技术条件允许的情况下,所有人在 25 年内没有对其财产采取任何行动时;第二,当技术条件不允许时,自所有人最后一次主张权利之后经过 50 年。④ 这一定义遭到了广泛的批评。⑤ 例如,草案采纳了一种认定经过时间的方法,即所有权人可以依据当时的国内法主张

---

① 参见 Council of Europe Doc. 4200 - E,1978, p. 68.

② 1989 年的解密版本中第 2 条第 7 款(相同条款包含在最终文本中,但是是在另外一条中)。

③ 1994 年国际法协会草案同样适用于"失踪的"水下文化遗产,参见第 2 条第 1 款。"失踪"的概念十分模糊,这或许也是该条之后被删除的原因。

④ 参见 1998 UNESCO 公约草案第 1 条第 2 款。同参见 1994 年国际法协会草案第 1 条第 2 款。

⑤ 参见 Dromgoole, Gaskell,"Draft UNESCO Convention on the Protection of the Underwater Cultural Heritage 1998," *International Journal of Marine & Coastal Law*, vol. 14, no. 2 (May 1999), pp. 180 - 183.

经过的时间,这一方法被认为是不合理的。因此最近对抛弃的修订的适用相当于对剥夺财产权利的回顾,剥夺将得到补偿。与其说稳定了预期,不如说该条款的效果刚好相反——对未来的预期更加不稳定。

除了起草一个明确、可行的抛弃的定义之外,ILA 和 UNESCO 最初采用的方法中另一个严重的障碍是在适用于主权船舶和航空器时产生的问题。如前所述,美国和很多其他海洋大国对这样的船舶和航空器的所有权采取强硬的态度,坚持只有通过明确表达放弃才能视作抛弃。对这些国家来说,条约中任何对这一原则有影响的条款都不会被接受,承认了这一点,早期的公约起草者将这样的船舶和航空器排除在适用范围之外。① 然而,排除的结果是大量重要的水下文化遗产内容都会被排除在条约保护的范围之外。早期公约起草者也没有对视作被抛弃的财产的性质规定任何指导意见:是采用"英国"还是"美国"规则? 两个都存在问题。或者是否可以从整体的目标出发为全人类的利益而由全人类共有? 从某种意义上而言,这些规则并没有很好地与各国国内财产法律相一致。最终,所有的问题还是要由国内法解决。考虑到这些困难,在 1999 年第二次政府专家会议上,适用只与被抛弃的水下文化遗产有关的方法被废弃了。

2. 2001 年 UNESCO 公约采用的方法及其影响

鉴于解决上述问题的困难性,2001 年 UNESCO 公约没有提及任何与所有权有关的问题。在缺少条约指导的情况下,必须假设属于条约范围内的物品的所有权仍继续存在,除非国内法有相反的规定。

将所有权视作由国内法解决的问题是一种实际主义的方法。它不仅将军舰纳入公约的范围,而且促进了整体的协商。最终,这一方法意味着国家遗产当局和国内法院必须处理符合公约定义的物品的所有权问题。所有人权利与公共利益之间的平衡——公约的原则和保护性框架所代表的——将会与公约之前的法律框架类似。然而,条约框架的实施会要求就地保护为首选;只有发生特定原因时才能开展针对水下文化遗产的活动且必须符合附件的规定;任何救助行动都

---

① 参见 1994 年国际法协会草案第 2 条第 2 款;1998 UNESCO 公约草案第 2 条第 2 款。

必须使物品保持完整,向专家和公众开放——不可避免地导致对所有人权利的实质干涉。不同于国内立法,条约没有为允许考虑所有人意愿留下任何空间。当这种干涉本质上等同于对权利的剥夺时,很可能要对所有人进行补偿,为避免这种情况国家能做的非常少。当适用条约的条款获得该物品时,会产生一些特定的问题。①

我们需要记住的是,只有那些在水下达到 100 年以上的水下文化遗产才属于公约管辖的范畴。这一门槛本身可以被视作遗产保护利益和所有人利益妥协的结果。尽管如此,根据海难救助协会(Salvage Association)对 1860 年以来海难损失的记录,私人利益很有可能会对商业价值极高的货物进行起诉,此时条约可以适用,并且随着时间流逝,记录中越来越多的失事船舶都能满足 100 年的条件从而纳入条约管辖范畴,那么这样的诉讼也会变得越来越普遍。

根据英国政府近些年记录的大量情形,国家也可能对主张具有商业价值的沉船货物的所有权感兴趣。考虑到他们可能有机会对早于 19 世纪中期的水下文化遗产建立所有权,公约框架下的国家所有权的问题很可能会变得格外重要。从根本上看,国家所有权与私人所有权没有区别。然而,国家主张它们的权利时动机更为广泛:有时是为了金融利益,而有时是为了保护失事地点的文化价值或其神圣不可侵犯性。这种情况下很可能会产生使国家利益符合公约要求的困难。当国家所有人修改公约时,一定会产生需要遵守条约原则的责任并且需要与其他国家合作。因此只有当非缔约国主张所有权时才会出现问题。尽管如此,这样的国家需要考虑《联合国海洋法公约》第 303(1)规定的保护水下文化遗产和以此为目的的合作责任的本质和内涵。绝大多数国家都是《联合国海洋法公约》的缔约国,即使是非缔约国也需要遵守该条,因为该条款已经成为一种习惯国家法。最终,通常情况下争端会通过外交途径解决。

---

① 参见 2001 年 UNESCO 公约第 18 条。

第三节　国际法承认的水下文化遗产的其他权利

无论是 1982 年《联合国海洋法公约》，还是 2001 年 UNESCO 公约，都正式承认了除所有人的权利之外的其他一些类型的水下文化遗产权利。

一、1982 年《联合国海洋法公约》承认的权利

《联合国海洋法公约》第 149 条规定：在"区域"内发现的一切考古和历史文物，应为全人类的利益予以保存或处置，但应特别顾及来源国，或文化上的发源国，或历史和考古上的来源国的优先权利。

属于《联合国海洋法公约》第十一部分的该条款只适用于在国家管辖范围之外的海床发现的物品。① 该条明确指出了两种权利："全人类"和因为"来源或发源"而有"优先权"的国家。

1. 全人类的利益

通过规定"在'区域'内发现的一切考古和历史文物，应为全人类的利益予以保存或处置"，第 149 条的含义究竟是什么？

第十一部分关于区域的法律制度规定"区域及其资源是人类的共同继承财产"②并且"区域内活动应……为全人类的利益而进行"。③ 然而，根据《联合国海洋法公约》的目的，区域内的"资源"仅包括区域内的矿产资源，④区域内的"活动"仅指与勘探和开发这些矿产资源相关的活动。⑤ 因此，在海床发现的文化资

---

① 参见《联合国海洋法公约》第 1 条第 1 款。
② 参见《联合国海洋法公约》第 136 条。
③ 参见《联合国海洋法公约》第 140 条。
④ 参见《联合国海洋法公约》第 133 条(a)项。
⑤ 参见《联合国海洋法公约》第 1 条第 1 款和第 3 款。

源——尽管可以被定性为区域的资源——不属于第 11 部分的"人类的共同继承财产"（Common Heritage of Mankind，CHM）范畴。尽管如此，第 149 条所表达的雄心壮志的目标——区域内发现的水下文化遗产应当为全人类的利益予以处置——受到了第十一部分针对矿产资源采取的方式的影响。

CHM 的概念在 1967 年第一次得到人们的关注，[①]1979 年月球条约[②]和《联合国海洋法公约》中有对 CHM 的抽象表述。学者们有很多对 CHM 概念的研究。通常的定义是还未被任何国家或实体占据的区域或空间，这一概念包含几个特定的要素。最基本的要素之一就是空间及空间内的资源没有被任何公共或私人实体所占据。[③] 另一个关键要素是利益——通常是经济利益——由全人类共享，不属于有能力到达该区域和开发利用这些资源的人。第三个要素是对该区域及其资源的管理是由代表全人类利益的代理机构进行。在《联合国海洋法公约》中，根据第十一部分建立的制度目的是规定位于深海海床上或者海床底的多金属结核和其他矿产资源的经济利益共享。第十一部分规定，在区域内的活动由国际海底管理局（ISA）代表全人类进行管理。[④]

在第三次联合国海洋法会议上，与 CHM 相关的一个文化遗产语境下的概念被提出。1954 年联合国教科文组织《关于武装冲突情况下保护文化财产公约》（*Hague Convention for the Protection of Cultural Property in the Event of Armed Conflict*）规定对文化财产的破坏被视为是对"全人类共同文化遗产的破坏"，[⑤]1972 年《世界遗产公约》规定具有"普世价值"（outstanding universal

---

① 1967 年 11 月 1 日，马耳他驻联合国大使 Avid Pardo 在联合国大会上发表了著名演讲，位于国家管辖权范围之外的深海底部资源应该"为全人类利益"而使用。参见 Churchill，Lowe，*The Law of the Sea*，Manchester：Manchester University Press，1999，p. 226.

② 更为人熟知的正式的名称是《1979 关于各国在月球和其他天体上活动的协定》（Agreement Governing the Activities of States on the Moon and Other Celestial Bodies*1979*）。

③ 参见 Kemal Baslar，*The Concept of the Common Heritage of Mankind in International law*，The Hague：Martinus Nuhoff Publicher，1997.

④ 参见《联合国海洋法公约》第 137 条第 2 款。

⑤ 参见 1954 年《海牙公约》序言；O'Keefe，*The Protection of Cultural Property in Armed Conflict*，Cambridge：Cambridge University Press，2011，pp. 94 - 95.

value)的文化遗产和自然遗产需要作为"全人类的世界遗产"被保护。① 各种各样的语言对遗产的表述表明他们采用的概念比 CHM 的概念要宽松,尽管如此,他们的特点具有广泛的相似性。然而,这一概念并没有设想经济利益的共享,而是设想更广泛的全人类共享——非经济——来源于保护措施的利益,以及共同分担责任以确保即使在由于国家和地域的原因经济和技术条件不一致的情况下也能采取恰当的保护措施。资源是一种遗产,当今人类应代表后代进行照管,这种概念在此种语境下起着突出作用,并且随着更正式的 CHM 概念的出现,可能会有一种代理机构代表全人类的利益开展活动,这种代理机构通常被描述为管家或管理人。例如,世界遗产的代理机构是世界遗产委员会(World Heritage Committee)。②

《联合国海洋法公约》第 149 条规定水下文化遗产是一种公共利益并将全人类假设为一个整体,这种概念对所有这种物品都存在利益。从这个角度看,该条款采用的是一种"国际主义"而非"国家主义"的视角:③区域内的水下文化遗产,无论其来源如何,都被视为所有国家和所有人的共同利益,而不仅仅是属于与来源地相关的国家和个人。这一条款的目的是作为整体的全人类应当从保护和处置中获益。然而,公约第 149 条的一个重大缺陷是,它没有规定代表全人类对区域进行管理以使目标得以实现的管理机构。

正如前文提到的,从公约第 149 条的内容("保存或处置"的"文物")中可以推断出,该条并未设想将水下文化遗产就地保护,而是在发现后被修复并带上岸。如果修复的文物为全人类利益而保存,有人可能会认为它们会被保存在对公众开放的博物馆或类似的机构里。然而,公约第 149 条的奇怪特征之一就是,它包含了"或处置"这一词语,这是否至少暗示出并不是所有公约范畴内的文物

---

① 参见 1972《世界文化遗产公约》序言。参见 Francioni, "The 1972 World Heritage Convention," *Experimental Hematology*, vol. 37, no. 10 (2008), pp. 15 – 16.

② 更详细的条款规定在《世界遗产公约》第 8—14 条中。

③ Merryman 区分了两种适用于文物的方法,采用"文化民族主义"和"文化国际主义"来定义两种方法。参见 Merryman, "Two Ways of Thinking About Cultural Property," *American Journal of International Law*, vol. 80, no. 4 (October 1986).

都需要被永久保存。只要提及处置,就可能包含出售和毁灭,这似乎与管理工作和遗产的概念相违背。而且,如果所有权存在[第303(3)条适用于第149条这一事实就可以证明],这些权利是如何与全人类利益之间进行互动的? 第149条规定"在'区域'内发现的一切考古和历史文物,应为全人类的利益予以保存或处置",这明确表明所有权——至少包括被私人利益拥有的——应当服从公共利益,并受到公共利益的约束。这种观点也反映出很多国内立法的立场。然而,如果对所有权的限制相当于所有权被剥夺,就会出现另一个问题:谁来承担补偿的费用?

2. 来源国的优先权利

尽管 CHM 的概念没有提到主权,但是在区域内的水下文化遗产的法律制度中有表述,公约第149条提到特定国家的"优先权利",并且要求在决定文物命运时必须对这些权利"特殊对待"。

公约第149条提到的享有优先权利的主体有三种:"来源国","文化上的发源国",以及"历史和考古上的来源国的优先权利",但这并不意味着这三种可以被视作分离的可替代品。该条款的协商历史表明这三种是相互重叠并且不具有排他的意思。① 三种表达意味着国家主张优先权利时有广泛的依据并且可能涵盖多种多样可能的情形,包括一国继承了另一国,或者几个国家共享同样的文化。正如 O'Keefe 指出的,使用"国家"(country)一词表明一国(a state)的概念起源相对较近;② 或许也能对国家分裂的情形提供帮助。水下文化遗产起源于特定的地方——例如,一艘船在某国被建造,从某国开始航行,旗帜属于某国——并不意味着该国就是或者曾经是所有人。另一方面,来源国也可以依情况对船舶或货物享有所有权。能够依据公约第149条主张优先权利的国家范围因此变得比能够主张所有权的国家要广泛得多。

---

① 参见 Anastasia Strati, *The Protection of Underwater Cultural Heritage:An Emerging Objective of the Contemporary Law of the Sea*, The Hague:Martinus Nijhoff, 1995, p.297.

② 参见 O'Keefe, *Shipwrecked Heritage:A Commentary on the UNESCO Convention on Underwater Cultural Heritage*, London:Institute of Art and Law, 2014, p.19.

公约第 149 条是否意味着不止一国可以对特定文物享有优先权利？显然规定三种不同的具有资格的国家扩大了享有优先权的国家范围，不只是一国能够主张优先权利。Arend 曾提出一个公元前 200 年在南非建造的罗马船舶的例子，他认为意大利可以主张自己是来源国，但是同时指出利比亚也可能能够主张自己是来源国，因为利比亚现在拥有当时船舶建造地的领土。[①] 如果这两个国家都能够享有"特殊对待"的优先权利，谁的权利更优先？当沉船的组成部分来自不同国家时情况更复杂，这时很多国家都能主张自己是来源国。显然这为不同原告之间的争议留下了大量的空间，而且在争议过程中，相关的水下文化遗产很可能会遭到不可挽回的损坏。

在"梅赛德斯号"案中，国家间引用公约第 149 条的争议不再仅仅是假定的。在该案中，秘鲁认为其对船舶上的钱币的权利优先于西班牙对钱币的权利，因为"这些财产无论从物理上、文化上还是历史上看都起源于秘鲁"[②]。在提出这项主张时，秘鲁给予公约第 149 条一定的重视（尽管秘鲁作出了让步，认为其不是 UNLOSC 的缔约国，并且"梅赛德斯号"的发现地也不在区域内）。[③] 西班牙认为自己而非秘鲁才是公约第 149 条规定的适格的来源国，因为在当时钱币最初"来源"的地域是西班牙的一部分。[④]

第 149 条提到的"权利"的本质是什么？该条是否假设这样的权利是之前就已经存在的权利，还是创设了新的权利，这些都不明确，但是无论如何，该条认为利益是一种"权利"表明了其能够在法律上得到执行。然而，这个权利包含什么公约并未进行明确说明。来源国被赋予优先的地位以及这些优先的权利要被特殊对待，这些事实表明这些权利——至少其中的一些——比第 149 条所承认的

---

① 参见 Arend, "Archaeological and Historical Objects: The International Legal Implications of UNCLOS III," *Virginia Journal of International Law*, vol. 22, no. 4（Summer 1982）, p. 800.

② 参见 675 F. Supp. 2d 1126, 1145（MD Fla. DEC. 22, 2009）.

③ 参见 675 F. Supp. 2d 1126, 1146.

④ 参见 Kingdom of Spain Reply to Claimant Republic of Peru Response to Spain's Motion to Dismiss or for Summary Judgment, 26 January 2009.

其他利益优先。① 因此,尽管第 149 条采用国际主义的方法承认了全人类的利益,但是当把条文视作一个整体时国家主义的趋势可能就占上风了。这种做法的影响是如果来源国愿意,修复的人工制品会被归还给来源国,但是来源国之后在决定如何对文物"保存或处置"时需要注意全人类的利益。一般来说,可以假设这意味着文物应该被保存在对公众开放的机构。这表明尽管保存文物的国家在使用这个文物上更有利,但原则上该文物仍然是全人类都能够使用的。文物需要被存放在某个地方,而现代科技特别是互联网能够促进全球范围的"虚拟利用",当很多国家都对一个考古组合物的一部分主张优先权利时,现代科技可以帮助寻找最合适的存放地。

考虑到赋予来源国的优先地位,他们的利益也很可能优先于不能主张优先地位的所有人的权利。因为拥有所有权的国家不太可能成为适格的来源国,这样的所有人很可能是私人实体。再次说明,当所有人被剥夺了所有权时,需要支付赔偿,并且在这种情况下需要支付赔偿的是主张优先权利的国家。

二、2001 年 UNESCO 公约承认的利益

2001 年 UNESCO 公约在序言中承认很多个人和组织,包括考古学家、潜水员、科研机构、专业组织以及"广大公众",都对水下文化遗产感兴趣,而且如果水下文化遗产想要得到恰当的保护那么这些团体之间的合作非常重要。② 接着公约正式承认了两个特殊利益团体,他们可以被视作更为特定的团体和集体性代表。正如上文讨论的,公约未提及所有权,因此必须推定所有权是存在的,除非可适用的国内法有相反规定。

---

① 国际海洋法语境中的"优先权利"概念先于《联合国海洋法公约》关于沿海国捕鱼的优先权利。参见 Anastasia Strati, *The Protection of Underwater Cultural Heritage:An Emerging Objective of the Contemporary Law of the Sea*, Hague:Kluwer Law International, 1995, p.305.

② 参见公约序言第 10 款。早期草案中关于救助者的条款在之后都被删除了。

1. 全人类的利益

2001 年 UNESCO 公约的核心一般原则和目标规定在第 2(3) 条中：缔约国立根据本公约的各项规定为全人类之利益保护水下文化遗产。

《联合国海洋法公约》与之相等的原则只适用于在"区域"内发现的文物，与之相对比，2001 年 UNESCO 公约则适用于所有公约范畴内的水下文化遗产，无论其发现地在哪里。

公约第 2(3) 条规定的原则被大量公约序言中的条款强化。这些条款提供了一些确定全人类利益的途径：

> 公约认识到水下文化遗产的重要性，它是人类文化遗产的组成部分，也是各国人民和各民族的历史及其在共同遗产方面的关系史上极为重要的一个内容，
>
> ……
>
> 注意到公众对水下文化遗产日益关心和重视，
>
> ……
>
> 深信公众只要以负责的和非闯入的方式进入仍在水下的水下文化遗产，就有权从中接受教育和得到娱乐，也深信公众接受的教育有助于他们认识、欣赏和保护这份遗产。

需要强调的是，我们应该记住，暗含在 2001 年 UNESCO 公约中的核心考古原则是就地保护原则。这不同于第 149 的相关规定，我们可以对比一下，《联合国海洋法公约》的表述是：促进公众进入，欣赏和享受在海床上的水下文化遗产。

正如前文所述，"共同继承财产"概念的特点之一是：它通常存在一个"管理者"可以代表全人类进行活动。2001 年 UNESCO 公约一个具有争议的方面是它没有为此目的设立特定的机构。然而很显然，公约的框架就是如此，以至国家

扮演了管理者的角色,并以合作的方式进行活动。① 公约采用了全人类利益的概念作为其核心的原则,这表明,公约采取的是国际主义的立场。在履行公约下的义务时,缔约国必须以全人类利益为目的采取行动,而不仅仅是为本国的利益。② 尽管如此,像《联合国海洋法公约》的第 149 条一样,2001 年 UNESCO 公约承认可能存在一个以上的国家对水下文化遗产的特定组成部分有更紧密的联系,并且可能依据公约的保护方案对结果有特定利益。当依据可适用的国内法存在所有权时,公约的框架就是如此,以至于"人类"的利益会不可避免的占据优先地位。

2. 确有联系国家的利益

2001 年 UNESCO 公约提出了一种关于水下文化遗产的新颖的利益:"确有联系"国家,特别是存在文化、历史或考古联系。公约在很多语境中都使用了这一概念,其中一些情形赋予有此种联系的国家参与有争议的水下文化遗产的决策制定、保护的选择权。

"联系"国(与"来源"国的概念不同)这一概念的灵感来源于欧洲理事会 1985 年欧盟条约草案,该草案提到了存在"特殊利益"的国家。1994 年 ILA 草案和 1998 年联合国教科文组织草案都在其序言中提到了"国家或者……存在一种历史或文化联系的国家",尽管序言中的这些描述后来都被删去了。"联系"国的概念比"来源国"——《联合国海洋法公约》第 149 条中规定的——更宽泛也更具包容性,而且对国家来说,证明存在符合条件的"联系"比证明狭窄且有缺陷的"来源"国更容易。例如,在"泰坦尼克号"案中,似乎英国、法国、爱尔兰和美国都能建立起与失事船体之间的联系,③即使很明显美国,或许甚至法国和爱尔兰,

---

① 参见公约第 2 条第 3 款。

② 一般而言,规范水下文化遗产的国内遗产法并不区分水下文化遗产是来源于相关管辖权领域还是其他地方。

③ "泰坦尼克号"是英国建造的船舶,悬挂英国国旗;在由英国驶往美国的航程中失事。很多乘客都是英国人和美国人,因此英国和美国都与此船具有密切的历史联系。然而,班轮停靠爱尔兰科克郡昆士城,很多死者是爱尔兰人;班轮同时还停靠法国瑟堡-奥克特维尔等。

都会发现它们要证明自己是来源国比英国困难得多。公约中对可证实的联系概念的精确构想也表明对一国来说至少存在潜在可能性去主张其存在符合条件且可证实的联系，这是除文化、历史或考古联系之外的一种联系。①

作为一个主要的原则，对于建立与水下文化遗产之间的利益应该制定一个相对宽松的标准，以便允许一国参与到决定水下文化遗产的未来中。本质上，这个标准应当能够包含所有对特定地点或修复的人工制品有强烈认同感的国家。不同于第 149 条规定的优先权利，毫无疑问，2001 年 UNESCO 公约设想了可能存在一个以上的国家与特定地点或文物确有联系并以此反映历史和政治现实。正如"梅赛德斯案"表明的，"来源"的概念很容易造成分裂，特别是涉及前殖民地关系时。另一方面，要么西班牙要么秘鲁不能与"梅赛德斯号"及其货物钱币建立可证实的联系，这种情况不太可能，而且事实上，国家没有理由与另一国竞争这种地位，或者以损害考古完整性的方式在考古组合物的特定部分之间进行区分。

因此，成为"联系"国的状态究竟涉及什么？公约在以下五种特定情形中提到了确有联系国家：

(i) 这些双边、地区或其它多边协定的缔约方为了保护水下文化遗产，可邀请这样的国家加入这些协定。②

(ii) 应当向这些国家通知在群岛水域和领海内发现的可认出国籍的船舶和飞行器的情况。③

(iii) 存在此种联系的任何缔约国都可以向在专属经济区内或大陆架上拥有水下文化遗产的缔约国表示愿意在有效保护这些水下文化

---

① "确有联系，尤其是文化、历史或考古方面的联系"这一准确的表述在公约中存在一致的使用，参见公约第 6(2) 条、7(3) 条、9(5) 条、11(4) 条、18(3) 和 (4) 条)。
② 参见 2001 年 UNESCO 公约第 6 条第 2 款。
③ 参见 2001 年 UNESCO 公约第 7 条第 3 款。

遗产方面提供咨询。①

（iv）存在此种联系的任何缔约国均可向教科文组织总干事表示愿意参与商讨如何有效地保护区域内发现的水下文化遗产。②

（v）缔约国如果扣押了以违反公约的方式修复的水下文化遗产，应向存在此种联系的国家通报。③ 扣押了水下文化遗产的缔约国应决定对该文化遗产的处理，考虑包括与该遗产有确定联系国家的利益在内的多种因素。④

与第149条对比会发现很重要的一点，"确有联系国家的利益"不被称为一种"权利"。当考虑上述的特定情形时，很明显公约选择了"温和的"语言，并且公约赋予"联系"国很少的可行使的权利。与特定地点确有联系的国家无权参与有关有利益地点的国家间协定；它仅仅可以被邀请加入这样的协定。⑤ 它无权被通知在群岛水域和领海内发现的可辨认国籍的船舶和飞行器的情况；仅仅是缔约国"应当"通知；⑥并且关于在其他水域的发现，甚至缺少限制性的警告。"强硬的"语言只在扣押的情形中使用：一国"应当"被通知如果与其有联系的水下文化遗产被扣押。⑦ 然而，甚至是此处的被通知权也只有涉及决定被扣押物的处置时会考虑有联系国的利益这一点作用，除此之外没有什么其他作用。扣押国有权决定如何处置被扣押物，而联系国的利益只是需要考虑的因素之一，而且只在需要的时候才会考虑。

值得注意的是上面的第（i）（ii）和（v）三点，相关条款的用词表明非缔约国主

---

① 参见2001年UNESCO公约第9条第5款和第10条第3款施加给沿海国在某些情况下进行协商的义务。

② 参见2001年UNESCO公约第11条第4款和第12条第2款规定总干事应当邀请所有这样的国家参与商讨。

③ 参见2001年UNESCO公约第18条第3款。

④ 参见2001年UNESCO公约第18条第4款。

⑤ 参见2001年UNESCO公约第6条第2款。

⑥ 参见2001年UNESCO公约第7条第3款。

⑦ 参见2001年UNESCO公约第18条第3款。

张自己确有联系地位并从此中获益时不存在什么障碍。另一方面,在第(iii)和(iv)种情形中,只有公约的缔约国才有获益的权利。区分(iii)和(iv)这两类情形的原因之一,是公约设想确有联系国不仅会为未来处于争议之中的水下文化遗产提供咨询,还会直接参与到公约的管理制度中。显然,这样的参与对非缔约国来说是不恰当的。提出主张的国家——无论是否是缔约国——的联系要达到什么程度才算是"可证实"的联系,以及由谁决定联系是可证实的,这些问题公约都没有明确的规定。然而,这样的主张不太可能经常被质疑,特别是在主张是由缔约国提出的情况下,因为所有缔约国都有合作的义务。很有可能出现的争议是宣布确有联系的非缔约国决定一个遗产的命运时——或者把对遗产的处置进行归档时——会与缔约国的利益相违背。然而,确有联系国不具有优先地位以及如果确有联系国的观点与公约的原则相冲突时,这些国家会不可避免地被迫退出。

正如第 149 条承认的优先权利,一国或许可以对不构成所有权的联系主张可证实的联系。同样的,很难想象有所有权的国家却不是确有联系的国家,因此,一国可能会在其拥有一艘失事船舶时寻找可以使用的概念,但是这个失事船舶不是公约规定的"国家船舶"(或者"国家航空器"),[①]当一国在过去的某一个时间点,或许是几十年前甚至几个世纪之前,表明放弃所有权,那么该国是否不应该拥有主张确有联系的能力是一个很有意思的问题。正如可提出证据加以证明的那样,这不应该影响其主张——对失事船舶的认同感仍然存在。[②]

考虑到公约对确有联系国仅规定了非常有限的权利,通过宣布此种联系可以获得的利益很大程度上取决于缔约国履行保护水下文化遗产合作义务的程度。[③] 然而,鉴于合作对公约整体精神的重要性,以及对在管理框架内进行有效合作的要求,缔约国一定会进行合作。实际上,当解决水下文化遗产的发现问题

---

①　参见 2001 年 UNESCO 公约第 1 条第 8 款。

②　尽管澳大利亚认为荷兰抛弃了所有权,但它承认根据双方 1972 年的协定,荷兰仍然存在"持续的利益"。

③　在这方面,应当注意公约的缔约国不仅仅有与其他缔约国合作的义务,而且还有与非缔约国合作的义务,参见《联合国海洋法公约》第 303 条第 1 款。

时,确有联系的概念可以被证明是缓解各国之间政治与历史紧张关系的强有力的工具。① 被认为与特定遗产有联系的任何国家(至少是任何缔约国)应该对自己的观点无论何时都会被纳入考量抱有合理期待,而不是彼此在主张最强大的法律利益方面进行竞争。在公约框架内,没有理由去决定哪一国是技术上的所有国,或者有所有权的国家彼此承认。这种方法反映了当今的很多案件中的实践情况,在这些案件中共享的遗产或相互的遗产这样的概念越来越有地位并且构成了协定和合作的基础。

与《联合国海洋法公约》第 149 条承认的来源国的优先权利相对比,确有联系国的概念事实上是关于对遗产承担责任的国家的,而非对遗产主张权利的国家。特别是,通过宣布对位于大陆架、专属经济区和区域的水下文化遗产的利益,该国就会承担一些集合性的责任以确保公约的保护框架得到恰当的实施。实际上,公约对海洋区域的管理框架很大程度上取决于各国对这些责任的承担。

3. 存在文化、历史或考古方面联系的国家的优先权利

2001 年 UNESCO 公约的起草者热衷于确保公约关于区域的条款,规定在第 11 条和第 12 条,尽可能地与《联合国海洋法公约》第 149 条相吻合。实际上,这些条款应当被视为对第 149 条的详述。② 因此这些条款中规定的制度考虑到了第 149 条提到的优先权利。根据第 11(4)条,任何确有联系的缔约国均可向教科文组织总干事表示愿意参与商讨如何有效地保护在区域内发现的水下文化遗产,"特别应考虑该遗产的文化、历史和考古起源国的优先权利"。根据第 12(2)条,总干事应邀请根据第 11 条第 4 段提出意愿的缔约国商讨如何最有效地保护有关的水下文化遗产,但是,根据第 12(6)条,"应特别考虑有关水下文化遗产的文化、历史和考古起源国的优先权利"。

此外,还有很多问题需要注意。首先,公约采纳了一个更为简单的关于有优

---

① 例如,可能会产生紧张关系的一个特殊水域就是发现水下文化遗产的领海水域。

② 公约第 11 条第 1 款规定缔约国有责任根据本公约和《联合国海洋法公约》第 149 条的规定保护区域内的水下文化遗产。

先权的国家的规定。第二,因为是来源国而享有优先权利的国家的利益必须被"特殊对待",这表明这样的国家也会得到与依据第149条一样的同等程度的优先权。最后,第12(6)条清楚表明非2001年UNESCO公约缔约国的优先权利也被承认。

三、小结

　　尽管2001年UNESCO公约采取了国际主义的立场,其基本目标是为全人类的利益保护水下文化遗产,公约在创设"确有联系"国这一新的概念时也考虑到了一部分人会对特定的水下文化遗产有强烈感情并希望参与到未来对该水下文化遗产的管理中。确有联系超越了所有权的概念,帮助确保水下文化遗产被当作"遗产"对待,并且符合国际上可接受的考古原则,确有联系的概念不是简单地将水下文化遗产视作所有者可以随意对待的"财产"。通过宣布与位于公约焦点中的地理区域——大陆架和专属经济区,以及区域——的水下文化遗产有联系,本质上,缔约国将承担一种代表全人类对水下文化遗产进行管理的管理者角色。"联系"国的概念是很强有力的,有潜力超越2001年UNESCO公约的界限。事实上,这一概念已经被考古学家们发挥了更广泛和独特的作用,当国家想要主张,以及与他国竞争排他性的法律权利时会产生很多实践困难,考古学家们将这一概念视作克服这些困难的途径。尽管如此,国家很自然地倾向于从其自身的国家利益角度考虑,因此可以想象这是公约会引起争端的问题之一。

　　就私人所有权而言,尽管关于公约范围内的水下文化遗产的私人所有权有时会被建立起来,但是国内遗产法的经验表明,一般来说,这不应该成为严重的问题。

第四节　关于摧毁权和群体性权利的初步探讨

一、摧毁权

1999 年,布莱克法律词典删除了一项长期公认的财产所有人权利——摧毁权。由于其将修改内容放在新版本的第 1130 页,所以此番修改并未引起人们过多关注。在此之前的定义是:所有人,指被赋予对某财产的所有权、管辖权和其他权利的人;指归属主体。所有人对某物(动产或私人的,有形的或无形的)享有所有权,意味着除非限制其权利的合同条款禁止,否则只要法律允许,他就有权对该物为所欲为,甚至毁坏或摧毁它。早期的定义一直非常稳定,从 19 世纪中期时其各个法律词典的定义几乎都一样。但是作为被修改的一部分,词典第七版的编者决定将被认为是财产所有权的最极端特征的摧毁权删除。

在罗马法中,是否有滥用权是界定所有人对其财产所享有的权利范围最重要的一个因素之一,即所有权人是否有滥用或摧毁的权利。财产权中究竟是否包含摧毁权一直是有争议的。布莱克斯通对英国普通法的描述说明了其观点,即只有在摧毁方式威胁到第三方财产权利的情况下才可以对摧毁权施加限制,事实上侧面承认了摧毁权的存在。

摧毁权是财产权利中被广泛认为是最极端的一项权利。甚至可以说,摧毁权是排他权的极端形态,比如打碎(摧毁)一个花瓶,将永远排除第三人使用它的可能性。摧毁权也是使用权的极端形态,比如毁掉一个珠宝,即不仅仅是使用它,而是将其用尽。最后,我们可以将摧毁权理解为控制转让的极端形态,当毁掉一项财产,所有人将彻底防止该物可能会在违背了原主意愿的方式被再次出售或使用的可能性。

大部分传统的财产观点都是反对允许财产所有者摧毁其有价值的财产。其中阻止摧毁权最主要的理由就是允许摧毁权可能会导致的浪费及消极的外部效应,关于浪费有价值资源的担忧是限制所有人摧毁其财产的能力的最常见的辩解理由。在活着的人想要摧毁其财产的案件中,法院通过作出不利于所有人实施摧毁行为的判决表明了其担忧,即摧毁财产会减少作为整体的社会中可利用的资源。当有人试图通过遗嘱摧毁其财产时,法院的关注点一般在于防止对财产和受益人造成损害。然而,在所有情况下,法院都会担心尊重财产所有人的摧毁权所带来的消极的外部效应。

一般而言,即使承认摧毁权的存在,也会对摧毁权设定某种程度限制,超过该限度摧毁权就被滥用了。因此在一些遗嘱摧毁的案件中,在缺少善意宗教习惯的情况下我们应该要求死者仅可将对其最有意义的极少部分物品一起埋葬。

除了对评估摧毁权法律的事后分析的关注之外,有时也需要关注事前的考量。当社会必须决定允许还是阻止对某种财产的破坏时,事前的角度有时也会起决定性作用。

从事后角度看,摧毁贵重财产的愿望一般很少能够进展顺利。例如Johnston 建造了一所非常适合居住的房屋,那么摧毁这所房屋是对稀有社会资源的严重浪费。事实上,Eyerman 一案的法庭强烈反对 Johnston 毁坏她的房屋,正是因为考虑到圣路易斯在 20 世纪 60 年代建造的住宅数量在急剧减少。

除了事后角度之外,针对建筑物的历史保护有一个事前角度的有趣的例子。历史保护法规通常限制土地所有者拆除被指定为地标的建筑物的权利。当有人试图摧毁自己的财产,法院可以防止摧毁,但存在当法官过于关注损失规避而被引入错误的方向的风险。尤其是涉及房屋和其他建筑物的案件。有些法官可能喜欢老式建筑,或者尊重那些喜欢建筑的人,因此会更加倾向于否认对它们的摧毁。

此外,财产的摧毁与创造之间也有明显的联系。当创造这些财产的个人或企业选择摧毁珍贵的财产,他们可能有这样做的理性原因。一味否认创造者的摧毁权可能不利于激励未来的创造。

通常当有人毁坏一种有价值的商品或资源,这种商品或资源越有价值,破坏就能吸引更多注意,也可能会引起更多的争议。但一般来说水下文化遗产的价值都比较高,因此围绕水下文化遗产的财产权利中是否包括摧毁权,目前学界也处于争议状态。或许在对水下文化遗产的所有者在是否有摧毁权这一点上可以借鉴一般财产的摧毁权推理过程,即如果水下文化遗产的所有者如果可以证明其摧毁的决心,表明其清楚知晓被摧毁遗产的价值并且拥有处理财产能力的话,拥有摧毁权似乎也不是一个绝对不可能的事情。

二、群体性权利

1. 文化财产中的团体权利

希腊历史学家珀利比尤斯第一个提出要保护文化艺术品免受外国的巧取豪夺。① 珀利比尤斯的担心不无道理,包括他自己的国家希腊在内的很多国家的一些伟大的文化和艺术遗产都被褫夺。即使在现在由多国达成的关于禁止和防止文化财产所有权的非法进出口转移方法的联合国教科文组织公约(UNESCO Convention)的名义保护下,现代社会并没有完全听从珀利比尤斯的号召。

团体有固有的权利去存在、发展、繁荣和延续以及这种权利常常和团体的历史和客体相联系。一旦文化财产被认为是团体财产的一部分,对其的特殊保护应自动生效。这种特殊保护应该以对团体财产的转让限制形式呈现。在某种程度上团体财产的说法是从人格财产的学说上类推发展而来。文化客体和相关群体的联系是决定文化财产中的团体权利是否能够被最大实现的重要标准,即通过文化载体被严格地保留在相关团体的手中。

人格财产假设个人和完全可替代财产之间的关系是持续紧密的。它创设了与个人权利或资源密切程度正相关的权利等级体系。在人和财产持续关系中与人关系更紧密的财产"非常重要,因为他正是因为拥有此物而完整"。保护这些

---

① 参见 Merryman, "Two Ways of Thinking About Cultural Property," *American Journal of International Law*, vol. 80, no. 4 (October 1986).

与人的关系紧密的财产是人格财产理论的首要关切。判断是否是人格财产有两个标准：首先是财产必须与所有者的身份或者人格有足够紧密的联系。这个标准衡量客体与自我建设目标的紧密程度。其次是即使财产对于自我建设有必不可少的作用，如果该人格财产的保留会导致不好的物权关系的产生，则依然不能被认为是人格财产。对人格财产的特征化的一个结果是对其的财产认定比认定其他财产有更强的道德属性。人格的财产地位不满足以上一个标准或两个标准都不满足的结果是将该财产视为可替代的财产。被视为可替代财产则不会享有任何特殊保护。

正如有些财产在某种程度上对人格有辅助作用，对自我发展有促进作用，人格财产十分重要的原因在于所有者的完整性依赖于对该财产的拥有，财产能否相似地辅助团体取决于是否固有地存在着团体权利。团体财产的明显特征是每个团体成员都有所有权。对团体财产的所有不会继承或交易或担保，如果他去世了那么他所拥有的团体财产不会继承给后代，如果他离开了这个团体那么他对团体财产的所有权会消灭，他也无法处分他所拥有的团体财产，但是他对土地享有和其他人一样的权利，他的子女会和他一样享有这些权利，不是以继承的形式获得，而是以团体成员的身份获得。①

团体是理论中权利的来源，因此必须为团体下一个明确的定义。一个团体不仅仅是个人的集合。团体被特征化为"独立于他们的成员而存在"以及与"成员与团体之间关系的统一性和幸福"互相依赖的实体②。团体的成员定义他们自己，即通过与团体中其他成员的关系来找到自己的定位，他们的幸福和状态在很大程度上决定了团体的完整和状态。

"文化财产"这个词有很多含义，这里强调的是占优势的文化财产中的艺术品。的确艺术品能够很好地定义一个团体，因为其与人格的紧密联系是独一无二的。同样的，团体在艺术品中也能有一样的重要关系。因为在艺术与内心的

---

① Journeycake, 28 Ct. Cl. 281. 3029(1893), aff'd, 155 u. S. 196(1894).

② Karlan, Pamela S., "Groups Politics, and The Equal Protection Clause," *Issues in Legal Scholarship*, vol. 2, no. 1 (2002).

意识直接对话中会体现出我们对团体或社团是否有归属感,艺术将团体成员的祖先和子嗣联系起来,从而满足了身份上和象征意义上价值共享的基本需求。不让团体拥有对那些对其团体存续有重要意义的资源的控制将会威胁到该团体的存续。

过去文化载体符合团体所有的标准有:(1)如果他们和团体身份有密切联系;(2)如果对其的保留不会产生不好的物权关系。对该财产是否会上升到团体财产的任何决定都要具体情况具体分析。具体来说以下这些因素会有助于判断一个客体是否满足团体财产的标准,下列因素只是展示了理论的轮廓,但在具体的应用中需要根据实际情况来确定。

(1)占有的时间长度

我们和事物的联系通常随着时间逐渐密切。我们越长地占有该物对我们来说就会变得越来越宝贵和不可替代,越有可能让其与自己的身份建立起联系。

(2)历史因素

艺术品本身的价值就有很重要的文化和历史意义。例如帕特农神庙是希腊艺术和建筑的集大成者。从历史的角度来说,它后来不仅仅成为希腊和罗马艺术,而且是整个西方艺术的标杆(不论是对它的模仿还是对它的批判),因此大理石雕混乱的历史也是它历史价值的一部分。

(3)团体身份及其存续

因为新的历史视角是服务于社会和政治目标的,失去了载体会影响这些视角,可能会让人民和他们的历史分离。这样的危险在政治含义中尤其明显,在某种程度上会威胁到国家建设并导致对文化的遗忘。比如人们除了帕特农神庙以外很少能想到其他与希腊的身份有非常紧密联系的财产。此外,依赖于某一艺术作品或文化作为团体意识的来源和存续并不会产生不好的物权关系。相反,会促进民族的自尊、理解、团体实现,团体建设和历史延续有积极的社会促进作用。

(4)成为团体财产的意图

艺术家的意图对于决定一个具体的财产是否是团体财产有指导意义。建造者致力于要将特定地点的艺术品做成经久不衰的历史遗迹的决心和艺术价值也是是否属于团体财产的一个重要因素。

2. 团体财产的严格不可转让制度

传统学者都确定文化财产非自愿的转移占有,比如通过偷盗或者走私手段取得,是对于国家保护和国际法的违反,但似乎没有考虑过完全不可转让的可能性。

在团体权利的语境下,假设最极端的情况:即使希腊人一致同意转让帕特农神庙的大理石雕,大理石雕仍有严格不可转让性。团体繁荣的概念和代际的公平可以用来证明这个结论合理性,积极的许可分析也认为团体财产的严格不可转移性是对自由的保障,因为它使团体能够控制这些财产从而有利于团体的现在和未来的发展,严格不可转让性因此对于共同繁荣是有利的。

个人和团体权利的理论是类似的,但在不可转让的保护程度上两者是不同的。一般的市场不可转让制度就足以保护个人财产权利,因为无偿的转让与个人发展的要求虽然是不符合的,但可能会鼓励和创造个人的发展。但市场不可转让制度不能很好地保护团体财产权利,因为不论是有偿的还是无偿的转让,为了团体的发展和繁荣都应被严格禁止。只有严格的不可转让制度才可以保护团体财产不被褫夺,因此必须要禁止任何形式的转移。

至少有三个理由可以用来说明团体财产需要严格的不可转让规则的保护。首先是市场不可转让规则不能保护团体权益,因为它允许团体财产无偿的转让,这样对于团体财产来说就丧失了重要的占有的权益。其次,恶意剥夺占有在私有财产语境下并不特别严重,因为转让了占有之后并不是一个零和的结果。转让人和受让人的利益不是对立的。转让人可以放弃其占有而不会阻碍其未来的发展。但是团体财产不一样,对团体财产的恶意剥夺财产并不是零和的结果,从一个团体中剥夺了团体财产并不会对另一个团体的文化财产有所增益。再次,为了代际公平,团体财产也应该严格禁止转移。因为团体成员总是有部分是未知的,团体财产被当下未知的成员转移一定会使这些未知的成员与其团体脱离。任何转移都会有损团体的延续从而从根本上阻碍团体发展目标的达成。因此,只有严格的不可转让制度才能给团体财产权利提供足够的保护,市场不可转让制度不能做到。最后一个理由是公平,一些外国的博物馆有先天优势,常常在文化上很富足但经济上比较窘迫,国家在开放的市场上只能出价勉强保住他们的文化遗产。虽然一个国家可能主观上会对特定的文化财产十分重视,经济不成比例和国内的实际情况可能会不利于将对团体来说至关重要的财产保留住。① 这个设想证实了严格不可转让制度的根基是经济效益。

许多通过不当手段获取的文化财产的保留的理由都是类似于文化财产是属于"人类共同财产"之类的浅层的借口。许多有权要求返还文物的国家都是艺术领域丰富但经济并不发达的国家。因此导致的结果就是国际主义论调常常和经济实力相关联,剥夺那些不发达国家的特有财富。

但事实上外国持有者可以在满足三个条件的基础上拥有他国文化财产:第一个条件是创造该艺术品的团体不复存在;第二个条件是文化财产的继受者对于有国际重要意义的文化真品不加以小心保护;第三个条件是在资源所在国存在大量的某一种文化财产,那么外国可以继续保留。的确,资源国想贮藏有大量复制品的艺术品也会违反团体对不好的对物权关系的产生的禁止,在这种情况下严格不可转让规则就不应适用。

再一次强调,在私人财产权利中,仅有市场不可转让规则用以保护私人财产权利。赠与行为因为与个人发展没有冲突而被允许。虽然市场不可转让规则对于保护团体财产来说是不足够的,因为允许被其他国家剥夺或是和其他国家或团体共享并不与团体权利的狭窄范畴相一致,但是与文化之间的发展繁荣的目的是一致的,因此是提倡的。

有些文化载体即使适用严格不可转让规则,有时也可以在不损害团体人格利益的前提下达到文化国际化的目标,比如可以通过保留所有权而授权借出给

---

① Cf. Crossette, Thais Accuse U. S. in Loss of Temple Art, N. Y. TIMES, Feb. 10, 1988, at A9, col. l.

他国短期展览从而达到共同繁荣的目标。

由此我们可以得出这样的结论,团体财产应当是一种新的财产权分类,可以通过一系列严格不可转让规则来加强保护。因为团体的所有成员,不论是过去的、现在的还是将来的,对于他们共同的遗产都享有权利,当代人没有权利转移共同的文化财产从而为后代造成文化上的阻碍,水下文化遗产亦是如此。

第六章　水下文化遗产商业开发的法律问题

　　文化遗产的商业开发形式多样。广义而言,它涵盖企业从文化遗产中牟利的任何形式,包括向进入文化遗址的公众收费,售卖有关的纪念品等。狭义而言,这也许是更普遍的一种观点,即开发该文化遗产的组织是以牟利为目的,在开发之后打算整体或部分出售文物。虽然各种组织——公共的、私人的、慈善事业的——都可以进行商业开发,但是本文拟讨论的是以牟利为目的的企业开发活动。

　　各国对文化遗产商业开发的态度与其政治观点紧密相连,也符合其在政府管制和自由市场中各自的角色定位,并显然受到该国在文化遗产方面的经历影响。一些拥有很多文化遗产的资源国,比如希腊和意大利等,其文物多年以来遭受过无数次的重创;而如美国、英国、荷兰等文物的市场国,则从文化遗产的商业开发和贸易中获得无数收益。这些市场国是高度活跃的国际文物市场的所在地。不可避免地,对待广义的文化遗产的商业开发行为,文化遗产的资源国和市场国很有可能持有截然相反的观点。

　　作为一个备受争议的问题,水下文化遗产的商业开发不仅仅是指出售本身,而且包括该行为有可能造成文物不可挽回的分散。① 毕竟,完整性是水下文化遗产价值保存的重要条件。保持水下文化遗产的完整是考古行业的基本原则,即考古遗址挖掘出来的物品应作为一个整体进行保存,以便进行公众展览和科学研究。虽然人类在水下环境,特别是深海环境中进行探测、打捞和调查会比较艰难,但是这对保护水下文化遗产却是十分有利的,而且水下文化遗址的保存状况通常要比陆上遗址要好。深海的环境对于人类而言十分恶劣,因此长期以来,

---

　　① 特别是在其内涵包括出售遗址的文物时,必然会造成文物的不可挽回的分散。

渔民、潜水游客的活动无法触及深海区域,水下的文化遗产基本没有遭到损坏,从而仍可以以一种完整的状态获得保存。对深海遗址的真正的威胁实际上就是来自商业打捞者的有组织行动。

虽然海洋中的很多失事船舶已经被逐渐开发和发掘,但是依然存有大量跨国界的、未知的、商业价值很高的沉船。[①] 传统观点认为,通过适用救助法,商业经营者有机会"加入"对这些沉船的寻找中。救助法的宗旨是鼓励个人自愿救助海上的生命和财产,并将救助财产交还给所有人以重返商业流通。适用海洋救助法必须满足四个条件:一、财产在可航行水域面临海上危险;二、自愿营救财产;三、部分或全部救助成功;四、为了所有人的利益的善意行为。救助法为找回水下文化遗产提供了经济动机,然而这些标准是否适用于水下文化遗产,尤其是水下文化遗产是否面临海上风险,各国在司法实践上仍有很大分歧。学者们也是各抒己见。

商业开发的问题在考古学界引起很大反响。考古学者对商业开发者持有不同程度的怀疑,有些学者甚至对商业开发者充满了敌意。考虑到一些个人或公司的活动对水下文化遗产造成的伤害和毁坏,特别是那些仅仅受到可能存在的商业利益驱使的开发活动,这些感受都是可以理解的。然而,也有大量的商业开发者声称他们并不仅仅是为了获得利益,也是为了从事一种高标准的考古。他们认为,可以"将高标准的考古与商业模式结合起来"[②],从而在他们的个人利益和考古学家之间形成折中的解决办法,即允许一些商业参加者来资助考古研究和挖掘,更有利于保护水下文化遗产。

因此,本章将探讨以下三个问题:一是在水下文化遗产开发中,是否存在商业开发的不同路径选择? 二是 2001 年 UNESCO 公约是否已经建立了一个允

---

① 联合国教科文组织曾引用过一个数据,全球有"超过三百万"的未被发现的沉船,但是,考虑到深海研究和开发的巨大成本和风险,引起商业关注的沉船的数量则相对较少。参见 2001 年 UNESCO 公约指导手册。

② 参见 Gregg Stemm, "Is Taking Treasure from Shipwrecks Piracy?," *The Times*, vol. 5 (2009), p. 2.

许商业开发的监管机制? 三是我国对水下文化遗产商业开发的规定和存在的问题。

第一节 水下文化遗产商业开发的不同路径选择

不将考古价值和文化价值考虑在内的商业开发,会造成对遗址的毁坏、物品的不可挽回的分散,以及这些文物所内含的考古信息的大量丢失(如果不是全部的话),这样的例子有很多。[1]

一、水下文化遗产商业开发的模式比较

1. 不包含出售文物的商业开发

美国皇家邮船泰坦尼克公司(RMS Titanic,Inc)对"泰坦尼克号"的商业开发是一个例外。从20世纪90年代早期开始,该公司就对遗址进行开发,并发掘出一些文物,这些文物在全世界进行有偿展览。从其开始经营,皇家邮船泰坦尼克公司就表现出不出售任何文物的目的,[2]相反,其通过进行有偿展览获得一些收入,或者结合媒体和推销活动来获利并支付探险队的费用。

当然,"泰坦尼克号"是独一无二的沉船,而且很出名,能引起超乎寻常的公众兴趣。然而,即使存在这种特殊性,有时皇家邮船泰坦尼克公司也无法维持其运营,因为探险队费用非常巨大,而且在对文物的保存、记录、维持、展览等方面都要花费很多。[3] 事实上,皇家邮船泰坦尼克公司在1996年至2007年间就损

---

[1] 塔蒂阿娜·维莱加斯·扎莫拉:《商业勘探对水下文化遗产保护的影响》,载《国际博物馆》全球中文版,2008(4),第19—21页。

[2] 参见 *RMS Titanic*,*Inc.* v. *Wrecked and Abandoned Vessel*,742 F. Supp. 2d 784,806.

[3] 参见 *Beach Smith J. in RMS Titanic*,*Inc.* v. *Wrecked and Abandoned Vessel*,742 F. Supp. 2d 784,801 - 3(ED Va. Aug. 12,2010.

失了不下 700 万美元。① 连"泰坦尼克号"如此出名的沉船竟然都无法维持运营,这也暗示着这个方法对那些不出名的沉船来说完全不可行。②

2. 包含出售文物的商业开发

另一个美国商业公司,同样在商业模式中加入考古因素的公司是奥德赛海洋勘探公司。该公司认为将高标准的考古与牟利的目标结合在一起是可行的,并主张商业开发者应与考古学者一起对水下文化遗产的商业价值和文化价值进行开发。该模式包含出售一些文化物品,以及进行更大范围的商业开发。具体而言,包括以下两种模式:

(1) ProSEA 模式

奥德赛海洋勘探公司是美国一个专业的沉船开发组织(ProSEA 组织)的成员。该组织认为,沉船开发可以有原则有道德地进行开发,并发展出"道德规范"来约束其成员。该规范要求成员"在调查、发掘、打捞或进行其他使用沉船资源的行为时,建立和保持最专业的标准"③。该规范为其成员制定了大量的具体实施规则,如制定关于执行高标准考古的条款;计划和实行项目时应将考古价值考虑在内的条款;关于对文物的保存、编目录的条款。

根据该规范,成员在监管任何沉船开发时,应确保开发活动尽可能的科学、注重历史,还要注重从遗址收集的考古数据的保存,这是成员的义务。进一步讲,确保这些文物知识可以及时地被公众获取,也是成员的责任④。假定这种自我约束被认真地履行,会对水下文化遗产的保护产生积极的影响。然而,使商业利益和考古利益一致的最大难题是对发掘出的物品的处置问题。为了解决这一问题,ProSEA 组织的主席格雷格·斯特姆(也是奥德赛海洋勘探公司的总裁),将沉船物质进行了划分,即分为"文物"和"贸易商品"两种。根据斯特姆的观点,

---

① 参见 RMS Titanic, Inc. v. Wrecked and Abandoned Vessel, 742 F. Supp. 2d 784,806.

② 至少有一个其他商业项目,涉及海盗船,依赖展览收入而不是产品销售。然而,它不涉及深水站点,因此不必支付深水开挖的费用。

③ 参见 ProSEA 道德规范,www. prosea. org/about/codeethics. html.

④ 参见 ProSEA 道德规范,www. prosea. org/about/codeethics. html.

文物应被保存于项目档案中,而贸易商品则可以进行出售。当然,在斯特姆的模式中,并不是所有物品都是贸易商品。他认为,区分贸易商品存在三个标准:遗址中复制品的数量;记录和复制文物的难易程度;考古价值与商业价值的对比。①

（2）伙伴协议

"苏塞克斯号"（Sussex）是一艘英国战船,该战船于 1694 年在直布罗陀海峡沉没。据报道,"苏塞克斯号"运载了大量金币和银币,根据评估,这些硬币的现时价值为 25 亿英镑。2001 年,在经过几年研究和调查并花费了 200 万英镑后,奥德赛海洋勘探公司定位到一艘应该是"苏塞克斯号"的沉船。经过与该战舰和硬币的所有者英国政府长时间的谈判后,双方在 2002 年达成了一份合同,计划将"苏塞克斯号"上的硬币打捞出来。

双方均认为该合同与传统打捞合同有着本质区别。该合同是一份伙伴协议,同时按照考古标准对该遗迹进行开发。根据英国国防部发布的新闻报道,协议是深海考古"伙伴"方法的一个重大进展,即对任何沉船的发掘,都以一种被认可的和可接受的考古方法进行。新闻报道还说明,遗址发掘工作最终会给研究者、感兴趣的组织和全世界的公众带来便利。奥德赛海洋勘探公司则声明,这是有史以来首次政府与私人团体达成关于有主权军舰的考古发掘协议。还进一步声明,在海平面下约 3 000 英尺的打捞,将是机器人参与的最深的沉船的考古发掘。②

虽然协议的具体条款保密,但是其公布了一份备忘录,列出了主要条款。备忘录明确表明,协议的基础是:奥德赛海洋勘探公司将会开发沉船,并从遗址发掘人工制品,作为回报,其可以获得打捞出的人工制品的分成,或者通过售卖人工制品的收入获得分成。虽然备忘录没有明确说明是否只售卖硬币,或者也可出售其他人工制品,但是奥德赛海洋勘探公司认为,区分不同人工制品的考古价

① 参见 Greg Stemm, *Differentiation of Shipwreck Artifacts as a Resource Management Tool*, 2000 UNESCO Meeting of Experts, 2000.

② 参见奥德赛海洋勘探公司官网,www. shipwreck. net/sussex. html.

值,将其作为一个衡量机制,允许出售部分考古价值低的人工制品,为水下文化遗产的管理提供资金支持。

与有航海传统的国家政府达成发掘其沉船或军舰的协议比较常见。这种情况下,双方的动机往往是经济利益,合同中一般规定对出售人工制品所获收入的比例分配。[①] "苏塞克斯号"合同的不同之处在于,需要考虑沉船不仅是主权国家拥有的资产,也是一个考古遗址。当然,依然有人质疑双方当事人的主要动机仍是经济利益,而不是为了考古。值得注意的是协议中规定的出售遗迹中人工制品的条款。当然,也需注意机器人技术是否适合去进行考古发掘,以及考古标准的问题。

二、水下文化遗产商业开发的争论焦点

1. 反对水下文化遗产商业开发的观点

首先,考古学不是找回文物自身,而是找回信息。例如考古遗址、沉船,都是有关人类过去信息的"时间胶囊"。很多信息都是包含在商业价值较低的人工制品中,包括军舰的船体、固定设备、装置,以及乘客和工作人员的私人物品等。为了最大限度地从遗址获得信息,必须以适当的考古技巧和技术进行发掘,不仅需要小心发掘人工制品,而且要记录其背景和出处,要合理对待和保存从遗址发掘的文物。水下遗址的人工制品,可能会受到水浸,同时由于体积庞大,保存起来成本高,过程也很漫长。考古发掘工作很辛苦,费时、成本高。以利益为动机的工作需要的是最大化的利益和最小化的成本,因此,考古发掘工作与商业开发在本质上是不相容的。遗址的文物,特别是集合文物,必须作为一个整体进行保存,不管是现在还是将来,都便于公众教育和科学研究。至少,要以一种在未来需要时可以进行重新装配的方式保存。会造成文物不可挽回的分散的任何出售

---

① 一个著名的例子是英国政府为发掘金条所签的合同,这些金条在 1982 年时,价值已超过 4 000 万英镑。合同规定打捞者可以取得发掘物品的 45%。

或处置，都是不适当的。只为利益的经营者会希望通过以最高价格出售其文物而最大化其收益，而要达到这个结果，往往要通过在公开市场上出售单个物品来实现。

其次，商业开发不会将遗址的发掘和人工制品的恢复放在第一位。在考古学家眼中，历史沉船的商业开发者是"掠夺者"和"历史的破坏者"。商业打捞者和寻宝者一样，常常吹嘘他们的行为拯救了沉船，使其免遭自然界或人类活动的毁损，甚至扬言只有他们才掌握了海底勘探沉船的技术。在纯粹考古学理论者看来，水下文化遗产的经济价值与考古价值格格不入，商业开发者是水下文化遗产的主要威胁，商业开发者不应作为水下文化遗产的正当利用者。像渔民、潜水游客这样的业余寻宝者几乎不可能到达深海区域，对深海遗址真正的威胁实际上就是商业打捞者的组织行动。至于"意外"行动的破坏问题，比如开发海岸基建、铺设管道或通讯电缆等，相关企业实际上正在努力将其施工影响降至最低程度，为表达对文化遗址的尊重，还在发展规划中列入了非扰动性的考古调查，从而为许多地方水下考古事业的发展提供帮助。

最后，从考古学的角度看，发现了遗址不一定必须发掘。当沉船位于海床上时，特别是位于深海时，所处的是一个相对安全的环境，可以通过现代的工具、技术，如遥感技术，对遗址的性质和保存程度做出推测。就某种程度而言，发掘遗址就等于破坏遗址：一旦发掘，遗址将不再有考古价值。只有在遗址遭受威胁时（源于任何方面的原因，包括人类干预或自然进程），或者是其他合法研究的原因，才可以进行物理介入。如果不是因为这些情况，遗址应被保存于原位。通常情况下，非扰动调查和录像记录足以用来判断遗址是否濒危，其发现区域的自然条件是否还将长期处于稳定状态。如果情况良好，就没有足够理由对其立即进行发掘。实际上，水下考古遗址的保存状况通常比陆上遗址要好。科学家们已证实，深海沉船尤其受到所处环境的眷顾，其保存状况尤佳，绝不存在来自自然界的威胁。

因此，为了将来的研究，遗址可以进行就地保护，还可以开放有控制的、非侵入性的旅游项目，比如像水下寻踪。而寻宝，从字面意思上看，就忽视了优先考虑文化遗产就地保护这一原则。职业打捞者常声称只有他们拥有遗址勘探的资金来源，其实不然。通过考察一些大型的考古项目，如阿根廷、斯里兰卡或克罗地亚的考古项目，关于考古学家和科学机构无力支付水下勘探费用的说法就能被轻易驳倒。此外，深海勘探技术最初用于军事防御和石油工业，大多数海军都有能力摸清水下考古遗址，甚至是位于深海区域的水下遗址。只要一个国家认识到保护水下文化遗产的必要性，就可动用政府和军事部门掌握的现有技术，以较低成本为公众利益开展科学研究。

2. 支持水下文化遗产商业开发的观点

考古行业的公共资助很有限，与商业经营者合作，可为那些资金短缺的考古项目提供大量的资助。考古学家和商业经营者可以获得双赢。通过合作，考古学家可以获得有充分资金支持的发掘项目，以及得到新数据的机会；商业伙伴可以获得由更高标准考古而带来的更多商业利益。用伯德曼的话来说，将历史价值考虑在内对生意有好处，[①]相对的，实施纯为利益而不考虑考古价值的项目，明显缺乏良好的商业意识。[②] 而且，随着科学技术的发展，商业经营者的开发活动亦遵循了考古学准则。例如，将所有物品整体出售，收益也越来越多地通过媒体收入产生，如通过电影、文献纪录片[③]、书籍以及打捞物的展览和复制品的出售来实现。近几年，商业开发者还通过允许旅游者观摩他们的探险活动来获得资金。

将沉船遗址中发现的所有剩余物都保存下来很不现实。从考古学的角度来讲，保存重复的复制品没有多大意义。一旦研究和记录过，挑选出有代表性的样

---

① David J. Bederman, "Historic Salvage and the Law of the Sea," *University of Miami Law School Institutional Repository*, vol. 30, no. 1 (Fall 1998), p. 103.

② Porter Hoagland, "Managing the Underwater Cultural Resources of the China Seas: A Comparison of Public Policies in Mainland China and Taiwan," *The International Journal of Marine and Coastal Law*, vol. 12, no. 2 (May 1997), p. 272.

③ 如英国广播公司在 2005 年 3—4 月播放了一系列的文献纪录片，内容主要是关于在美国领水内的"安妮女王复仇号"、澳大利亚领水内的"潘多拉号"以及英国领水内的 M2 潜艇和"天鹅号"船。

本保存下来，其他的可以出售掉，从而为将来的项目提供资金支持。博物馆对海底遗址中的物品通常没有多大兴趣，因为一些海底物品体积很大且储存起来也很昂贵，比如船骨。特别是像金条、硬币这样的商业价值很高的物品，由于其可能与保险和担保有关联，会带来一些特殊问题。最好是精心挑选一些样本，并确保这些物品获得适当的照看，以便公开展览，而不是将所有物品都保存下来，因为这样往往得不到良好保存，或者仅仅简单地存储在博物馆地下室里。①

我们无法预知将来的经济、技术、环境会比现在好，因此不能断定将来可以从遗址中获得更多的信息。进一步讲，水下遗址跟陆地遗址相比，其所受的威胁更特殊。因此，陆地考古的一个原则——就地保存——并不适用于水下遗址。水下遗址受到的威胁有来自大自然的，也有来自人类活动的，人类活动主要是指捕捞以及那些单纯为获利益的介入活动，这些活动可能会对沉船遗址造成影响。具有高商业价值的沉船通常易受到寻宝活动的影响，毕竟现在的技术已可以搜索到沉船，如果对这些船只实施就地保存，则不能保证其免于这些寻宝活动的破坏。如果没有调查遗址的动机，就不会有任何的调查结果，遗址所有的价值——无论是商业价值，还是考古价值——都不能得到。除非调查和发掘，要不然这些物品都会腐烂直至消失。②

3. 商业经营者加入沉船发掘的可能性分析

有考古学者认为，只有在一方改变其态度，且双方不再视对方为眼中钉时，才有可能出现妥协。将考古学家与主张商业公司可加入沉船找回项目的支持者之间的矛盾先放在一边，可以找到二者的共同点。特别是有重要考古价值的遗址应获得恰当对待，以及任何的商业介入都必须是按照专业的考古标准进行，这是双方普遍接受的观点。进一步讲，外在的管制也是必要的（虽然双方对其形式会有不同观点），以确保维持适当的标准。

---

① 如在挖掘都铎王朝战舰"玛丽玫瑰号"时，发现了很多稀有的弓箭，其中有数以千计的箭头，由于数量太多保存起来非常困难。

② Bryant，"The Archaeological Duty of Care," *California Western Law Review*，vol. 49（2008），p. 136.

对外行人来说,双方的观点很多都是合理的,也不是全都不相容的。原则上,似乎没有理由认为高标准的考古和利益目标相结合的合作项目不可能实现,特别是在遗址真正处于威胁时。有利益动机本身并不是坏事,公司的核心目标是赚取利润,其对股东、投资者有这个义务,但是这并不意味着公司不能将公共利益考虑在内。实际上,将公告利益考虑在内也是公司社会责任观念的基本体现。进一步讲,在一些司法辖区——包括英国——广受尊重的考古顾问是以营利为基础的方式运行的。毕竟考古标准并不必然会向利益动机妥协。但是,正如我们所了解的那样,真正实行起来仍有大量的困难存在。

首先,高标准的考古和发掘是否可以在潜水员都无法到达的深海处进行,并没有确定答案。虽然考古技术一直在改进,但是考古机器人技术仍处于初级阶段。虽然现在的机器操作已经非常灵敏,但是无论是现在还是将来,以专业考古标准进行的发掘,对这些机器的使用仍属于实验性的,而且耗费巨大。

其次,将遵守专业考古标准的深海沉船找回项目以商业模式进行是否可行。这种工作所必需的专业设备的日租费十分高昂,特别是像潜水艇运载工具等设备,因此可以看出,将设备存放在遗址中长达数月的花费将是非常巨大的。此外,一旦发掘完成,博物馆存放的成本也可能达千万英镑,[①]这又是一笔巨大的支出。因此,文物售出的价格和其他各种商业收入将会很高以承担这些花费以及为投资者实现利益。[②]

最后也是最基本的,考古学家是否会接受以出售文物为基础的商业模式。

---

① 以"玛丽玫瑰号"项目为例,该项目花费了3 500万英镑建造了一个新的大博物馆来存放发掘出来的19 000件文物。

② 之前在公众拍卖中沉船物品的出售募集了较少的资金:"海尔德马尔森号"发掘陶器和金元宝募集了2 500万美元;"头顿号"发掘瓷器募集了700万美元;"戴安娜号"发掘瓷器募集了300万美元;"特克星号"发掘瓷器募集了1 000万美元。参见 Michael Flecker, "The Ethics, Politics, and Realities of Maritime Archaeology in Southeast Asia," *International Journal of Nautical Archaeology*, vol. 31 (2002), p. 12. 根据斯特姆的说法,满足奥德赛海洋勘探公司模型的沉船项目的数量只有几百个。

乍看之下，似乎不可能，毕竟这与考古学家一贯坚持的原则不同。然而，文物的重要性可能会为妥协提供可能性。哈钦森提出，不同考古遗址的重要程度不同，每个遗址都应根据其考古和历史价值给予不同的适当对待。她认为，"适当性"的定义是核心问题，从水下遗址找回的所有物品得到的对待应与其考古和历史价值相符。

商业经营者通过出售从历史意义重大的沉船上发掘出来的物品来赚钱，对很多具有考古价值的遗址来说，这种方法是让人无法接受的，但是对于那些不具有重要意义的遗址来说，坚持将这些发掘出的物品作为一个整体保存并不合理。"适当性"的概念将会提供一个潜在的平台，这个平台是为了发展出一个框架来分享全部的文化资源，根据沉船的时代、稀有程度、状况来对沉船的重要性进行评估，依照评估结果，对沉船作出严格的安排决定。① 然而，存在的困难是，有些东西可能现在认为不重要，但是在将来可能被认为很重要，如果出售导致了这类文物的不可挽回的分散，就没有机会再对其进行重新评估了。

4. 政府加入商业开发的可行性分析

就政府而言，商业开发属于公共政策问题。虽然政府会考虑特定利益群体的争论，但最终关于决定是否批准，或者是否加入沉船遗址的商业开发，可能会依据全体公共利益。

一些发展中国家会与商业运营者合作，一起开发其近海殖民时期的沉船，并以此作为一种获得经济利益的方法。因为这种沉船很多时候与本地文化联系较少，甚至没有直接联系，因此从这些国家的角度来看，沉船没有多少文化价值。这些年来，很多发展中国家加入商业开发，仅仅是为了获得商业利益。例如，20世纪90年代早期，乌拉圭政府同意与打捞者平分通过售卖黄金和其他贵重物品所获得的收益，这些物品是从海底沉船中打捞出来的，显然，加入商业开发可以偿还大量的外债。又如，2003年，在巴拿马大西洋海岸的达马斯滩发现了一艘沉船，该沉船被认为是哥伦布第四次航行失踪的船只之一，之后一家总部设在巴

---

① 这类方法似乎为经营佛罗里达凯斯国家海洋保护区建立了一个多重使用的管理程序。

拿马的海上寻宝公司（IMDI）加入商业打捞中，该公司使用"邮筒"装置进行打捞，该装置破坏性很大，通过该装置 IMDI 公司打捞出大批文物。打捞者与巴拿马政府签订打捞协议，承诺分给巴拿马政府一定的收益。现在，逐渐形成了一种认知，即经济收益不仅可以从平分出售文物的收入中获得，而且可以从商业开发的广义形式上获得潜在收入，包括推动旅游业的发展。①

对沉船资源的不了解，以及受自身经济水平的限制，可能会影响发展中国家加入沉船商业开发所获得的文化利益和社会利益的水平。然而，一些政府合同可能会试图平衡为财政部赚钱的公共利益和保存与国家历史和文化直接相关的物品之间的关系。1991 年，马来西亚政府与一家英国公司签订的为找回"国船"——"戴安娜号"（Diana）上物品的合同就是一个典型案例。合同规定从该沉船上发掘的大量中国青花瓷可以在拍卖会上卖掉，同时规定特别重要的文物应由国家保存。② 在一些国家，包括马来西亚，似乎有兴趣将水下项目的财务收益投资到更直接的国家文化利益中去。③

"苏塞克斯号"案件说明，不仅发展中国家对沉船商业开发有兴趣，发达国家同样也有兴趣，而且发达国家还拥有实施发掘工程的经济实力。毫无疑问，找回沉船会激起公众极大的兴趣。比如，1982 年"玛丽玫瑰号"（Mary Rose）的打捞过程在电视上向全世界超过 6 000 万的观众直播，瑞典的瓦萨沉船博物馆每年会接待 75 万多游客。④ 于 2007 年被找到、位于广东省的有着 800 年历史的商船"南海 I 号"，其发掘过程也是对公众公开，成功吸引了公众的兴趣。这些项目同

① 瓦迪认为，这种收益可以构成一种（国际投资法下的）投资，因此，投资者——商业经营者——可能会根据该法的特别保护主张利益。参见 Valentina Sara Vadi, "The Challenge of Reconciling Underwater Cultural Heritage and Foreign Direct Investment," *The Italian Yearbook of International Law*, vol. 17（2007），p. 134.

② 参见 Valentina Sara Vadi, "Underwater Cultural Heritage and International Investment Law," *Vanderbilt Journal of Trabsbational Law*, vol. 42（2009），p. 35.

③ 参见 Michael Flecker, "The Ethics, Politics, and Realities of Maritime Archaeology in Southeast Asia," *International Journal of Nautical Archaeology*, vol. 31（2002），p. 19.

④ 参见 UNESCO, Protect the Underwater Cultural Heritage, Information Ki. www. unesco. org.

时提供了教育价值和娱乐价值。一些政府认为与商业经营者合作是为发掘提供了一个机会，否则将无法进行发掘项目。①

第二节 2001 年 UNESCO 公约对
水下文化遗产商业开发的规定

联合国教科文组织是如何解决商业开发的问题？下文将介绍 2001 年 UNESCO 公约制定之前的背景问题，包括早期国际上的初步方法，公约中与商业开发有关的特定条款，以及公约对私人加入沉船项目的潜在意义。

一、公约制定前文化遗产商业开发国际立法的发展

国际立法中首个解决水下文化遗产的提议，即 1978 年欧洲理事会的第 848 号建议②，但其并没有提及商业开发的最低要求。然而，在第 848 号建议的附加报告中，理事会的海洋考古学家顾问非常明确地说明，以利益为动机的商业经营者，在打捞时追求的是速度和效力，因此就不可避免地与考古学家要求的小心记录的考古标准相矛盾。任何立法或行政架构都不能令人满意，除非它能消除此类操作。③

理事会的法律顾问——Prott 和 O'Keffee，并不是特别赞成这种观点。在谈

---

① 最近在"泰坦尼克号"案件中产生了公众或私人合作的这样有趣的例子。美国公共机构，包括美国国家海洋和大气局，与皇家邮船泰坦尼克公司进行合作，在 2010 年为该遗址组织了一个科学探险队，为了对整个遗址绘制全面的地图，从而有助于将来的管理。探险队的主要目的是运用最先进的图像技术创造一个三维视觉镶嵌，该技术将可以"真正拉起""泰坦尼克号"，可以更好地供普通大众欣赏。探险队由皇家邮船泰坦尼克公司资助。

② 参见第 848 号建议的第一章，第 2.2.1 条。

③ 参见 Parliamentary Assembly of the Council of Europe, *The Underwater Cultural Heritage: Report of the Committee on Culture and Education*, Document 4100 - E, Strasbourg, 1978, p. 39.

到将救助法适用于有历史价值的沉船存在困难时，他们认为，如果那些对遗址拥有所有权的人只在乎从遗址发掘的物品的经济价值，就不能保证遗址可以获得正确对待。很多物品的历史价值和文化价值都是从其位置和与其他物品的关系中体现的。即使文物的良好背景可以增加商业价值，但救助人通常不会关注这方面。① Prott 和 O'Keefe 认为，救助法和沉船法的适用范围，不应包括在水下已超过 100 年的文物，如果打捞者想加入这些文物的开发项目，必须遵守保护计划和计划中的惩罚性条款的规定。② 如果进行公开发掘，而且遵守专业考古标准，可以接受以商业利益为动机的参加者。

与第 848 号建议相似，1985 年《保护水下文化遗产欧洲公行》草案没有对商业开发作出明确规定，商业组织的加入是否应在公约体制下的问题，主要交给缔约国决定。公约草案第 5 条规定，缔约国可以规定私人或相关机构实施调查、发掘或救助行动时，必须获得政府授权。这些授权必须基于科学的考虑，同时将特定遗址的特殊性、设施、申请者可利用的经济资源考虑在内，并要求申请人具备足够的资格和设备，或禁止使用特定的技术和设备。

在这种体制下，缔约国如果愿意的话，可授权私人或机构发掘。虽然所有的遗骸和物品都享有公约至少 100 年的保护，但还要根据每个遗址的"特性"给予适当的待遇。这似乎反映了哈钦森的观点，即作为一个遗址管理计划，"适当的概念"是"核心"。同样，就文物的处理而言，亦有以下规定：当尊重……将发现物组合在一起的考古原则时，每一缔约国应该……为发掘水下文化遗产，应在有合格的研究人员进行保存并能有助于其研究的条件下，采取所有适当措施，另外一个合适的选择是向公众展示。③

---

① 参见 Parliamentary Assembly of the Council of Europe，*The Underwater Cultural Heritage：Report of the Committee on Culture and Education*，Document 4100 - E，Strasbourg，1978，p. 53.

② 参见 Parliamentary Assembly of the Council of Europe，*The Underwater Cultural Heritage：Report of the Committee on Culture and Education*，Document 4100 - E，Strasbourg，1978，p. 70.

③ 参见 1985 年《保护水下文化遗产欧洲公约（草案）》第 10(1) 条。

公约草案的解释性报告这样评论:将发现物集合在一起的考古原则,暗含收集发现情况信息以及基本原则,即在同一古迹发掘的物品应该保存在一起,这样才可以解释其相互之间的关系和相关考古背景。① 整个公约草案,强调记录信息的重要性和为处置文物设立一定的界限,以及决定是否将特定的文物进行永久保存的意义考虑在内。

商业开发的问题在欧洲委员会之后的解释性报告中得到了解决,即1992年《瓦莱塔公约》。② 公约第3条要求缔约国有调节考古活动与考古遗产的体系(包括水下文化遗产),解释性报告指出:发掘的目的仅仅是为了寻找贵金属或有市场价值但不被国家允许的物品。③ 这表明,营利组织的参与是被允许的,只要挖掘的目的不是单纯地找回有商业价值的文物。这也表明,允许营利性组织加入,要保证其在发掘的同时,必须将文物的文化价值和考古价值考虑在内。

国际法协会(ILA)在1994年把注意力转向起草水下文化遗产条约的问题,似乎受到美国《被抛弃沉船法案》的很大影响,根据《被抛弃沉船法案》对多元利益的认可和允许私营部门发掘的情况,国际法协会认为其与保护沉船的历史价值观一致。根据O'Keefe和Nafziger(分别为国际法协会的委员会负责条约草案的主席和报告员)的观点:有必要识别并考虑所有相关利益,建立一个传统的制度,这是有效的,而且有机会得到国际社会的支持。④

1994年,文化遗产法律委员会向国际法协会于布宜诺斯艾利斯举行的第66次大会提交了公约草案——1994年《保护水下文化遗产布宜诺斯艾利斯公约》(草案)。在这份草案中,国际法协会似乎预期到商业参与的可能性,并规定可以接受与国际公认的考古标准一致的规制和行为,这与《被抛弃沉船法案》的做法相

---

① 参见1985年《保护水下文化遗产欧洲公约(草案)》解释性报告第35段。

② 参见1992年《瓦莱塔公约》第一章,第2.2.3条。

③ 参见1992年《瓦莱塔公约》解释性报告第8页。

④ 参见Patrick J. O'Keefe and James A. R. Nafziger, "The Draft Convention on the Protection of the Underwater Cultural Heritage," *Ocean Development & International Law*, vol. 25, no. 4 (1994), p. 394.

呼应,草案在其适用的水下文化遗产范围内排除救助法的适用,①但在其序言中,"救助人"在当事人的名单中,而当事人合作是为了保护水下文化遗产免受"不负责任活动"的伤害。序言认为发掘和保护水下文化遗产时,必须"采用特殊的科学方法和使用恰当的技术和设备并做好高标准的专业化分工",草案规定,缔约国为确保活动应"最低限度地"遵守由国际古迹遗址理事会宪章和公约附件的规定。

20 世纪 90 年代初,当联合国教科文组织关注水下文化遗产保护问题时,一项新的法律制度是否应允许一定程度的商业参与,并不是急需解决问题列表中的首要问题。国际法协会认为需要解决的重大问题是管辖权问题和救助法的作用问题,以及在加入水下文化遗产遗址发掘时,应采用适当标准等问题。② 虽然发表在 1995 年的可行性研究认为救助法的适用鼓励了以商业目的为主的发掘文物活动,也造成了对水下文化遗产的损害③,但是,1998 年的联合国教科文组织草案对救助法问题采用了一个更矛盾的方法,并暗示了商业开发的可能性。继续以 1994 年的草案为例,在当事人名单中包括救助人,因为救助人的合作是必要的,以确保对水下文化遗产的保护,而不是指救助法本身,它规定任何非适用的内部法律或法规,都具有为发掘水下文化遗产提供商业动机的影响。④ 然而,虽然没有明确排除救助法,但是这一规定以"不同的幌子"做同样的事情,⑤而且其措辞表明,最终建立的体制不太可能是鼓舞商业企业的体制。

不可避免地,在联合国教科文组织谈判中,国家对商业开发问题的态度反映了传统观点,尤其是在国家与私营部门各自的角色问题上。虽然有许多代表认为公约应将"非商业开发规则作为一个原则问题",但是特别是美国,当然也有英

---

① 参见 1994 国际法协会草案,第 4 条。

② 参见 UNESCO,Feasibility Study for the Drafting of a New Instrument for the Protection of the Underwater Cultural Heritage, presented to the 146th Session of the UNESCO Executive Board, Paris,1995,Doc. 146 EX/27,para. 22.

③ 同上。

④ 参见 1998 年联合国教科文组织草案第 12(2)条。

⑤ 参见 Dromgoole and Gaskelll,"Draft UNESCO Convention on the Protection of the Underwater Cultural Heritage," *The International Journal of Marine And Coastal Law*,vol. 14,no. 2（May 1999）,p. 188.

国的一些支持,希望确保在传统方案中某种程度上保有商业参与的余地。事实上,在"只要符合公约的科学标准,可以接受商业活动",英美等国似乎部分"有条件地支持"新公约。①

一些评论家认为美国是有商业利益代表团的代表国家之一,包括奥德赛海洋勘探公司的格雷格·斯特姆也这么认为。然而,O'Keefe 认为,历史的打捞游说"没有对美国的决策产生显著影响"②,当然这很可能是因为美国代表较少受到一般商业航运界的关注③,其国内立法的多用途管理方法④,以及其国内普遍政治哲学的影响。

二、公约对水下文化遗产商业开发的具体条文评析

2001 年 UNESCO 公约最后文本的序言为商业参与问题公约所采取的方法提供了第一个线索。公约不仅明确地将救助人从被视为合作必不可少的水下文化遗产保护的利益当事人的列表中删除,⑤而且密切关注某些加大水下文化遗产商业开发力度,特别是旨在出售、收购或水下文化遗产的活动。⑥ 因此,从条约正文看,商业运营商显然不属于公约范围内的合法"用户"。

1. 基本原则:水下文化遗产不得进行商业开发

2001 年 UNESCO 公约第 2 条规定了其目标和一般原则。该条第 7 款规定,不得对水下文化遗产进行商业开发。事实上,这一禁令包含在 2001 年

①　参见 James A. R. Nafziger, "Historic Salvage Law Revisited," *Ocean Development & International Law*, vol. 31, no. 1 - 2 (2000), p. 88.

②　参见 Patrick J. O'Keefe, *Shipwrecked Heritage: A Commentary on the UNESCO Convention on Underwater Cultural Heritage*, Institute of Art & Law, 2002, p. 28.

③　众所周知,约翰·金博尔,美国海洋法协会关于 2001 年 UNESCO 公约草案的研究小组的主席,也是这部分的代表。

④　比如,美国似乎更关注水下文化遗产的非入侵型的公众参与问题,对其共同使用方法而言,该问题也是另一个至关重要的特点。

⑤　参见 2001 年 UNESCO 公约序言第 10 条。

⑥　参见 2001 年 UNESCO 公约序言第 8 条。

UNESCO 公约的一般原则和目标中，显示出在商业开发的一般概念进行谈判时的力度。① 然而，该声明本身直截了当，但也引出更多需要解决的问题。2001 年 UNESCO 公约中的商业开发到底是什么含义？包含那些依靠展览收入、媒体权利和销售形式的商业开发吗？任何形式的销售都允许吗？例如销售多个复制品或整个集合，这些允许吗？禁止商业开发有给水下文化遗产体制下的商业运营商留有参加的余地吗？

为解决这些问题，有必要看看 2001 年 UNESCO 公约附件，附件对"商业开发"作出了说明。附件中规章第 2 条规定：以交易或投机为目的而对水下文化遗产进行的商业开发或造成的无法挽救的分散与保护和妥善管理水下文化遗产的精神是根本不相容的。水下文化遗产不得作为商品进行交易、买卖或以物换物。

一方面，规章第 2 条前两句话认为，商业开发使用的方法若不涉及水下文化遗产的买卖（或交易），就不会违反 2001 年 UNESCO 公约规定，除非给文物造成了不可挽回的分散。② 另一方面，即使不会导致不可挽回的分散，水下文化遗产的买卖——至少作为商品买卖——是被禁止的。无论是交易、买卖还是以物换物，都是转移水下文化遗产所有权的行为，所以附件中规章第 2 条的目的似乎是禁止水下文化遗产的转让。但是 2001 年 UNESCO 公约并没有禁止对水下文化遗产的无偿转让，比如赠与、继承等行为，当然，如果其造成了水下文化遗产的不可挽回的分散时，也会遭到禁止。这可以说是 2001 年 UNESCO 公约的一大漏洞，因为赠与、继承等无偿转让行为对水下文化遗产造成的伤害，并不比"交易、买卖和以物换物"等有偿转让行为低。③

根据上面的分析，可以发现规章当然禁止水下文化遗产在私人之间的有偿转让。但是我们必须思考另一个问题，即规章是否禁止水下文化遗产在国家之

---

① 参见 Patrick J. O'Keefe，*Shipwrecked Heritage：A Commentary on the UNESCO Convention on Underwater Cultural Heritage*，Leicester，United Kingdom：Institute of Art & Law，2002，p.50.

② 该条款表明，无论不可挽回的分散式因何而起，其都被视为"根本不符合"保护水下文化遗产的情况。

③ 傅崐成、宋玉祥：《水下文化遗产的国际法保护》，法律出版社，2006 年版，第 187 页。

间进行的有偿转让,或者是否禁止在一国内的公共保护机构,如公立博物馆之间进行的有偿的相互转让呢?这个问题值得我们进一步探讨分析。首先,我们知道,2001年UNESCO公约的目的在于用最佳或最合理的方式对水下文化遗产进行保护,从而维护全人类的利益。因此,禁止对水下文化遗产商业开发只是为了保护水下文化遗产,为其提供更好的保护。一般而言,公共保护机构拥有更好的技术、充足的资金和人员配置、更科学的设备,与私人之间的转让不同,在公共保护机构之间的转让并不会在很大程度上损坏水下文化遗产。其次,各公共保护机构之间的保护设施也不相同,考虑一下,如果某一公共保护机构的保护设施不足以保护某水下文化遗产,它是否能将该水下文化遗产转让给保护设施更为先进的另一公共保护机构呢?很显然,答案是肯定的。又如,某国在另一国的管辖区域之外获得了来源于该另一国的水下文化遗产,或是与该另一国关系密切的水下文化遗产,鉴于该水下文化遗产对该另一国的重要意义,该国与另一国之间的转让行为不但应获得准许,还应该受到鼓励。例如,澳大利亚政府与荷兰政府曾签订协定,"荷兰作为维里尼格德公司古沉船的继承者,将其对西澳大利亚州沿海的维里尼格德公司的沉船以及相关物品的所有权和利益转移给澳大利亚政府,澳大利亚政府应接受这些权利和利益"。因此,纵使是在一国国内公共保护机构之间或国与国之间进行转移水下文化遗产的所有权,也不得造成水下文化遗产的"无法换回的分散",否则将违反2001年UNESCO公约关于"保护和妥善管理"水下文化遗产的精神。

在这个阶段,我们明确了解到不会造成不可挽回的物品分散的商业开发的形式,比如付费展览、出版物、电影等方式,或者对这些物品进行销售权,或者销售非人工的纪念品,都不受该规定的影响。因此看来,这些活动不属于规章第2条第7款的禁止商业开发的范围。同样明确的是规章第2条其实是一个精心制作的折中方案,为销售问题提供了一些余地。

在2001年UNESCO公约框架下,可以更进一步了解在传统方案下,这一规定对直接用于水下文化遗产的商业活动可能存在的影响,特别是那些可能出售已发掘文物的活动,2001年UNESCO公约规章第2条第2款中规定了两个但书,本条不得解释为禁止下述活动:(a) 开展性质和目的完全符合本《公约》之规定,并经主管当局批准的专业考古工作或必要的辅助工作;(b) 保管在开展与本《公约》精神相符的研究项目时打捞的水下文化遗产,条件是这种保管不会损害打捞物的科学或文化价值,无损于其完整性或不会造成其无可挽回的分散,而且要符合第 33 条和第 34 条的规定并经主管部门当局批准。[①]

2. 例外情形一:专业考古服务的规定

对于付费委托的专业考古服务而言,进行开发前的考古评价和"拯救"行动以及其他考古服务是很常见的。如前所述,在某些司法辖区,这些服务由营利机构提供。2001 年 UNESCO 公约规章第 2 条但书(a)款明确表明,这些服务的规定和附加条件(比如包括船舶和其他设备的规定),不受禁止商业开发的影响。从商业运营商希望参与沉船打捞工作的角度来看,但书似乎为其提供了机会。只要提供的服务的本质和目的与 2001 年 UNESCO 公约完全一致,并在主管机关的授权下进行,就无法阻止营利机构与政府、私营业主和其他人达成协议来进行考古及相关服务。这些服务包括大规模的考古发掘,只要营利机构获得了合适的授权,并与附件中的规定完全一致就可以进行。

该服务可以通过私人或公共资金或是来自 2001 年 UNESCO 公约允许的商业开发方法的收入进行支付。然而,在制订计划时,商业运营者和服务专员需要意识到,除非他们能证明从一开始整个项目就"资金充足",否则该项目就不能获得授权。[②]

对一个全面发掘,特别是在深水中的水下文化遗产进行全面发掘时,所涉及的数额将是巨大的,因此不能指望或期望通过提高销售的媒体权利和商品的价格来获得更多收入,以及通过捐款和其他形式的收入项目展开。[③]

---

① 参见 2001 年 UNESCO 公约规章。

② 《有关开发水下文化遗产之活动的规章》第 17 条规定:除水下文化遗产的紧急保护外,在开始进行任何开发活动之前,必须有足以完成项目说明中所有阶段所需的基本资金,包括对打捞的文物进行保护、登记造册和保管以及编写和散发报告所需的基本资金。

③ 《有关开发水下文化遗产之活动的规章》第 18 条规定:项目说明应标明有足够的能力,如获得一笔保证金,来资助该项目,直至全部完成。在评论该条时,O'Keefe 指出,没必要在项目开始前就必须有"手头现金",参见 Patrick J. O'Keefe, *Shipwrecked Heritage : A Commentary on the UNESCO Convention on Underwater Cultural Heritage*, Leicester: Institute of Art & Law, 2002, p. 171.

3. 例外情形二：水下文化遗产的保管

根据 2001 年 UNESCO 公约的精神，规章禁止水下文化遗产在私人之间的有偿转让。但规章是否也禁止水下文化遗产在国家之间的有偿转让，或者禁止一国之内公共保护机构如公立博物馆之间的有偿转让？

规章第 2 条第 1 款明确规定水下文化遗产不得作为商品交易、买卖和以物换物，而这一规定在第 2 款的但书（b）得到了缓和。考虑到"商品"的含义可以简单明确地发现，对待这样的文物不能像对待普通的商品一样，只要文物被交易、买卖或以物换物，必须要考虑其特殊性。但书（b）可能因此被视为提供了一些暗示以表明这种交换可以在符合 2001 年 UNESCO 公约条款下进行。

"保管"是一个奇怪的词，2001 年 UNESCO 公约没有对其进行定义。若保管在规章第 2 条和条约整体的内容中有一个普遍意义，似乎就意味着水下文化遗产应该被保管在一个安全的地方。然而，从但书（b）的条款内容以及 2001 年 UNESCO 公约的谈判历史来看，保管与应用于博物馆藏品管理中的"买卖"的概念在本质上是相同的（或至少包含）。有时由于种种原因，博物馆可能希望将文物保管在其藏品中，通常这种保管是严格管制的。例如，大英博物馆的出售政策规定如下：受托人没有权利出售、交换、放弃或以其他方式处置任何属于他们或包含在集合中的物品，除非：（1）该对象是集合中的另一对象的副本，或；（2）根据受托人的意见，该物品不适合被保留在集合中，且对其处置不会损害公众或学者的利益；（3）由于破坏、物理消耗或破坏性的生物侵扰，对博物馆而言，已没有用处。①

规章第 2 条但书（b）似乎允许类似于博物馆收藏的方式来对水下文化遗产的工程档案进行管理，从而可以在某些情况下进行物品转售。② 它严格限制这

---

① 英国博物馆关于集合物中的已登记物品的交换政策，由英国博物馆管理人于 2010 年 3 月 4 日批准。

② 事实上，该规定有可能是受到佛罗里达凯斯国家海洋保护区允许经授权的使用者对水下文化遗产进行特别使用的许可（似乎也可以指"交换或交换许可"）项目实践的影响，该项目允许对那些不再具有重大考古价值的文物进行交换。参见 Ole Varmer，"United States: Responses to the 2001 UNESCO Convention on the Protection of the Underwater Cultural Heritage," *Journal of Maritime Archaeology*，vol. 6，no. 1（2011），p. 129。

种情形下可能发生的转售或保管，但它并没有对特定物品的转售设置准许理由，如大英博物馆那样明确的政策，而是设置了一系列的前置条件：第一，保管不得损害发掘物品的科学性或文化利益、完整性；第二，保管不能造成发掘物品的不可挽回的分散；第三，保管必须符合规章第 33 条和 34 条的规定，①其中涉及的项目档案管理（在当下语境中最规范的元素是"尽可能"地把项目档案放在一起，且以一种公众和专家都能方便获取的方式作为一个整体集合起来）；第四，保管须经主管国家当局授权。

　　商业运营商寻求从出售水下文化遗产中获取收入的主要困难之一似乎是前置条件第二点。例如，虽然只卖"商品"的斯特姆商业模式可能适合一些博物馆的转售政策（例如，大英博物馆的政策允许复制品的销售）②，但是将这种物品在公开市场上出售给不同买者的方式，似乎不满足但书（b）条款的保管方法。然而，出售、交换、赠送，或部分或全部地处置水下文化遗产集合，如果以一种所有部分都可追溯和必要时可以装配的方式进行，或许可以接受。鉴于这种处置需要得到主管国家当局的授权，当局很可能会要求任何出售都要在满足学习和公共访问的条件下进行。③　此外，根据一些国家对文化遗产的一般处理态度，一些主管当局可能把任何形式的出售都视为对公约第 2 条第 7 款的违反，尤其是如果被处置到私人手中。④

　　商业运营商可能会尝试找到方法，使从出售物品中获得的收入符合但书（b）规

---

　　①　《有关开发水下文化遗产活动的规章》第 33 条规定："项目档案，包括被打捞的水下文化遗产和所有相关的文件的文献资料必须尽量集中在一起，并保持其完好无损，以便于专业人员和公众使用和对这些档案的保存"。《有关开发水下文化遗产活动的规章》第 34 条规定："项目档案应根据国际专业标准进行管理，并由主管当局认可。"

　　②　然而，必须说明的是应该博物馆的交换政策同时规定：不能作出对组成整体的物品的进行处置的决定。这是形成基金的主要目的：英国博物馆关于集合物中的已登记物品的交换政策，由英国博物馆管理人于 2010 年 3 月 4 日批准。

　　③　该规定是否可以通过虚拟网络进入，而不是直接通过实体进入，是一个有趣的问题。不同的主管当局就该问题有不同的看法。

　　④　参见联合国教科文组织对直接参加水下文化遗产活动的操作指南，其强调水下文化遗产应保存在公共区域。具体见操作指南第九章第 3.1 节。

定的条件。① 然而,这样做可能需要高度复杂的程序,其可接受性将由相关主管当局在个案中判断,结果无法预测,不可预测性不能为商业计划提供最好的依据。

三、公约对私人加入沉船开发的潜在意义

2001 年 UNESCO 公约第 2 条第 7 款的规定和规章第 2 条并不是商业运营商加入沉船发掘工作的唯一障碍。2001 年 UNESCO 公约第 1 条第 1 款对水下文化遗产的定义中重要标准的缺失,明确意味着任何超过 100 年历史的沉船都在 2001 年 UNESCO 公约的管制之内。② 因此,有考古学家和商业运营商在超过那个年份的沉船基础上分享这种资源的机会很少(至少在整个遗址的水平上)。③ 如果 2001 年 UNESCO 公约将来被广泛接受,那些商业模式基本依赖于文物销售的商业运营商可能会调整他们的活动,向那些在水下不足 100 年的遗址出手。④ 虽然 2001 年 UNESCO 公约的体制为商业运营商提供加入开发在水下超过 100 年遗址活动的机会,通过提供规章第 2 条但书(a)规定的考古或其他服务,这样的约定条款将被限制在严格定义的但书范围内,这些但书包括关于规章第 2 条但书(b)的销售条款,事先提供资金的规则,以及强调原地保存的原则。根据这一原则,以及支持这一原则的规则,充分挖掘可能被授权的情况是有限

---

① 比如,建立一个"私人管理者"体系的提议:斯特姆和博德曼,"真正的集合和私人管理者:博物馆的未来模型"。起草关于"泰坦尼克号"上的文物集合的契约和条件的困难,说明了可能涉及的复杂性。在这个案件中,为了确保文物被保存在一起,永久地、合适照看和管理的,以及可供公众访问的,有必要对受托人的义务进行详细规定,以及储存基金、受托人违约的救济程序、集合管理、出售藏品、破产程序和独立监督。参见 *RMS Titanic*,*Inc.* v. *Wrecked and Abandoned Vessel*,742 F. Supp. 2d 784,Exhibit A (ed va. Aug. 12,2010).

② 参见 2001 年 UNESCO 公约第二章,第 4.2.2 条。

③ 2001 年 UNESCO 公约规章第 2 条但书(b)被视为在重要性的基础上为"分享"文物提供了一些范围,但是在实践中却不可能以这种方式进行。

④ 有很多 20 世纪的有高价值的深海沉船到现在都只是可行的打捞提议。比如,在 2010 年和 2011 年,英国政府与奥德赛海洋勘探公司达成了一项协议,该协议是要奥德赛海洋勘探公司发掘两艘载有银器的深海沉船,这两艘船是第一次世界大战和第二次世界大战时的"盖尔索帕号"和"曼陀林号",沉船归政府所有。在 2012 年,奥德赛海洋勘探公司从"盖尔索帕号"上发掘了不止 1 000 块银条,据报道价值接近 2 400 万英镑。

的,并在国家主管机构的自由裁量权内。① 因此,总体而言,依赖于出售物品的商业运营商要在 2001 年 UNESCO 公约的制度内从事沉船发掘工作是几乎不可能的。显而易见的是,仅仅依赖销售文物的考古项目是不可能被视为可接受的。

Merryman 认为 2001 年 UNESCO 公约有"反市场化的倾向",2001 年 UNESCO 公约最初签署缓慢的原因之一是对 2001 年 UNESCO 公约严格禁止商业开发的反应。② 然而,毫无疑问,2001 年 UNESCO 公约中商业开发的方法更偏重于保护"资源"国,而不是"市场"国,但没有证据表明这对传统市场国关于 2001 年 UNESCO 公约的决策有任何重大影响。美国发表声明表示其对 2001 年 UNESCO 公约的反对不涉及商业开发的问题,因此必须假定第 2 条规定的准则满足其最初的担忧。由荷兰和英国发表的解释其弃权的声明中也没有提到商业开发。

尽管似乎没有国家对这件事表示担忧,但仍然存在一种可能性,即一些国家在批准 2001 年 UNESCO 公约时沉默的可能,至少部分上,是受其从事沉船所有国的商业开发的能力的影响。值得注意的是,英国与奥德赛海洋勘探公司关于"苏塞克斯号"进行"伙伴协议"谈判的同时,也参与了 2001 年 UNESCO 公约的谈判。尽管它对 2001 年 UNESCO 公约的原则和附件表示了支持③,但它显然未完全考虑协议是否符合 2001 年 UNESCO 公约和附件的规定(或精神)。该协议引起的风波意味着奥德赛海洋勘探公司在 2008 年对另一艘沉没的英国历史军舰"胜利号"(Victory)的研究(该军舰也可能携带大量的硬币),使英国政府陷入了窘境。起初英国似乎非正式地考虑加入苏塞克斯式协议的可能性,然而,经过政府间的讨论以及对金条和其他资产的货币价值的独立建议,它开始了对未来管理沉船的公众咨询。咨询文件设置了三个选项来寻求意见:就地管理,

---

① 参见 2001 年 UNESCO 公约第 9 章第 3 节。

② 参见 Merryman, John Henry, "Thinking about the Elgin Marbles," *Michigan Law Review*, vol. 83, no. 8 (August 1985), p. 130.

③ 英国在投票时宣称其会支持 2001 年 UNESCO 公约的大部分条款,特别是附件中的规定。

在海底对文物进行可见的发掘（包括四十一炮）和更广泛的发掘。政府在回应咨询时宣布，打算采取"分期"的方式管理沉船。按照联合国教科文组织的附件，就地管理将被采纳为"最初的方法，有待进一步研究遗址，然后再决定是否作出进一步的物理干预"。同时，政府宣布，支持建立一个慈善信托管理网站的建议，来开展适当的考古保障措施。

第三节　我国有关水下文化遗产商业开发的现状与建议

一、现状——禁止商业开发原则的缺失

与 2001 年 UNESCO 公约及其附件规定的禁止商业开发，特别是禁止对水下文化遗产进行商业性交易不同，中国国内立法关于禁止商业开发的规定仅仅涉及水下文化遗产的发掘和打捞阶段。如在《水下文物保护管理条例》第 7 条规定："水下文物的考古勘探和发掘活动应当以文物保护和科学研究为目的。任何单位或者个人在中国管辖水域进行水下文物的考古勘探或者发掘活动，必须向国家文物局提出申请，并提供有关资料。未经国家文物局批准，任何单位和个人不得以任何方式私自勘探或者进行发掘"；第 10 条规定："……破坏水下文物，私自勘探、发掘、打捞水下文物，或者隐匿、私分、贩运、非法出售、非法出口水下文物，具有《中华人民共和国文物保护法》规定情形的，依法给予行政处罚或者追究刑事责任。

而对于已经打捞出来的水下文化遗产是否可以进行商业性利用，该条例并没有作出相关规定。《水下文物保护管理条件》通过规定法律责任的方式禁止"隐匿、私分、贩运、非法出售、非法出口水下文物"。商业性开发的核心是交换，2001 年 UNESCO 公约的要求是禁止一切针对水下文化遗产的商业交易活动，而我国只打击"非法出售"水下文化遗产，允许"合法出售"水下文化遗产。

《文物保护法》明确规定了合法出售与非法出售的界限。第 37 条规定："文

物收藏单位可以通过下列方式取得文物：（一）购买；（二）接受捐赠；（三）依法交换；（四）法律、行政法规规定的其他方式。国有文物收藏单位还可以通过文物行政部门指定保管或者调拨方式取得文物。"即文物收藏单位之间是可以通过购买、捐赠、交换等方式取得文物的。第 50 条规定：文物收藏单位以外的公民、法人和其他组织可以收藏通过下列方式取得的文物：（一）依法继承或者接受赠与；（二）从文物商店购买；（三）从经营文物拍卖的拍卖企业购买；（四）公民个人合法所有的文物相互交换或者依法转让；（五）国家规定的其他合法方式。文物收藏单位以外的公民、法人和其他组织收藏的前款文物可以依法流通。"《文物保护法》还明确规定由国务院文物行政部门或者省、自治区、直辖市人民政府文物行政部门批准，即可设立文物商店进行文物经营购销活动，依法设立的文物拍卖企业取得国务院文物行政部门颁发的文物拍卖许可证之后即可经营文物拍卖。

以上规定都是对文物（包括水下文物）进行的交易活动，当然属于商业开发的范畴，符合上述规定的买卖水下文化遗产的行为是受到我国法律保护的。此外，《文物保护法》第 51 条规定了文物收藏单位以外的公民、法人和其他组织不得买卖的文物。也就是说，私人通过合法设立的文物商店购买、通过合法设立的文物拍卖企业竞买水下文化遗产，相互交换或者依法转让合法所有的水下文化遗产的行为是合法的，只有非法出售符合《文物保护法》第 51 条规定的几类水下文化遗产才会受到行政处罚或者刑事处罚。

值得注意的是，上文提及 2001 年 UNESCO 公约规定的"商业性开发"的核心是交换，《水下文物保护管理条例》中的"隐匿、私分、贩运、非法出口"从字面上看都不具备交换要素，那是否这几类行为也属于"商业性开发"呢？笔者认为，隐匿、私分、贩运、非法出售、非法出口可以是非法处理已经打捞出水的水下文化遗产的一系列连续的活动，也可以是其中单独的活动，二者都属于违法行为。这其中核心的行为是"非法出售"，无论是隐匿、私分抑或贩运，终极目的都是为了出售水下文化遗产从而牟取暴利。单纯因为隐匿、私分或贩运水下文化遗产遭到追诉，很多情况下仅仅是尚未找到合适的下家或者囤积居奇。因此，这一系列行为都可以被视为商业性开发行为，而不能因为隐匿、私分、贩运和非法出口没有交换属性就认为唯有"非法出售"才是商业性开发行为。

我国的"非商业化开发"是不彻底的"非商业化开发",与 2001 年 UNESCO 公约规定的全面禁止商业开发的保护理念仍有很大差距。出于保护文物和为公众甚至全人类谋利益的需要,我们有必要对《文物保护法》进行修改,可以借鉴 2001 年 UNESCO 公约及其规章的做法,禁止对文物进行商业性开发。即使不能禁止对全部文物的商业性开发,也应修改《水下文物保护管理条例》,明确禁止对水下文物的商业性开发,将"禁止商业性开发"确立为一项原则。

二、完善我国相关立法的建议

2001 年 UNESCO 第 2 条第 7 款明确禁止对水下文化遗产进行商业性开发,因为这些商业性开发行为对水下文化遗产具有很大的破坏性,而且属于私人牟利的行为,违背了 2001 年 UNESCO 公约"为全人类之利益保护水下文化遗产"的宗旨。《水下文物保护管理条例》明令禁止任何单位或个人以任何方式私自勘探或者发掘水下文物,而对于已经打捞出水的水下文物,由于《文物保护法》规定了合法出售文物的要件,则只打击其中"非法出售"的水下文物,这是不全面的,也不利于保护水下文化遗产。

因此,为了更有效地保护水下文化遗产,应借鉴 2001 年 UNESCO 公约及其规章的做法,禁止对水下文化遗产进行商业开发,特别是进行商业性交易。有必要在《水下文物保护管理条例》中将"禁止商业开发"确立为一项保护水下文化遗产的原则,从而应对日益猖獗的私人盗掘行为。同时,在现有立法精神的基础上,增加规定:"不得以交易或投机为目的对水下文化遗产进行商业开发,或造成其无可挽回的失散。水下文化遗产不得作为商品进行交易、买卖或以物换物。"①而且,随着中国将要批准 2001 年 UNESCO 公约,对《文物保护法》作出修改也势在必行,

---

① 赵亚娟:《联合国教科文组织〈保护水下文化遗产公约〉研究》,厦门大学出版社,2007 年版,第 183 页。

即使不能禁止对全部文物的商业开发,也应禁止对水下文化遗产的商业开发,做到符合 2001 年 UNESCO 公约及其规章的规定,履行公约的义务。

同时,必须注意的是,在修订我国的《文物保护法》时,不应拘泥于 2001 年 UNESCO 公约的规定,而应该在禁止个人对水下文化遗产进行商业开发的同时,还要鼓励水下文化遗产的科研性利用,以及允许为了公共利益而对水下文化遗产进行商业性利用,如鼓励已被打捞出水的、已被私人占有的水下文化遗产可以对公共展出、向水下文化遗产的公共管理机关进行转让等。这种立法方式既符合 2001 年 UNESCO 公约的规定,又可以充分发挥水下文化遗产的效用。

三、小结

2001 年 UNESCO 公约的核心目标是保持水下文化遗产"造福人类"的特性。[1] 水下文化遗产的发掘是"以牺牲多数人为代价的少数人的利益"[2],显然与公约目标不符合,因此与公约不相容。而当国家主管当局为造福人类(与 2001 年 UNESCO 公约规定一致)批准水下文化遗产的发掘时,该发掘也将获得 2001 年 UNESCO 公约的允许,在这种情况下不禁止商业组织的加入。[3] 2001 年 UNESCO 公约的方案是指(假设是正确的解释),商业组织不可能觉得该参与有很大商业价值,特别是,对出售的文物的"回旋余地"似乎很小。

参与重大沉船发掘项目的巨大成本(如那些涉及"瓦萨号""玛丽玫瑰号"和"南海Ⅰ号"的发掘项目),意味着很少会有商业组织愿意加入发掘项目。而 2001 年 UNESCO 公约对于这些可资助项目的方法作出的限制必须进行谨慎和诚信解释,希望可以找到管理资金的方法——可以是公共的或私人的,或两者的结合——使这些项目将来有可能发生。无论是利用数字技术"几乎提高"了沉船

---

①　参见 2001 年 UNESCO 公约第 3(2)条。

②　国际古籍遗迹理事会关于保护和管理水下文化遗产的国际宪章(1996)的介绍部分。

③　其中,组织需要证明任何与直接作用于水下文化遗产的活动有关的个人,都应具有与该项目相适应的能力。

使市民能够了解海底沉船的可能性,还是有机会看到"真实的物品"更能激发公共兴趣,都可以最大限度地造福人类。

此外,还有一个问题必须注意,批准 2001 年 UNESCO 公约的国家与未批准该公约的国家之间履行的义务的差异。在 2001 年 UNESCO 公约生效后,批准该公约的缔约国将会履行公约义务,禁止在其管辖水域内、禁止其本国国民对水下文化遗产进行商业开发,但是,那些未批准 2001 年 UNESCO 公约的国家无须强制其国民履行这些义务。因此,会导致已批准该公约的缔约国和未批准该公约的缔约国、非缔约国之间,以及不同国家的国民利益之间利益分配上新的不公,这是否会违背国家之间相互平等的国际法原则? 这个问题的解决只能靠 2001 年 UNESCO 公约在国际社会上的普及、禁止商业性开发的原则成为国际习惯法来解决,但这个过程将会很漫长。

在修订我国的《文物保护法》时,应借鉴公约及其规章的做法,禁止对水下文化遗产进行商业开发,特别是进行商业性交易。有必要在《水下文物保护管理条例》中将"禁止商业开发"确立为一项保护水下文化遗产的原则,从而应对日益猖獗的私人盗掘行为。但不应拘泥于公约的规定,而应该在禁止个人对水下文化遗产进行商业开发的同时,还要鼓励水下文化遗产的科研性利用,以及允许为了公共利益而对水下文化遗产进行商业性利用,这种立法方式既符合公约的规定,又可以充分发挥水下文化遗产的效用。

第七章　沉没的军舰和其他国有船只飞机残骸的法律问题

之所以将沉没的军舰和其他国有船只飞机残骸放在一起进行研究,是因为这些曾经的交通工具不仅在法律属性上比较接近,体现出国有性、非商业性、历史性、文化性、不可替代性、不可再生性等特征,也能在司法实践中被纳入同一法律机制,以相似甚至完全相同的法律策略进行保护,以相似或相同的方式开展国际合作。

按照从一般到特殊的逻辑顺序来看:首先,这一主题属于文物中文化遗产保护的范畴,与文化遗产保护类法律相关;其次,这一主题又进一步被"水下"这一限定所特殊化,即水下文化遗产的保护将不可避免地与以《联合国海洋法公约》为"宪章"的现代海洋制度联系起来;最后,沉没的军舰和其他国有船只飞机残骸又是水下文化遗产中非常特殊的一种,其特殊性不仅体现在水下文化遗产被限定为"船只飞机残骸"这一特定范围之物,更体现在"军舰""国有"船只残骸的"国有性"上[①],故而又不可避免地与国家主权、豁免、管辖等国际法问题联系起来。因此,按照这一从一般到特殊的逻辑顺序,可以构建实质上的沉没的军舰及其他国有船只飞机残骸法律问题研究,将研究对象特定化,深挖其之所以能够作为一个独立的研究领域所基于的特定性与内在价值,避免仅从形式上探讨,出现"马

---

① 当然后文也会谈到"纯粹国有性"与"兼具国际性"之间的界限,如为何本研究以"梅赛德斯号"案为主要分析对象,而非"泰坦尼克号"案。

之法"①的谬论。可以看出,沉没的军舰及其他国有船只飞机残骸的法律问题作为一个独特的法律领域,首先区别于一般的文化遗产保护,其次又区别于陆上文化遗产保护,最后又区别于非国有财产中的文物保护,极具特殊性,但同时又与上述法律领域均有密不可分的联系,不可避免地涉及相关制度。

从成文法的角度看,沉没的军舰及其他国有船只飞机残骸目前均属于"水下文化遗产"。2001 年 UNESCO 公约第 1 条第 8 款规定,"'国家的船只和飞行器'系指属于某国或由其使用,且在沉没时仅限于政府使用而非商用的,并经确定属实又符合水下文化遗产的定义的军舰和其他船只或飞行器",已然将沉没的军舰、其他国有船舶、飞行器三者残骸的问题放在一起讨论了。这说明不少国家认同了这一观念,并开始对沉没的军舰及其他国有船只飞机残骸的打捞和保护,建立法律框架,开展国际合作。

事实上,要想对这一法律问题进行研究,本章首先要梳理涉及的事实问题,探究其历史渊源,从西方世界的地理大发现开始,到海洋权利争夺、侵略战争、殖民战争等,明确残骸打捞的现实情况,界定沉没的军舰、其他国有船只、飞机残骸的法律界限,分析商业打捞与文物国有等制度或模式上的冲突,进而梳理出所面临的诸如法律归属、国家豁免、管辖等法律问题,并以这些法律问题为导向,结合相关典型案例,如西班牙军舰"梅赛德斯号",梳理出相关的法律依据,包括国内法与国际法依据,实体法与程序法依据,以及一些虽然没有强制法律约束力,但在现实中有一定法律上的影响的"软法"等,最终结合实际情况,提出理论与实际相结合的改进建议,以资参考。

---

① "马之法"(Law of the Horse)是 20 世纪 90 年代中期网络法中的一个概念,涉及哪些法可以因其本身的特殊性成为一个独立法律研究领域的判断标准。Harmon, Amy (March 16, 1998). "The Law Where There is No Land; A Legal System Built on Precedents Has Few of Them in the Digital World" in *The New York Times*. Retrieved September 25, 2009.

第一节　沉没的军舰及其他国有
船只飞机残骸打捞的事实现状

沉没的军舰及其他国有船只飞机残骸长期存在于海洋中,包括从法律上讲的领海、毗连区、专属经济区,公海中,其产生的原因是多种多样的,比如战争、意外事故、自然损毁、抛弃等,但本质上都离不开历史上人类航海技术与相关科技知识的大幅度提升和充实,集中体现在自西方世界地理大发现以来开启的以海洋为交通核心的政治、经济、军事、社会关系。这些距今也有几百年的历史了。因此,2001年UNESCO公约第1条第(a)款规定,所谓"水下文化遗产",是至少100年来,周期性或连续地,部分或全部位于水下的,具有文化、历史或考古价值的人类遗迹。这一定义体现了沉没的军舰及其他国有船只飞机残骸的历史性和文化性。如今,这些残骸的打捞由于涉及政治、历史、经济、文化、考古、法律等诸多方面,也引发了多种多样的综合性问题,并在法律上有了广泛的体现,诸如残骸的法律性质、法律归属、豁免、管辖、国际合作等法律问题,亟待明确并找到解决方法。

一、沉没的军舰及其他国有船只飞机残骸打捞的历史渊源

至迟从汉代开始,中国古代就已经有了较为发达的航海技术,建立了海上丝绸之路,形成了南部贸易中心,以及东部海洋上的贸易路线,如中国至日本或东南亚。中古至近代以来,海洋交通的发达主要始于西方世界的地理大发现和东方儒家文化圈内的经济文化交流活动,尤其是自从地理大发现以来,海洋成了西方各国交流沟通、商贸往来、竞争合作的平台。正如荷兰著名国际法学家胡果·格劳秀斯在《论海洋自由》中所说,世界各地分布着不同的资源,这些资源都是人类赖以生存利用的,因此为了人类的生存与发展,需要将不同地方的不同货

物通过交通运输进行贸易交往,以促进不同区域人们之间的友谊。① 可见,航海技术的发展,引发了一系列与海洋有关的政治、经济、文化、社会等活动,密切了不同地区与民族的沟通。而在当时,很少有私人能够承担大规模的海洋活动,因此一般均会由国家进行管理和操作,所以大量的残骸都是军舰或其他国有船只。也正是在这些军舰和国有船只上,才更有可能装载着价值高昂的文物。

然而,鉴于当时的航海技术并不十分发达,且海洋航行的风险一向巨大,因此不可避免出现大量的海洋安全事故,抑或是人为因素导致的船沉货损人伤亡,如武装冲突或战争。这些或是天灾,或是人祸,均导致了惨痛的后果,让商船、战舰,或其他载有珍贵物品的海洋运输工具沉于大海中,长眠于斯,留待若干年后让后人去发掘、打捞。比如西班牙战舰"梅赛德斯号"藏有 22.2 吨金银钱币,"泰坦尼克号"上也充满了爱德华时代的奇珍异宝,中国的"南海Ⅰ号"中也运载着大量宋代宝贵瓷器,这些均是古残骸,其特征是归属权难以确定,适用的法律也与一般残骸不同。②

上述三个例子中,除了西班牙的"梅赛德斯号"是军舰外,另外两艘船舶的用途均是非政府的民商事领域的商业交流与文化交流,自然不在本研究的讨论范围之内。本研究着眼的是沉没的军舰及其他国有船只飞机残骸,主要是基于殖民、侵略、其他战争或其他国有船舶的官方行为导致或经历沉没海底,并具有文化遗产的属性,符合 2001 年 UNESCO 公约第 1 条第(a)款的规定。但这并不是说仅仅探讨这一公约所涉及的问题,而是站在更广阔的视野中探究沉没的军舰及其他国有船只飞机残骸的打捞所涉及的法律问题。

早在西班牙"梅赛德斯号"的打捞之前,1967 年,英国军舰"艾守信号"(HMS Association)被发现后,英国未能引起足够重视进行保护,使得其他个人或组织乘虚而入,利用先进的打捞技术,甚至是诸如炸药爆炸等破坏性的手段,打捞了船上的金币等文物,使得即便随后有了保护措施,"艾守信号"也不再有足

---

① [荷]胡果·格劳秀斯:《论海洋自由》,马忠法译,上海人民出版社,2013 年版,第 12 页。
② 黄微、刘轩昂:《"古残骸"概念及范围之研究》,载《法制与社会》,2014 年第 1 期,第 171 页。

够的保护价值①。这一历史事实给人以思考：20 世纪 60 年代以来，打捞科学技术迅猛发展，尤其是声呐技术和自携式水下呼吸器的发展，这对水下文化遗产的保护是否是利大于弊？这一把双刃剑，一方面促进了沉没的军舰及其他国有船只飞机残骸的打捞，另一方面也给这些残骸带来了更大危险，因为对残骸打捞的管控难度也随之增加，一系列综合性问题随之涌现。

与此同时，随着科学技术的发展，尤其是自 20 世纪以来，人类的航空航天技术也飞速地发展起来。在人类有能力飞向外太空之前，飞机是人类在高空上的优势交通方式，作为一种便捷和较为安全的运输方式，几乎不受地面因素的干扰，更不受巨大海洋航行风险的影响，因此也被越来越多地选择，相关技术不断发展。然而，或是天灾，或是人祸，总会出现飞机失事、战争打击的情形，造成机毁人亡等惨剧，尤其是在航空技术不发达的时期，相关的安全保护措施是缺位的。虽然惨剧的发生造成了巨大的损失，但后续的飞机残骸问题却仍然不得不考虑。甚至在有些时候，这些飞机残骸还是具有历史价值或文化价值的文物，具有一定的历史意义或文化意义，需要进行保护和处理。

但遗憾的是，尽管发现了许多古残骸，但它们却很少被给予足够的考古意义上的关注，②如英国在尚未发现较多沉船残骸时，认为它们并不是"具有重要价值的历史遗迹（a significant class of historic monument）"。③ 有鉴于这些历史原因，沉没的军舰及其他国有船只，以及飞机残骸的相关法律问题便在当代应运而生。

---

① Sarah Dromgoole, *"Legal Protection of the Underwater Cultural Heritage：National and International Perspectives，* United Kingdom，" *The Hague：Kluwer Law International，*1999, p. 182. 转引自赵亚娟：《国际法视角下"水下文化遗产"的界定》，载《河北法学》，2008 年 1 月第 1 期。

② Martin C, "An introduction to marine archaeology", http：//www. bbc. co. uk. /history/ancient/archaeology/marine_1. shtml,转引自 Margaret Beukes, "Underwater Cultural Heritage：Archaeological Preservation or Salvage," *Afr. Y. B. Int'l L，* no. 62 (2001)，pp. 66 - 86.

③ P. Marsden, "The Origin of the Council for Nautical Archaeology," *International Journal of Nautical Archaeology（hereafter JNA）*，1986，p. 179. 转引自 Sarah Dromgoole, Protection of Historic Wreck：The UK Approach—Part I：The Present Legal Framework, *Int'l J. Estuarine & Coastal L.，* vol. 26 (1989)，p. 36.

二、沉没的军舰及其他国有船只飞机残骸打捞的现今情况

随着海洋科技、考古技术、潜水技术等科学技术的发展，人们将对文物的注意力逐渐从陆地转向海洋，从远古转向地理大发现前后的历史时期，海底的沉船与飞机残骸及其并存的其他文物，如货物等，越来越被人们所注意和重视。根据联合国教科文组织统计，全世界海洋中约有300万艘未被发现的沉船，这些沉船较为集中的地区大多是历史上的海上交通发达区域，如地中海海域、欧洲到北美的航线，以及中国至日本航线的海域等①。

这些沉船与飞机残骸，在很多情况下是以文物的面貌出现的，其本身具有历史价值与文化价值，数量有限，是不可再生的文物资源。因此，沉船的打捞是一个非常重要的问题，涉及历史、政治、经济、文化、考古、法律。而从法律的角度出发，需要确定这些残骸的法律性质、法律归属、主权豁免、保护管辖等多个层面的法律问题。而判断法律性质的前提是判定事实性质，这也就涉及专业的考古知识或者其他知识，需要各方通力配合，以辅助法院的判断。有学者曾对此做专门的研究②，通过论述鉴别历史性船只残骸的法律重要性，并对涉及的法律问题等进行全面分析，得出结论，从四个方面进行了深入的探讨：(1) 打捞公司和其他利益相关人之间的信息不对称；(2) 鉴别的证明标准；(3) 直接证据与间接证据的无差别性；(4) 错误鉴定及纠正。即便能够判断清楚残骸的法律性质，后续的法律归属、主权豁免、保护管辖等问题也不甚清晰，尤其是考虑到国际法与国内法的适用、程序法与实体法的适用等。因此，整个过程极其复杂。

在现实中，对沉没的军舰和国有船只打捞的主体主要是大量西方商业打捞

---

① 《人民日报》海外版，2007年6月14日，转引自孙南申、孙雯：《海底文物返还的法律问题分析及其启示——以西班牙沉船案为例》，载《上海财经大学学报》，2012年第14卷第6期，第30—37页。

② Jie Huangn, "Maritime Archaeology and Identification of Historic Shipwrecks: A Legal Perspective," *Marine Policy*, vol. 44 (2014), pp. 256 - 264.

公司,因此水下文化遗产打捞活动遵循的是商业规则,以市场为导向,利润高昂。'泰坦尼克号'案证明,商业打捞无法对水下文化遗产进行有效的保护。① 中国也因为商业打捞损失了文物,如 1981 年英国的商业打捞者 Michael Hatcher 经常在中国南海地区活动,获得了许多中国瓷器。其打捞方式是破坏性的,全然不顾船只的内部结构,仅仅重视商业利益②。而基于考古目的的打捞,旨在保存文物进行公共展出和教育,需要文物的完整性,以通过记录相关数据进行科学研究,③例如,在黑海发现的古沉船残骸中的桅杆,而桅杆之间的距离恰恰能够反映当时航海技术的类型。如果考古学家能够判断出当时的航海技术是否足以进行逆风航行,将提供重要的信息以研究当时在黑海的贸易路线,④但如果因为商业开发遭到了破坏,将对相关考古研究造成不可逆转的损害。上述案例表明,由于商业打捞活动并不以保护文物为直接和主要目的,因此不可避免地会对水下文化遗产造成损害,商业公司只是通过精密地计算发现某种情况下的破坏性打捞能够带来的利润。其次,由于规制缺位,导致这些商业打捞公司肆意打捞,无视他国对沉没的军舰等享有的所有权、管辖权、主权豁免等问题。非法打捞侵犯了他国针对文物的合法权益,对各国对文物的海外追讨造成了极大的困难。这

---

① 江河、於佳:《国际法上的历史沉船之所有权冲突——以保护水下文化遗产为视角》,载《厦门大学法律评论》,2015 年第 1 期,第 94 页。

② Fu Tingzhong, "The Participation of Foreign Businesses in the Salvage of Sunken Vessels and Articles in China's Coastal Waters: A Legal Analysis," 2012 *China Oceans L. Rev.*, vol. 49 (2012), p. 46.

③ 当然反对意见也有像美国佛罗里达地方法院认为保护沉船残骸数据也是基于打捞公司自己的利益,因为这样可以在公众眼中增强打捞品的价值。Republic Project Overview, ODYSSEY MARiNE EXPLORATION, http://shipwreck.net/ssrepublic.php(最后访问日期 Dec. 19, 2012). 转引自 Paul R. Spencer, "Broadcasting Video Online from 5000 Feet Underwater: A Proposal to Help Ensure an Archaeological Duty of Care for Historic Shipwrecks," *Cal. W. L. Rev.*, vol. 170 (2012), p. 154.

④ Phantoms of the Deep: Archaeologists Unearth a Graveyard of Ancient Shipwrecks in the Black Sea, The UNIV. of Texas, (Oct. 27, 2008), http://www.utexas.edu/features/2008/10/27/shipwrecks/,转引自 Paul R. Spencer, "Broadcasting Video Online from 5000 Feet Underwater: A Proposal to Help Ensure an Archaeological Duty of Care for Historic Shipwrecks," *Cal. W. L. Rev.*, vol. 170 (2012), p. 138.

一问题变得更加复杂和严峻,牵扯到了国内法和国际法,私法人与国家或者是国际组织,商业价值与公共利益,使文物归属、保护管辖等方面的法律问题变得更加复杂。

另一方面,虽然有些国家在立法上限制商业打捞,本着文物国有的精神,以国有力量进行打捞船只、军舰、飞机的残骸。而由于人力、物力、财力的投入不足,加上制度并不非常完善,因此打捞效果不是很乐观,①出现情况诸如文物被其他国家商业打捞获取而难以追讨,本国打捞技术尚不完善从而破坏文物,本国无法引入市场机制发展打捞行业等。

比较有代表性的案例是美国奥德赛深海打捞及沉船修复公司对西班牙沉船"梅赛德斯号"打捞案。商业公司的过度打捞是造成水下文物保护的重要障碍之一。而在众多的商业打捞中,最活跃的当属美国国民和公司,以及插美国船旗的船只。② 相应地,美国法院多次面临这些问题,在实务中就显得更有经验。因此,对美国相关案例的研究也就变得十分重要。

三、沉没的军舰及其他国有船只飞机残骸打捞的法律问题

很明显,沉没的军舰及其他国有船只飞机残骸属于水下文化遗产的一个重要类型。根据 2001 年 UNESCO 公约的界定,水下文化遗产系指"至少 100 年来,周期性地或连续地,部分或全部位于水下的具有文化、历史或考古价值的所有人类生存的遗迹",具体包括遗址、建筑、工艺品、人类遗骸及其所属环境、运输

---

① Melvin A. Fisher, "The Abandoned Shipwreck Act: The Role of Private Enterprise," *COLUM. -VLAJ. L. & ARTS*, vol. 12 (1988), pp. 373 - 376. ("很明显,如果具有官僚主义的考古学家继续控制局面,那么私人企业参与战舰打捞的时代将要终结"). 转引自 Terence P. McQuown, "An Archaeological Argument for the Inapplicability of Admiralty Law in the Disposition of Historic Shipwrecks," *Wm. Mitchell L. Rev.*, vol. 26 (2000), p. 302.

② Craig Forrest, "Historic Wreck Salvage: An International Perspective," *Tulane Maritime Law Journal*, vol. 33 (2008), p. 349. 转引自 Jie Huangn, "Maritime Archaeology and Identification of Historic Shipwrecks: A Legal Perspective," *Marine Policy*, vol. 44 (2014), pp. 256 - 264.

工具及其所载货物，以及具有史前意义的物品等。沉没的军舰及其他国有船只飞机残骸往往在很久之前的历史里，是国家财产而非私人财产，承载着一个国家或民族的历史、文化，体现着一定的国家或民族认同，其本身的价值主要体现在历史与文化价值而非经济和商业价值，反映的是文物属性而不是商品属性。因此，在分析沉没的军舰及其他国有船只飞机残骸的相关法律问题时，可以对其上位概念水下文化遗产及其相关法律问题进行分析。具体而言，可从立法与司法两个角度进行分析。其中立法上的问题表现为国际法和国内法两个层面；对司法问题的考量主要以案例为主。

国内法层面上，从对水下文化遗产的法律定性这一问题开始，各个国家的规定均存在差异。按照物权法的相关理论，水下文化遗产并非典型的无主物，也不是有主物，更非全人类共同遗产。因此其所有权归属可以靠其他国内专门法律进行规制，如针对文物的文物保护类法律。后文将会提到，水下文化遗产并非无主物，因此不能适用先占制度获取。从主权国家的角度讲，不同海域其享有的权利也是不同的，水下文化遗产打捞于内水、领海、毗连区、专属经济区、大陆架、国际海底区域，产生的法律效果也是不尽相同的。各个国家都会采取措施保护文物，我国将文物所有权以收归国有的方式进行保护。我国《中华人民共和国水下文物保护管理条例》规定，对于我国领海与内水内一切文物，以及领海外依法由我国管辖的海域内起源于我国或所有权不明的文物均归我国所有，但对于其他海域起源于我国的文物，我国仅享有辨认器物物主的权利。

国际法对水下文化遗产的打捞的问题并无清晰的规定，如法律定性和物权归属等问题。这就给海外文物追讨增加了困难。目前，主要规制水下文物保护的国际法律渊源是两个条约及相关习惯法。2001 年联合国教科文组织第 31 届大会通过了《保护水下文化遗产公约》，规定了水下文化遗产的保护与开发的管辖、方法及程序等。而跟海洋关系最为密切的国际成文法当属《联合国海洋法公约》，其中也会涉及水下文化遗产的保护，但作为海洋类的基本法律，其主要关注点并非是保护水下文化遗产，因此对水下文化遗产的保护作用也不大。

在司法层面，虽然沉船与飞机残骸的打捞涉及法律性质、法律归属、主权豁免、保护管辖等多个层面的法律问题,但实践中主权豁免与保护管辖往往最先得到主张,有时甚至是全部主张,如西班牙 1804 年皇家战舰"梅赛德斯号"案中西班牙政府的主张。这是因为在实践中,管辖与豁免的问题往往是前置性的,是诉讼中的"第一道关口",如果管辖与豁免的主张能够被支持,其他法律问题基本不用得到太多考虑,提出管辖与豁免主张的国家的利益就已经基本能够得到满足。双方的辩论焦点往往会落在本案是否涉及主权豁免相关法律的解释和适用,比如涉案船只、飞机残骸是否体现国家行为,是否仅仅是商业行为? 当事国采取的是"绝对豁免"主义还是"相对豁免"主义? 主权豁免是否能够禁止商业公司的提出打捞请求的行为,主权豁免是否有例外? 法院如果具有管辖权,其管辖效力是否能够延伸到公海上所发现之物? 法院如果不具有管辖权,那么是否有权将打捞物归还给主张豁免的国家? 而如果要探讨管辖与豁免的问题,就不能绕开船只、飞机残骸的法律属性和归属问题,通俗地讲,就是残骸文物的"身份"问题,需要一定的证据进行证明和支持,如历史上的、文化上的、考古上的证据等,涉及的问题较为综合。

此外,由于年代久远,涉及的各方问题较为复杂,不能避免其他国家或个人对船只、飞机残骸或其上载有的其他文物主张物权,如来自祖传或继承的物权及相关利益等。这就涉及另一层面上的豁免问题,即沉船、飞机残骸与其上载有的货物是否是同时享有豁免?

综合而言,沉船、飞机残骸的打捞主要涉及两类法律关系,即沉船来源国与打捞人之间的法律关系,沉船国籍国与货物来源之间的法律关系[1],以及船旗国与沿岸国的管辖争议。

---

① 孙南申、孙雯:《海底文物返还的法律问题分析及其启示——以西班牙沉船案为例》,载《上海财经大学学报》,2012 年第 14 卷第 6 期,第 30—37 页。

第二节　沉没的军舰及其他国有船只
飞机残骸打捞的法律渊源

所谓法律渊源,简称"法源",始于古罗马法的 Fontes juris,指的是法律的效力渊源而非历史渊源,即可适用的法律有哪些。我国法学界对"法的渊源"在理论上目前并未达成完全意义上的共识,主要的两大阵营是"立法中心主义说"和"司法中心主义说"。前者把法的渊源与法的形式区分开来,后者认为法律渊源就是法律的表现形式。但从法的渊源的科学内涵上来看,包含两个不可分割的要素:效力与表现形式,二者缺一不可①。法律渊源是解决法律问题的关键步骤。②

从规制的对象来看,法律渊源又分为国内法渊源与国际法渊源。很明显,作为水下文化遗产,解决沉没的军舰及其他国有船只飞机的相关法律问题,首先需要明确沉没的军舰及其他国有船只飞机的法律性质,再根据其法律性质,对国内法律渊源与/或国际法律渊源进行选择适用,以便恰当有效地分析沉没的军舰及其他国有船只飞机的相关问题并进行解决。因此,首先需要解决沉没的军舰及其他国有船只飞机的法律属性问题。

一、沉没的军舰及其他国有船只飞机残骸打捞的法律属性

在法律属性上,沉没的军舰及其他国有船只飞机残骸既不是纯粹的无主物(未曾被任何人占有),也不是所有权人抛弃之物(即抛弃物),因此无法适用先占制度获得所有权。首先,沉没的军舰及其他国有船只飞机残骸不是纯粹的无主

---

① 张文显主编:《法理学(第四版)》,高等教育出版社、北京大学出版社,2011年版,第53页。
② 贾兵兵:《国际公法:和平时期的解释与适用》,清华大学出版社,2015年版,第24页。

物,因为这些残骸的前身都是国有的、具有一定先进功能的交通工具,起码曾经被国家所建造、占有和使用。其次,沉没的军舰及其他国有船只飞机残骸不是典型的抛弃物。因为抛弃是一种单方法律行为,可以产生所有权法律关系的变化,需要满足主观与客观要件,即具备抛弃的意思表示和抛弃的行为。很明显,沉没的军舰及其他国有船只飞机一般情况下都不是被一国抛弃的,因为即便在彼时,沉没的军舰及其他国有船只飞机也是具有较高价值和使用价值的财产,国家投入大量人力物力财力进行建造和保养,旨在"富国强兵",在世界各民族竞争的大环境下,提升综合国力与国际竞争力,维护自己国家的权利,因此很难想象一国会无缘无故地抛弃。因此,除非有特别明确的反面证据证明其为抛弃物,一般情况下都不能认为沉没的军舰及其他国有船只飞机是抛弃物。[①] 因此,它不是无主物。

那么,沉没的军舰及其他国有船只飞机是否像国际海底区域、南极或外层空间一样,属于国际法意义上的"人类共同遗产(common heritage of mankind)"呢? 国际法意义上的"人类共同遗产"指的是某一特定区域,具有人类共同遗产的属性,即文化的或自然的。这一区域应当按照国际法,为子孙后代的利益进行保护,避免单个国家或商业团体进行开发。乍一看,沉没的军舰及其他国有船只飞机似乎满足其中的一些条件,但是,按照《联合国海洋法公约》的表述,人类共同遗产是"区域"以及"区域"内的固体、液体、气体资源,如石油和金属等,具有"全人类"之属性,不分国界,未被打上任何单独国家或地区的印记。因此,一般而言,沉没的军舰及其他国有船只飞机这一明显具有国有特色的水下文物,不属于"人类共同遗产"。但是,在现实中,"泰坦尼克号"案就因为涉及多个国家,且沉没于《联合国海洋法公约》中的"区域",因此也经过复杂的司法程序与国际协商合作,因其本身的历史文化属性,沉没满 100 年后最终被认定为"人类共同遗产"。[②] 不过与本研究讨论的范围不同的是,本研究更注重"梅赛德斯号"这种军

---

① 马明飞:《水下文化遗产归属的困境与法律对策》,载《甘肃社会科学》,2016 年第 1 期。

② 江河、於佳:《国际法上的历史沉船之所有权冲突——以保护水下文化遗产为视角》,载《厦门大学法律评论》,2015 年第 1 期,第 94 页。

舰类残骸,具有强烈的国有属性。

因此,即便水下的残骸已经长眠 100 年以上,成为 2001 年 UNESCO 公约保护的"水下文化遗产",但物上之权利并不灭失,权利人的后代可以依据继承取得所有权。且 2001 年 UNESCO 公约明确禁止私人对于水下文化遗产的商业性打捞。但现实中为了更好地进行保护,可以将对沉没的军舰及其他国有船只飞机所有权归于国家,以便保护,如我国的文物国家所有制。而事实上,从保护对象来看,很明显,不论是军舰、其他国有船只,还是其他国有飞机,其在承担国家功能的时候都是国有的,即便后来发生沉没,也不会改变其国有的属性;即便承担了一部分私人行为的功能,也不能改变其国有性。后文的"梅赛德斯号"案将对此作出详细的分析。

二、沉没的军舰及其他国有船只飞机残骸打捞的国际法渊源

通过对沉没的军舰及其他国有船只飞机的法律属性进行分析,可以发现,沉没的军舰及其他国有船只飞机相关的法律问题不仅涉及国际法,还涉及国内法,不仅涉及"硬法",还涉及"软法",在具体的情形中甚至还有可能促进新的规范性文件的签署,因此下面将先对相关的国际法律渊源作出简要的梳理。

在正式梳理以前,需要明确的是国际法律渊源具体包含哪些内容。一般认为,《国际法院规约》第 38 条第 1 款规定了国际法的渊源,包括正式渊源和非正式渊源。国际法的正式渊源主要包括条约、国际习惯法、一般国际法原则。条约包括造法性条约和非造法性条约,依据的条约法规则主要源于《维也纳条约法公约》及相关习惯法;国际习惯法的判定主要取决于两个标准是否同时满足,即普遍的国家实践与法律确信;一般法律原则是指文明各国承认的法律原则,如公平原则等。因此,研究沉没的军舰及其他国有船只飞机涉及的国际法律问题,可以主要从这三个方面入手。此外,公法学家的学说、国际司法机构的判例、国际组织的决议等也是非正式的渊源,都可以作为参考。

（一）沉没的军舰及其他国有船只飞机残骸打捞的相关条约

涉及水下文化遗产的国际条约主要有《联合国海洋法公约》和 2001 年 UNESCO 公约。由于沉没的军舰及其他国有船只飞机按照《保护水下文化遗产公约》的界定，属于水下文化遗产，因此可以放在这个框架下进行讨论。此外，还有一些相关的国际条约，如《1989 国际救援公约》（不适用于军舰或公务船舶）、《2007 残骸清除公约》（保护专属经济区，但不适用于军舰或公务船舶）、1949 年《日内瓦公约》。一些国家间也在小范围内签订了条约，或在区域性合作中有所突破。如荷兰与澳大利亚在 1972 年签订的《荷兰与澳大利亚关于荷兰古代沉船的协议》，以及 1992 年修订的《保护遗产欧洲公约》等①。还有关于具体的沉没的军舰及其他国有船只飞机相关法律问题解决的规范性文件，如 1989 年南非与英国签订的《南非与英国关于 HMS Brikenhead 号沉船的换文》，1997 年加拿大与英国签订的《加拿大与英国关于 HMS Erebus 和 HMS Terror 号勘探、发掘和处置的谅解备忘录》，2004 年美国、英国、法国和加拿大签订的《关于 RMS 泰坦尼克号沉船的协定》。

《联合国海洋法公约》是现代海洋制度的"宪章"，可谓"致广大而尽精微"，不仅提供了海洋之都的整体和基本框架，对各种细节都有所涉及。《联合国海洋法公约》第十一部分规定的国际海底区域，是指国家管辖权以外的海床和底土，该部分第 149 条和 303 条是《联合国海洋法公约》与考古和历史文物最为相关的规定。该条规定，在"区域"内发现的一切考古和历史文物，应为全人类的利益予以保存或处置，但应特别顾及来源国，或文化上的发源国，或历史和考古上的来源国的优先权利。这一规定奠定了水下文化遗产的保护基调，可以将沉没的军舰及其他国有船只飞机残骸涵盖在此框架下进行保护。

毫无疑问，在国际海底区域发现的沉没的军舰及其他国有船只飞机，属于水

---

① Tullio Scovazzi，"The Entry into Force of the 2001 UNESCO Convention on the Protection of the Underwater Cultural Heritage"，*Aegean Rev Law Sea*，vol. 2（2010），p. 26.

下文化遗产,符合第 149 条关于文物的界定。依据文意解释可以看出,在国际海底区域发现的文物,不考虑其法律属性,是权利指向的客体。首先,一般情况下,这些文物上的权利的主体,是"全人类的利益"。因此,不论是谁发现的,谁控制的,都应当本着为全人类利益的考量,先行保存或处置。其次,在特别情况下,应当优先考虑与该残骸(文物)有密切联系的国家的权利。条约明确规定,首先,这种权利的主体应当是国家而不是个人或私人团体,这符合我们对沉没的军舰及其他国有船只飞机的探讨,因为这些残骸都是国有或起码曾经是国有的。其次,与该残骸(文物)有密切关系的国家包含三种:(1)来源国,即文物来自的国家,该国很可能曾经的占有、控制、享有物权,并按照当时的法律履行了物权法上的所有权要件;(2)文化上的发源国,即不一定要求该文物在实体上来源于某国,但因为年代久远,虽然无法判断该具体文物当时的所有权人,但能够根据文物所展示出的属性,不论是物理的还是文化的还是其他的,判断出该文物上体现的文化背后的国家,即该文化的发源国;(3)历史和考古上的来源国,即年代久远到连判断文化发源国都有一定困难时,可以基于考古学上的判断或历史学上的判断,找出其来源国。该条并未具体区分来源国、文化上的发源国、历史和考古上的来源国的权利顺位,但依据上下文及该条内部的逻辑关系,结合文物判断的现实情况,应该可以理解为来源国的权利优先于文化上的发源国,文化上的发源国优先于历史和考古上的来源国。

此外,沉没的军舰及其他国有船只飞机作为一种水下文化遗产,其发掘地可能涉及具有各种不同性质的海域,如公海、国际海底区域、专属经济区、大陆架、毗连区、领海、内水等。如果沉没的军舰及其他国有船只飞机是在领海和内水这样国家拥有主权的海域发现的,那么其法律归属问题可能不会特别复杂,因为管辖权的问题首先基本上就可以得到解决。如果是在公海,国际海底区域发现沉没的军舰及其他国有船只飞机的话,那么司法管辖就不能轻易确定,后续问题都将比较棘手。而如果是在专属经济区、大陆架、毗连区这样主权权利有限制的地方,发现了沉没的军舰及其他国有船只飞机,那么其管辖问题也应当与沿岸国家在这些区域主权权利的范围联系起来。《联合国海洋法公约》第二、五、六、七部分分别对这些海洋区域作出了规定。《联合国海洋法公约》第 303 条还规定了各国之间的合作义务，"各国有义务保护在海洋发现的考古和历史性文物，并应为此目的进行合作"，以及禁止将毗连区内的水下文化遗产"迁出去"："为了控制这种文物的贩运，沿海国可在适用第三十三条时推定，未经沿海国许可将这些文物移出该条所指海域的海床，将造成在其领土或领海内对该条所指法律和规章的违反"，体现了水下文化遗产的"就地保护"原则。

相比于《联合国海洋法公约》，根据从一般到特殊的逻辑顺序，2001 年 UNESCO 公约与沉没的军舰及其他国有船只飞机更加紧密相关，体现了两个基本原则：（1）就地保护，呼应了《联合国海洋法公约》第 303 条；（2）禁止商业开发。但并未探讨沉没的军舰及其他国有船只飞机的法律归属问题。按照《保护水下文化遗产公约》的规定，水下文化遗产是指：时间上至少 100 年；周期性或连续性地，部分或全部位于水下；具有文化、历史和考古价值的所有人类生存的遗迹，包括其中第（ii）项"船只、飞行器、其他运输工具或上述三类的任何部分，所载货物或其他物品，及其有考古价值的环境和自然环境"。其中，第 1 条第 8 款规定，"国家船舶和飞行器"系指国家所有或经营且在沉没时仅用于政府非商业目的并经确定属实符合水下文化遗产定义的军舰和其他船舶或飞行器。因此，对《保护水下文化遗产公约》的考察更有利于分析沉没的军舰及其他国有船只飞机的问题。

在具体的制度上，该公约设定了缔约国保护水下文物的地域管辖的法律制度。类似但比《联合国海洋法公约》更进一步，《保护水下文化遗产公约》在区分内水、领海、毗连区、专属经济区和大陆架、国际海底区域的基础上，对各国在相应区域的，针对水下文化遗产的管辖权作出了具体而有针对性的界定。这一部分内容被规定于《保护水下文化遗产公约》的第 7 至第 12 条。此外，还涉及了第 9 条的"发现通知"义务，第 10 条的"协调与磋商"机制，以及"一致同意开发"制度，总体来看是《联合国海洋法公约》关于水下文化遗产保护的延伸，更加具有特殊性和针对性。遗憾的是，中国尚未加入这一条约。

《1949 日内瓦公约》中也对沉没的军舰及其他国有船只有所规定，认为沉没的军舰是"军事坟墓",不受他方干扰,即便不是《联合国海洋法公约》规定的国家船只,仍然是国家财产,享有主权豁免,因此相关的救助和打捞活动应当经过船旗国同意①。需要注意的是,此处的措辞是"船旗国",与《联合国海洋法公约》中作出区分的(1) 来源国;(2) 文化上的发源国;(3) 历史和考古上的来源国并不必然地等同。具体的问题还要在具体的情形中,通过考虑适用公约的当事方、习惯法识别、物权归属等,来解决具体的问题。

此外,在各国的国家实践中,有关沉没的军舰及其他国有船只飞机,各国进行双边和多边的合作,积累了一定的经验,形成了一些国际条约或具有准条约属性的文件,如 1954 年的《关于发生武装冲突时保护文化财产的海牙公约》,1969 年的《保护古遗产欧洲公约》,1970 年的《关于禁止和防止非法进出口文化财产和非法转让其所有权的方法的公约》,1972 年的《保护世界文化和自然遗产公约》,同年的《荷兰与澳大利亚关于荷兰古代沉船的协议》,2004 年美国、英国、法国和加拿大的《关于 RMS 泰坦尼克号沉船的协定》,以及 1992 年修订的《保护遗产欧洲公约》等②。

(二) 沉没的军舰及其他国有船只飞机残骸打捞的相关习惯法和一般法律原则

所谓国际习惯法,是《国际法院规约》第 38 条规定的另一正式的国际法渊源,它的构成一般包括两个方面:(1) 惯例,是构成国际习惯法的客观要素,即国家实践(general practice);(2) 法律确信,即被实践之各国当作法律来实践的主观要素,并非处于礼让或其他原因而作出的实践,即确信为法律(accepted as law)。在国际司法实践中,法官如果要论证一项规则属于国际习惯法,一般有两种路径:第一,详细地论述上述两个要素,即国家实践加上法律确信,相应的证据材料一般会包括国家的外交文件、官方法律顾问的意见、官方媒体的报道,等等。第二,笼统地论述该习惯法规则所具有的威信,一般会通过国际法委员会(ILC)

---

① 韩丽:《水下文化遗产保护的冲突与合作》,硕士学位论文,复旦大学,2008 年,第 23 页。

② Tullio Scovazzi, "The Entry into Force of the 2001 UNESCO Convention on the Protection of the Underwater Cultural Heritage," *Aegean Rev Law Sea*, vol. 1 (2010), p. 26.

起草的文件,或已有的,适用范围较广泛的条约内容,或虽然适用范围尚不广泛,但有趋势,且有证据证明越来越多的国家采取的行为。

2001 年 UNESCO 公约是保护沉没的军舰及其他国有船只飞机的直接的国际法法律制度。相较于其他具体的对沉没的军舰及其他国有船只飞机保护的公约、协议、备忘录,2001 年 UNESCO 公约虽然保护的具体对象并不是精准地对应沉没的军舰及其他国有船只飞机,但是其签署国往往远多于针对某一个具体的沉没的军舰及其他国有船只飞机的保护协议,因此更容易被认定为习惯法规则。另一方面,2001 年 UNESCO 公约虽然不像《联合国海洋法公约》那样得到更加广泛的签署和认可,但是它毕竟是有针对性地保护水下文化遗产,而不是像《联合国海洋法公约》那样构建宏大的海洋交往关系的法律框架。因此,作为一种"中庸"的法律工具,2001 年 UNESCO 公约更容易被识别为国际习惯法。

但是遗憾的是,中国并未加入这一公约,因此该公约在国内的熟知程度还有待提升,已经有不少学者呼吁加入该公约。此外,从另一个方面讲,即便中国未加入且不计划加入 2001 年 UNESCO 公约,在未来的司法实践中,该公约的相关规则也是可以适用于中国的。这是基于对国际法渊源的分析。一般而言,虽然某些国家不是某条约的签署国,该条约不对该国生效,体现了条约的相对性。但在现实中,多数国家参与的条约往往具有一种属性,即较容易地被国际司法机构认定为"国际习惯法",作为另一种正式的法律渊源而被适用。具体而言,国际司法机构可以不谈及适用了某公约的第几条第几款,但适用的特定规则与公约的某条某款内容一样,只是其效力并非来源于公约,而是国际习惯法。例如,《保护水下文化遗产公约》第 1 条第(a)款规定,所谓"水下文化遗产",是至少 100 年来存在的遗迹,体现了沉没的军舰及其他国有船只飞机残骸的历史性和文化性。这一界定首先从定义上明确了沉没的军舰及其他国有船只飞机残骸的范围。又如,《保护水下文化遗产公约》规定了两个基本原则——就地保护原则和禁止商业开发原则,这就可以在原则上被识别为国际习惯法。虽然具体的案件中保护沉没的军舰及其他国有船只飞机的具体方式和规则,涉及的国内法不同,但这些原则仍然可以运用。因此,越是基础性的、原则性的内容,根据《保护水下文化遗产公约》的属性,越是容易被识别为国际习惯法,作为正式的法律渊源以解决具体法律问题。

当然,这并不意味着其他的公约,甚至协定、备忘录等,必然不会成为国际习惯法。也不意味着随着沉没的军舰及其他国有船只飞机残骸打捞问题的发展,会出现新的国际习惯法规则。只要满足《国际法院规约》第 38 条关于国际习惯法的规定,符合国家实践(惯例)与法律确信,能够被国际司法机构识别为国际习惯法的,均能够作为正式的国际法法律渊源被援引适用。

如 1954 年《关于发生武装冲突时保护文化财产的海牙公约》强调特殊时期发生武装冲突时,对文化财产的保护。文化财产包含考古遗址,进而也包含水下考古遗址,因此尤其是涉及海洋的武装冲突时,有关沉没的军舰及其他国有船只飞机残骸的保护,就可能涉及该公约中一些规则的适用。当然这些规则的效力可以来自公约本身,也可以被国际司法机关识别为国际习惯法。

又如欧洲理事会于 1969 年发布,1992 年修改的《保护考古遗产欧洲公约》,作为典型的区域性公约,对考古行为进行了规制,防止破坏性的考古和文化遗产开发,可以在一定程度上限制商业开发,保护文化古迹与文物。虽然该公约既不直接针对水下文化遗产,甚至和水下文化遗产的范围相去甚远,又是区域性的,是在欧洲范围内的,但是其规定的保护原则,即防止破坏性考古开发的原则,也可以适用于水下文化遗产,以及沉没的军舰及其他国有船只飞机残骸的保护,避免居心叵测的商业开发,甚至对推动保护沉没的军舰及其他国有船只飞机残骸的新的国际习惯法的产生都有推动作用。

1970 年的《关于禁止和防止非法进出口文化财产和非法转让其所有权的方法的公约》,虽然并不直接针对沉没的军舰及其他国有船只飞机残骸的打捞与水下文化遗产的保护,但是却从反面,或从源头对商业开发行为进行限制。通俗地讲,就是“没有买卖,就没有伤害”。该公约禁止非法出口文化财产,非法转让其所有权,从所有权的角度限制了文化财产的商业交易,倒闭性地限制商业开发,从而限制了商业打捞,保护了沉没的军舰及其他国有船只飞机残骸。虽然沉没的军舰及其他国有船只飞机残骸与文化财产两个概念之间的关系有待明确,但这种逆向思维的保护思路和保护原则也有助于被识别为保护沉没的军舰及其他国有船只飞机残骸的国际习惯法规则。

1972年的《保护世界文化和自然遗产公约》建立了世界遗产委员会。虽然其管辖、保护的遗产范围有限,即具有"突出的普遍价值",但建立保护委员会的思路也对沉没的军舰及其他国有船只飞机残骸的打捞与保护,起到了启发的作用。

此外,其他的一些双边、多边、区域性的公约都可以被识别为国际习惯法作为正式的法律渊源被国际司法机构援引,具体的情形需要在具体的案件中考察国家实践和法律确信两个要素。

除了国际习惯法之外,按照《国际法院规约》第38条的规定,一般法律原则,为文明各国所承认者,也是国际法的正式渊源,如公平原则、禁反言原则(estoppel)、禁止自己裁判原则(nemojudex in resua)、禁止权利滥用原则(abuse of rights)、公允及善良原则(ex aequo et bono)、不因不法行为而获利原则等。这些一般法律原则,在国际法案件中能够被作为正式的法律渊源进行援引,以裁判有关沉没的军舰及其他国有船只飞机残骸的打捞与保护的案件。而因为这些原则都比较抽象,适用于各个法律领域,因此其援引、解释和适用需要在具体案件中,通过法官的法律推理进行阐释。

(三) 沉没的军舰及其他国有船只飞机残骸打捞的国际"软法"渊源

其他的双边、多边、区域协定,虽然不具有强制的法律约束力,不是《维也纳条约法公约》或相关公约以及习惯法认可的国际公约,但是也在事实上以政治性文件如联合声明、谅解备忘录、决议(resolutions)、国际组织建议(recommendations by international organizations)、政治承诺(political commitments)、宣言(declarations)①

---

① An. Cliquet, "International and European Biodiversity and Natural Resources Law," *Ghent University*, vol. 12 (2016), p. 57.

等形式,发挥着保护沉没的军舰及其他国有船只飞机残骸的作用,一般被称为"软法",具有指导性、号召性、激励性、宣示性。

"软法"可以单独存在,即一般情况下被冠以上述名称的文件,也可以出现在"硬法"中。例如,具有强制法律约束力的国际条约中,会有一些条款,并非旨在产生、变更、消灭双方权利义务法律关系的,因此也不具有强制约束力,是存在于"硬法"中的"软法",体现为当事方之间政治上的合作、声明、号召、激励。此外,这些"软法"也与国际习惯法之间具有密切的联系,是识别国际习惯法的重要辅助证明材料,并反过来在一定程度上能够推动"硬法",不论是公约还是国际习惯法的形成。

如1956年《关于适用于考古发掘之国际原则的建议》,虽然从名称上就能判断,该文件不是典型意义上的国际公约,而仅仅是联合国教科文组织通过的一项决议,不能作为正式的国际法渊源进行引用,但按照相关国际法规则,可以作为补充性的国际法渊源进行使用。该文件的核心观念在于,当开发、打捞的技术尚不成熟时,不要急于为了眼前利益进行开发和打捞,而是对不同时期、一定数量的遗址进行维持,等相关地质、环境问题研究清楚,打捞、开发技术足够发达,能够通过可行性报告时,再进行开采。实际上,这样一种审慎的态度,一方面体现了保护性开发与打捞的理念,另一方面也体现了《保护水下文化遗产公约》中两大原则之一的"就地保护"原则。此外,该文件也鼓励国际合作,以防止私人开发者为了商业目的进行破坏性开发,防止非法出口,同样体现了《保护水下文化遗产公约》的另一重要原则——禁止商业开发,以及提供一种保护水下文化遗产的"逆向思路":通过禁止非法交易流转,倒逼地限制开发与打捞。该文件作为一种非正式的国际法渊源,以国际组织决议的面貌出现,能够作为"软法",在特定情况下,发挥着保护沉没的军舰及其他国有船只飞机残骸的作用。此外,类似的还有1978年《欧洲理事会议会大会关于水下文化遗产的第848号建议》,2000年的《欧洲理事会议会大会关于海洋和河流文化遗产的第1486号建议》,2001年的《锡拉库萨宣言》等,都以"软法"文件的形式,基于"行为导向"而非"规则导向"的理念发挥着作用。

此外，一些国际组织的决议也发挥着"软法"的功能，而这些"软法"随着日臻成熟完善，最终可以演变成"硬法"，发挥保护水下文化遗产的功能。因此，这些"软法"的价值不单单体现在促进"硬法"形成的作用，更体现在"硬法"出台前，各个国家通过谈判磋商，传播保护水下文化遗产理念与方法的功能，肩负起"硬法"生效之前对相关案件的规制作用。1993 年，联合国教科文组织通过决议，决定草拟一份保护水下文化遗产的国际文件。接着在 1994 年，国际法协会通过了《保护水下文化遗产布宜诺斯艾利斯公约（草案）》。各国基于此和《联合国海洋法公约》，展开了激烈的讨论，最终形成了 2001 年 UNESCO 公约。此外，磋商与谈判的另一个成果，即《保护水下文化遗产公约》的附件——《关于开发水下文化遗产活动的规章》也得到了通过，作为 2001 年 UNESCO 公约的一部分，发挥着作用。不可否认的是，在各个国家的谈判磋商，以及受到影响的国家实践，各个国家的国内立法，和最后成文化于 2001 年 UNESCO 公约，这些因素都与国际司法机构对习惯国际法的识别密不可分，整个过程也成为支撑《保护水下文化遗产公约》中相关规则成为国际习惯法。由是观之，"软法"和"硬法"之间的关系，不仅体现了国际法，也体现了国内法，"软法"不仅与公约有密不可分的关系，还与国际习惯法有密不可分的关系。

一些双边或多边协议也承担着"软法"的功能。按照李浩培在《条约法概论》中的观点，一般而言，文件的名称与其内容有着一定的关系，虽然并未完全固定下来，但已经逐渐形成了习惯[①]。从其名字就可以看出，所谓"换文"和"谅解备忘录"，一般情况下都不是条约，因此只能发挥着"软法"的作用，或作为辅助材料支撑对国际习惯法的识别，或最终推动形成"硬法"，例如，1972 年的《荷兰与澳大利亚关于荷兰古代沉船的协议》，1989 年的《南非与英国关于 HMS Brikenhead 号沉船的换文》，1997 年的《加拿大与英国关于 HMS Erebus 和 HMS Terror 号勘探、发掘和处置的谅解备忘录》等。这些文件都是针对某一具

---

① 但文件的名称并不影响一个文件是不是国际条约。只要满足条约的实质要求，就是条约：至少两个国际法主体意在原则上按照国际法产生、改变、废止相互间权利义务的意思表示一致。李浩培：《条约法概论》，法律出版社，2003 年版，第 3 页。

体情况,对沉没的军舰及其他国有船只飞机残骸打捞问题进行解决,并非"造法性"的,其中体现的一些"软法"性质的规则,首先只能适用于当事国之间,其次一般不具有强制的法律约束力,除非符合条约的要求。而即便符合条约的要求,也不见得一定就有强制的法律约束力,因为即便在条约中,也有一部分条款并非创设、变更、消灭当事国之间的权利义务的,因此本质上也是"软法"。

　　还有一些保护自然资源的国际、区域"软法"文件,也对水下文化遗产的保护起到了一定积极的作用,如 1972 年的《斯德哥尔摩环境宣言》(Stockholm Declaration on Environment)、1982 年的联合国大会的《世界自然宪章》(World Charter for Nature)、1992 年的《里约环境与发展宣言》(Rio Declaration on Environment and Development)。[①]

三、沉没的军舰及其他国有船只飞机残骸打捞的国内法渊源与典型案例

　　实践中,当商业打捞公司对某特定船只、飞机残骸进行打捞并向本国法院提起诉讼(主要是对物诉讼 Action in Rem 的确认之诉)时,往往会援引本国有关物权的实体与程序法律,同时援引与打捞相关的法律以主张报酬,实现其商业目的。

　　而面对打捞公司在本国法院提起的诉讼,他国政府主张对残骸的所有权时,首先会向受诉法院主张国家豁免,以及受诉法院管辖权的缺失,此时就有可能援引法院地国与主权豁免相关的法律。即便案件依据应诉管辖进入诉讼阶段,当事国也可能会援引法院地国有关法律进行抗辩,起码是程序法。

　　因此,在沉船、飞机残骸打捞的司法实践中,法院地法的国内法也可能成为

---

① An. Cliquet. "International and European Biodiversity and Natural Resources Law," *Ghent University*, vol. 12 (2016), p. 49.

重要的法律渊源。如美国的 1906 年 *The Antiquities Act*[①], 1987 年《被抛弃沉船法案》[②], 英国 1973 年[③]以及 1976 年《历史性沉船法案》。[④] 更多的国内立法可以参见相关统计。[⑤]

在物权方面, 普通法系遵从"发现者占有"的原则,[⑥]即具有明确意思表示的发现者, 意图通过获得打捞的财产取得所有权, 并在事实上已经占有该财产。但如前文所述, 按照物权法的相关理论分析, 虽然沉没的军舰及其他国有船只飞机属于水下文化遗产, 但其并非纯粹的无主物, 也不是抛弃物, 因此不适用善意取得制度。同时沉没的军舰及其他国有船只飞机也不是"人类共同遗产", 因此也不适用相关制度。

在关于豁免的法律方面, 美国有《沉没的军用船舰与航空器法案》, 俄罗斯也主张过"在国际海洋法下, 所有的沉没的军舰以及政府船舶一直都是属于船旗国

① H. R. Rep. No. 96 - 1457, at 17 - 18 (1980), as reprinted in 1980 U. S. C. C. A. N. 6378, 6380, (该文物法仅仅是对美国亚利桑那州的卡萨格兰德山区的印第安遗址的保护, 讨论了早期私力对 Vernon 损害的保护); Gerstenblith, supra note 86, at 71 - 72. 转引自 Christopher Z. Bordelon, "Saving Salvage: Avoiding Misguided Changes to Salvage and Finds Law," *San Diego Int'l L. J.* vol. 7 (2005), p. 188.

② 43 U. S. C. § 2105 (2006) (asserting title for the United States to certain abandoned shipwrecks), 转引自 Transnational Forfeiture of the Getty Bronze, Dr. Derek Fincham, Associate Professor, South Texas College of Law, Ph. D. University of Aberdeen. *Cardozo Arts & Entertainment*, vol. 32, p101 - 129.

③ Protection of Wrecks Act 1973, 1973 Chapter 33. 转引自 Jie Huangn, "Maritime Archaeology and Identification of Historic Shipwrecks: A Legal Perspective," *Marine Policy*, vol. 44 (2014), pp. 256 - 264.

④ An Act relating to the Protection of Certain Shipwrecks and Relics of Historic Significance. Act No. 190 of 1976 as amended on January 24, 2012. 转引自 Jie Huangn, "Maritime Archaeology and Identification of Historic Shipwrecks: A Legal Perspective," *Marine Policy*, vol. 44 (2014), pp. 256 - 264.

⑤ http://museum. gov. ns. ca/arch/wrecklaw. htm [accessed 08. 05. 13], 转引自 Jie Huangn, "Maritime Archaeology and Identification of Historic Shipwrecks: A Legal Perspective," *Marine Policy*, vol. 44 (2014), pp. 256 - 264.

⑥ 但是该原则适用的情况是, 不存在从前的所有者 (no prior owner)。*Columbus-Am. Discovery Group v. At. Mut. Ins. Co.*, 974 F. 2d 450, 460 (4th Cir. 1992), 459 - 460. 转引自 David J. Bederman; Brian D. Spielman, "Refusing Salvage," *Loy. Mar. L. J.* vol. 6 (2008), pp. 31 - 58.

的财产"。①

关于中国的相关法律法规,主要包括《文物保护法》《水下文物保护管理条例》《打捞沉船管理办法》《关于外商参与打捞中国沿海水域沉船沉物管理办法》等法律法规,并对水下文化遗产的保护确定了以下重要原则:(1)中华人民共和国境内地下、内水和领海中遗存的一切文物,属于国家所有。一切考古发掘工作,必须履行报批手续;从事考古发掘的单位,应当经国务院文物行政部门批准,任何单位或者个人都不得私自发掘。(2)水下文物的考古勘探和发掘活动应当以文物保护和科学研究为目的;任何单位或者个人在中国管辖水域进行水下文物的考古勘探或者发掘活动,必须向国家文物局提出申请,并提供有关资料;未经国家文物局批准,任何单位或者个人不得以任何方式私自勘探或者发掘。(3)外国国家、国际组织、外国法人或者自然人在中国管辖水域进行水下文物的考古勘探或者发掘活动,必须采取与中国合作的方式进行。在我国"南海Ⅰ号"的相关打捞和保护过程中,上述法律法规及其原则起到了不同程度的作用。②

具体而言,对于水下文物的范围,按我国《水下文物保护管理条例》第2条规定,"是指遗存于下列水域的具有历史、艺术和科学价值的人类文化遗产:(一)遗存于中国内水、领海内的一切起源于中国的、起源国不明的和起源于外国的文物;(二)遗存于中国领海以外依照中国法律由中国管辖的其他海域内的起源于中国的和起源国不明的文物;(三)遗存于外国领海以外的其他管辖海域以及公海区域内的起源于中国的文物"。

现实中,相关沉没的军舰及其他国有船只飞机残骸的打捞的问题,即便不涉及国际法,情形也会很复杂,如可能不仅涉及一国的国内法,还会涉及别国的国内法,以及复杂的管辖权问题等。为了清晰地说明国内法渊源在裁判沉没的军

---

① Communication from the government of the Russian federation to the us state department, 3 october 2003, in us department of state, Office of Ocean Affairs, cit, supra note 24,转引自孙南申,孙雯:《海底文物返还的法律问题分析及其启示———以西班牙沉船案为例》,《上海财经大学学报》,2012年第14卷第6期,第30—37页。

② 李锦辉:《南海一号:中国海底文化遗产一种现实的保护模式》,载《长春理工大学学报(社会科学版)》,2011年3月,第22页。

舰及其他国有船只飞机残骸的打捞与保护案件时的重要性，可以对具体的案例进行分析。在这一领域，目前较为有代表性的案例是西班牙沉船案。① 一家美国的商业打捞公司奥德赛是一家典型的以商业运行模式运作的专业打捞公司。2006 年，该公司将眼光锁定于直布罗陀海峡附近区域，启动了"阿姆斯特丹项目"，在曾经海运发达的地区进行探索。在该公司的重点打捞清单中，"梅赛德斯号"是一艘 1804 年沉没的西班牙船只。该公司曾与西班牙政府会晤，但西班牙政府并未许可该公司进行打捞。

然而该公司在商业利益的驱使下，还是决定对"梅赛德斯号"进行打捞。为了绕过西班牙政府的不同意，该公司对其打捞行为在法律上进行了包装，于 2007 年 4 月向美国佛罗里达州的法院提起确认之诉，请求对这一"身份不明"的沉船及其所属的货物、附属物、装饰品等，确认其占有权，依据《发现法》(Law of Finds)和《打捞法》(Law of Salvage)主张物权和打捞报酬。该美国地区法院随后根据奥德赛公司的主张，发布了一项命令，允许奥德赛公司打捞并保管残骸和相关物品。此时，西班牙政府向美国法院提出了主张，认为"梅赛德斯号"是西班牙的皇家战舰，是国家财产，因此西班牙对此享有主权豁免，依据美国《外国主权豁免法》，不应当遭到扣押，应当返还给所有权国。后来，又有 25 名个人原告提出诉求，声称对船上的财物拥有利益，基于继承应当获得相应财产。秘鲁政府也提出了基于领土而获得的继承权，主张对残骸及物品的权利。

法院经过争议焦点归纳，认为该案的核心问题是美国《外国主权豁免法》的解释和适用问题。如果本案适用《外国主权豁免法》，则美国法院对该案没有管辖权，

---

① 另一个较为著名的案例是"泰坦尼克号"案。但是"泰坦尼克号"与"梅赛德斯号"有着明显的不同。为解决"泰坦尼克号"的打捞等问题，美国颁布了《泰坦尼克号海事纪念法》，认定其国家性和国际性两个重要特征，与多国均有重要联系。2004 年，美国、英国、法国和加拿大签署了《关于 RMS 泰坦尼克号沉船的协定》，2012 年联合国教科文组织宣布沉没了 100 年的"泰坦尼克号残骸"将受《保护水下文化遗产公约》的保护，成为"人类共同遗产"。因此，本研究讨论的军舰和其他国有属性较强的船只和飞机残骸更倾向于"梅赛德斯号"的情形，而非"泰坦尼克号"。江河、於佳：《国际法上的历史沉船之所有权冲突——以保护水下文化遗产为视角》，载《厦门大学法律评论》，2015年 01 期，第 94 页。

且打捞上来的相关残骸和物品,也应当依据其所属的主权国家判断物权归属。

在质证过程中,奥德赛公司主张认为,没有充分的证据证明"梅赛德斯号"是西班牙所宣称的军舰,因此本案不适用于《外国主权豁免法》。其次,即便能够证明该船是西班牙所主张的军舰,即国家财产,但当该船沉没时,该船并非在执行国家任务或军事任务,而是在进行商业活动,即从法律性质上来判断的话,并非是国家行为。根据国家豁免的相关理论和规定,相对的国家豁免仅针对进行国家行为的国家财产才生效,因此不适用于《外国主权豁免法》。此外,从管辖权的角度论述,如果法院没有管辖权,则相应地也没有权利要求奥德赛公司将残骸及相关物品交给西班牙。

最终,法院认定该船是"梅赛德斯号",也是西班牙政府的财产,同时法院没有管辖权,并指示奥德赛公司将打捞物返还给西班牙政府。美国政府也出面表示西班牙战舰应当享有主权豁免。尽管奥德赛公司和 25 个原告都提出了上诉,甚至最终上诉到了美国联邦最高法院,但均被驳回。

可以看出,在本案中,具体的有关文物保护、文化遗产保护等相关的法律均未被援引,而仅仅是当西班牙提出充分证据证明"梅赛德斯号"是军舰,即国家财产时,就能够顺利地通过援引主权豁免而赢得诉讼。可见,在具体的案件中,国内法往往具有一种"阻断性"的效应,尤其是关于主权豁免类的法律。这类法律的援引相当重要,甚至可以起到"一锤定音"的作用,或者更形象的是"一夫当关,万夫莫开"的作用,将案件事实与纷繁复杂的文物保护类法律隔断开来,实现沉没的军舰及其他国有船只飞机残骸的定性问题与返还问题。

需要注意的是,在本案中,《外国主权豁免法》对判断主权豁免问题的适用,涉及举证责任的问题。《外国主权豁免法》第 1610 条和 1611 条规定了两种主权豁免适用的例外情形。当西班牙主张这两种情形时,按照《外国主权豁免法》额规定,举证责任将要倒置,转移到西班牙方。所幸,奥德赛公司并未对 1610 条和 1611 条进行主张。此外,事实上,在本案中,法院也查明,"梅赛德斯号"确实承担了商业运输的活动并以此营利,部分运输品确实属于私人,牵扯到另外 25 个原告的诉讼标的。但是,面对绝对的主权豁免与狭义的主权豁免,美国法院还是选择了绝对的主权豁免作为其立场，这一选择可能也是基于美国利益的考虑，即在今后相关的案件中，即便美国的国有沉船不是在执行国家任务，行使国家行为，而是在进行商业活动，也可以通过援引绝对的主权豁免而不受他国法院管辖，并将美国沉船的残骸及相关物品返还给美国。

此外，一国的国内法往往与其法律文化传统密不可分。本案中，奥德赛公司提出的法律依据《发现法》，实际上就是基于英美法系的概念"发现者占有"。此概念类似于拾得无主物，所发现之物必须在权利上是"干净"的，即不能够再有原所有人的所有权，也不应当有担保物权等其他物权附着于物之上。但是曾经有学者专门针对沉船打捞问题作出区分：针对古沉船和沉船，如果要想证明先前的拥有者明确地放弃物权，证明标准是不一样的。针对非古沉船的沉船，也需要证明"所有权人明确地（express）表示放弃"，且这一举证责任由打捞者承担。而针对古沉船，还需要考虑其他潜在的相关情况（potentially relevant）。① 但退一步讲，很明显，西班牙才不会放弃对"梅赛德斯号"的物权。

第三节　沉没的军舰及其他国有船只飞机残骸打捞问题的解决设想

通过总结沉没的军舰及其他国有船只飞机残骸打捞的历史发展、事实现状及其法律渊源，参考具有代表性的"梅赛德斯号"案例，可以结合事实问题与法律问题，以代表案例为切入点，从理论与实践两个维度，提出解决相关法律问题的模式设想。

沉没的军舰及其他国有船只飞机残骸长期存在于海洋中，包括从法律上讲的领海、毗连区、专属经济区、公海中，其产生的原因是多种多样的，比如战争、意

---

① *Columbus-Am. Discovery Group v. Atl. Mut. Ins. Co.*，974 F. 2d at 461 - 62. 转引自 Christopher Z. Bordelon，"Saving Salvage: Avoiding Misguided Changes to Salvage and Finds Law," San Diego Int'l L. J.，vol. 7（2005），p. 180.

外事故、自然损毁、抛弃等,但本质上都离不开历史上人类航海技术与相关科技知识的大幅度提升和充实,集中体现在自西方世界地理大发现以来开启的以海洋为交通核心的政治、经济、军事、社会关系。

沉没的军舰及其他国有船只飞机残骸的打捞由于涉及政治、历史、经济、文化、考古、法律等诸多方面,也引发了多种多样的综合性问题,并在法律上有了广泛体现,诸如残骸的法律性质、法律归属、豁免、管辖、国际合作等法律问题,亟待明确并得以解决。而解决思路则要从法律渊源中寻找,包括国际法和国内法,"硬法"和"软法",以及典型案例的启示。因此,对这一法律问题的解决设想,将从硬法与软法结合、典型案例剖析两个角度进行,最终形成综合的解决方案。

一、沉没的军舰及其他国有船只飞机残骸打捞的"软硬结合"解决模式

首先,不可否认的是,仅仅有硬法不足以保护所有的沉没的军舰及其他国有船只飞机残骸,因为从法律渊源的角度看,一方面,并非所有国家都是相关公约的缔约国,也并非所有的相关规则都能够被识别为国际习惯法,因此除了一般法律原则外,很难说有放之四海而皆准的保护沉没的军舰及其他国有船只飞机残骸的规则。而一般法律原则又往往太过宽泛,其解释和适用难度非常大,且并非针对沉没的军舰及其他国有船只飞机残骸的问题。因此,硬法必须结合"软法"。

目前,主要的正式法律渊源,在国际法上来看,能够较为普遍适用的有:《联合国海洋法公约》第 149 条和第 303 条及其他相关条款;《保护水下文化遗产公约》;《关于发生武装冲突时保护文化财产的海牙公约》;《关于禁止和防止非法进出口文化财产和非法转让其所有权的方法的公约》;《保护世界文化和自然遗产公约》;《1949 年日内瓦公约》,以及这些公约所固定下来的国际习惯法规则。

可以看出,这些公约的形成与发展均是在各个国家长期的磋商、谈判、国家实践中形成的。因此,要想形成并发展相关保护沉没的军舰及其他国有船只飞机残骸的规则,最好的办法还是让各个国家加强互动,针对这一问题展开磋商、讨论、合作,在交往与合作中发展现有规则,创造新的适合时代发展的规则,并逐

步将成熟的规则习惯法化、成文法化，将软法转化为硬法，将实践经验固定下来，形成恰当的模式，成为规制当事方权利义务关系的切实规则。

因此，区域性的合作，谅解备忘录与换文等"软法"文件的签署就显得尤为紧迫。相应成熟、成功的合作情况例如 1972 年的《荷兰与澳大利亚关于荷兰古代沉船的协议》，1989 年的《南非与英国关于"伯肯黑德号"（HMS Brikenhead）沉船的换文》，1997《加拿大与英国关于"幽冥号"（HMS Erebus）和"惊恐号"（HMS Terror）勘探、发掘和处置的谅解备忘录》，2004 年美国、英国、法国和加拿大的《关于 RMS 泰坦尼克号沉船的协定》等。此外，一些有关水下文化遗产保护的"软法"文件也能涵盖沉没的军舰及其他国有船只飞机残骸，对其进行保护，对相关活动进行规制。如 2000 年《欧洲理事会议会大会关于海洋和河流文化遗产的第 1486 号建议》，2001 年地中海地区的《希腊库萨宣言》和 2012 年的《保护水下文化遗产亚太地区行动建议》。又如一些区域性的合作机制，虽然未直接提出如何保护沉没的军舰及其他国有船只飞机残骸，但在大的方向和原则上，对水下文化遗产的保护均有提纲挈领的规定，如《落实中国-东盟面向和平与繁荣的战略伙伴关系联合宣言的行动计划（2016—2020）》。

整合上面各类"软法"文件，可以窥探各类文件"软法"文件的性质及产生的原因和过程，从而总结成功的经验，以典型的例子为参考，推动更多更有效的"软法"文件的形成，以补充、促进现有硬法法律原则和规则，进一步完善地规制沉没的军舰及其他国有船只飞机残骸的打捞和保护。

"软法"文件具有两面性。一般而言，"软法"性文件比正式的法律渊源更具有灵活性，当事方更容易磋商并接受，且效率较高，不需要复杂的生效程序，因此基于政治性目的或具体问题的导向，"软法"文件的形成与发挥作用具有天然的优势。但另一方面，正是因为"软法"文件具有较强的灵活性，当事国产生、变更、终结法律关系的意思表示可以说是含混不清甚至是没有的，因此权利义务不明显，措辞较为含混宏观，不具有强制执行力，使得当事国保有一种"进可攻，退可守"的心态，即如果合作顺利，那么就可以基于现实需要，进一步促进签署公约或条约，以具有强制约束力的法律工具促进合作，解决争议；如果合作不顺利，或基于国家利益等原因不再愿意合作,那就可以对此"软法"文件置若罔闻,弃之不顾,因为"软法"文件本身就没有强制约束力。

从对"软法"文件的性质分析可以看出,其产生的过程往往相较于条约随意性强一些,可以是签署政治声明促进合作,也可以是通过一些双边、区域、国际合作机制开展的活动,形成正式的规范性文件,记录并表彰合作的成果。就沉没的军舰及其他国有船只飞机残骸的保护和打捞而言,大多是问题导向型的"软法"文件,也有政治宣言型的"软法"文件会提及沉没的军舰及其他国有船只飞机残骸的保护和打捞,但这一内容不会成为主题,只是促进政治宣言之合作的一个辅助方面。由此来看,沉没的军舰及其他国有船只飞机残骸相关的"软法"文件,在双边、多边、区域、国际合作框架下的活动及具体的问题导向就显得非常重要了。这往往也是相关"软法"文件签署的起因,贯穿了整个过程。

2002 年 11 月 4 日,中国与东盟各成员国政府签署了《南海各方行为宣言》。虽然该宣言的主要目的是维护南海和平,促进直接有关的主权国家通过友好磋商和谈判解决领土与管辖权争端,避免诉诸武力或以武力相威胁,但附带着,也在宣言第 6 条提到了各方的几个合作领域,其中包括海洋环保、海洋科学研究、海上航行和交通安全、搜寻与救助等。无疑,这些或多或少都与沉没的军舰及其他国有船只飞机残骸的问题有所关联,因此在涉及沉没的军舰及其他国有船只飞机残骸或其他水下文化遗产时,各方可以根据该宣言的权利义务指导合作,促进合作,不仅能够解决水下文化遗产的问题,可能还会促进多边关系,解决其他问题。此后,陆续又出现了 2014 年的南海丝绸之路文化遗产保护研讨会,2015 年的《中国国家文物局水下文化遗产保护中心和法国水下考古所合作框架协议》、2016 年的《中国与希腊文化和体育部关于水下文化遗产合作的谅解备忘录》和《中国国家文物局与沙特阿拉伯王国旅游与民族遗产总机构赛林港联合考古发掘合作协议》,2016 年我国文化部发布的《文化部"一带一路"文化发展行动计划(2016—2020年),[①]2017年举办的"一带一路"沿线国水下考古培训班。在亚太范围内,也有相关的学术说动,如亚太水下文化遗产保护班,亚太水下文化遗产学术大会等。这些"行动"是转化"愿景"为现实的动力,通过现实的合作,为水下文化遗产的保护提供与时俱进的框架与方法,并将沉没的军舰及其他国有船只飞机残骸涵盖其中,或进一步细化,为沉没的军舰及其他国有船只飞机残骸的打捞和保护进行更加专业的探讨与合作,以"软法"文件记录成果,促进进一步的合作和争议解决。

总结来看,"软法"文件的成因往往是离不开行动的,推动相关合作行动的开展,以"软法"文件记录合作成果,推动进一步的合作或争议解决,是补充甚至是转化为"硬法"的优选方案。因此,我们需要变换思维,以"行动到向"[②]取代西方传统的"规则导向",先通过权利义务属性并不明显的"软法"文件进行合作,用宣示性、政治性、号召性、实用性的"软法文件"先建立合作机制,再经过一定的时间修正调整,以期最终形成习惯法规则,甚至成文化,实现"软法"与"硬法"的结合。

二、沉没的军舰及其他国有船只飞机残骸打捞的案例视角解决模式

通过前文对西班牙"梅赛德斯号"案的探讨,可以归纳出,在具体的涉及沉没的军舰及其他国有船只飞机残骸的打捞和保护案件中,主要涉及的问题有所有权、豁免、管辖,以及国内法关于打捞类法律的适用。这些问题一环套一环,需要逐一解决。

---

① 其中"重点任务"部分的"打造'一带一路'文化交流品牌"提到,要"加大'一带一路'文化遗产保护力度,促进与沿线国家和地区在考古研究、文物修复、文物展览、人员培训、博物馆交流、世界遗产申报与管理等方面开展国际合作",反映了我国的开展文化遗产保护和考古方面进行国际合作的决心,有助于促成"软法"文件的形成。中国文化部官方网站:http://zwgk.mcprc.gov.cn/auto255/201701/t20170113_477591.html,最后访问日期2017年11月18日。

② 赵可金:《探索外交理论的中国途径》,载《清华大学学报(哲学社会科学版)》,2016年第5期(第31卷),第43页。

1. 沉没的军舰及其他国有船只飞机残骸的所有权

在分析"梅赛德斯号"案之前，上文曾分析过，在法律属性上，沉没的军舰及其他国有船只飞机残骸既不是纯粹的无主物（未曾被任何人占有），也不是所有权人抛弃之物（即抛弃物），因此无法适用先占制度获得所有权。同时沉没的军舰及其他国有船只飞机残骸也不属于"人类共同遗产"，因此也不适用类似月球、南极这样适用于"人类共同遗产"的制度。本部分将对此作出探讨。

首先，所有权问题是一个前置性问题，是探讨豁免、管辖、打捞的前提，因此各国在针对此问题的谈判时均非常敏感。虽然，对于水下文化遗产而言，所有权问题可能会出现争议，但结合"梅赛德斯号"案我们能够发现，当我们探讨沉没的军舰及其他国有船只飞机残骸时，能够很明显的发现，这一类残骸具有一个鲜明的特色——国有。不论是军舰，还是其他国有船只，其他国有飞机，它们在被使用时，承担的都是国家职能，其行为都是国家行为，尽管有时可能会有一定的商业作用，但美国地区法院的做法以及"梅赛德斯号"案的判例法均告诉我们，尽管"梅赛德斯号"承担一部分商业功能，为私人货主运送货物，但这并不能改变其军舰的国有属性，因此不管是案中 25 个个人主张权利，还是秘鲁作为海岸国主张权利，均被美国司法机关和美国政府拒绝，最终"梅赛德斯号"还是回归西班牙。

因此，一言以蔽之，沉没的军舰及其他国有船只飞机残骸的属性是具有国有性的，只要能通过残骸辨认出原所有国，就可以清晰地界定物权归属。就像在"梅赛德斯号"案中，即便船上的货物中有私人货物，相关国家及私人提出主张，但美国法院仍然坚持认为，作为军舰，"梅赛德斯号"与船上的货物是不可分割的。

2. 沉没的军舰及其他国有船只飞机残骸打捞的豁免

基于一项古老的国际法规则，"平等国家之间不具有管辖权"，当有足够证据证明沉没的军舰及其他国有船只飞机残骸是一国的国家财产时，且该国并未明确表示放弃管辖豁免与执行豁免时，他国法院不能享有管辖权。

前文提到过，沉没的军舰及其他国有船只飞机残骸之所以能够豁免，其法律基础主要来自两点：（1）《1949 年日内瓦公约》规定了沉没的军舰是"军事坟墓"，不受其他国家的干涉，体现了沉没的军舰的国有属性；（2）沉没的军舰及其他国有船只飞机残骸起码是国家财产，即便不再承担军事功能或执行其他国家行为。因为功能的改变并不影响其财产价值的国有属性，况且功能的改变，经过岁月的打磨，时光的流逝，沉没的军舰及其他国有船只飞机残骸出现了新的价值，即具有历史文化性和稀缺性的文物价值，而不仅仅是彼时执行国家任务的国有船只。这两点内容可以是直接来自公约，约束当事国，也可以是来自国际习惯法，具有普遍约束力。

当然，前文也在"梅赛德斯号"案中提到，主张国家有一定的限制。在本案中，按照美国的《国家主权豁免法》，有两种例外情形导致不能适用豁免。而按照2001 年 UNESCO 公约，共有三种不能适用豁免的情形。需要明确的是，美国并不是 2001 年 UNESCO 公约的缔约国，①因此尽管 2001 年 UNESCO 公约规定，只有当沉没于税种的国家船舶和飞机是由国家所有或经营，并为了政府目的而非商业目的，才能进行国家豁免。而在"梅赛德斯号"案中，即便奥德赛公司提出主张说，"梅赛德斯号"上有大部分货物都是私人货主的，"梅赛德斯号"承担的是商业任务，法院也查明了这一点，法院还是认为西班牙应当得到豁免。

3. 沉没的军舰及其他国有船只飞机残骸打捞的管辖

一般而言，各国会通过国内立法的形式先宣布自己有管辖权的范围，主要是基于：（1）属地管辖，即在自己的内水、领海或其他具有主权权利的区域宣布自己的管辖权；（2）类属人管辖。沉没的军舰及其他国有船只飞机残骸不是"人"，但是具有一定的"国籍属性"，相应的法律制度也有所体现，如船旗国制度。因此，沉没的军舰及其他国有船只飞机残骸身上本身就有某个国家的"烙印"，国家也会宣布针对其享有管辖权。如，中国宣布中国对中国水下的文物享有管辖权。

很明显的一个问题是，当上述两类管辖发生冲突时怎么办呢？一般而言，前

---

① 联合国教科文组织官方网站：www. unesco. org/eri/la/convention. asp？KO＝13520&language＝E&order＝alpha，最后访问日期 2017 年 11 月 11 日。

者优先于后者，但后者在某些情况下可以成为前者的例外。具体而言，一国基于其主权，在内水、领海享有主权权利，因此在这一部分发现的沉没的军舰及其他国有船只飞机残骸，沿岸国一般都具有管辖权。且一般情况下，沉没于一国领海、内水的大多数军舰、国有船只和飞机，都是本国的。但是在特殊情况下，该国的内水、领海也会存在他国沉没的军舰及其他国有船只飞机残骸，这时，他国可以基于上一个谈到的问题：国家豁免，对军舰、国有船只、国有飞机享有管辖权，而不受沿岸国的干涉。

在本文论述的"梅赛德斯号"案中，当西班牙向法院提交足够的证据，以证明奥德赛公司打捞的沉船是西班牙的国有军舰"梅赛德斯号"时，有足以享有豁免的权利的，他国法院（本案中是美国地区法院）无权进行管辖。而本案中美国地区法院也主动宣布自己没有管辖权，甚至美国政府都出面说要求奥德赛公司将"梅赛德斯号"归还给西班牙。由此可见，物权归属与豁免，导致的直接结果就是他国法院没有管辖权。而从案例中也能看出，一国为了今后让所有其他国家都尊重其豁免权，当其国内法院受理这些案件时，一般会非常乐意地援引本国相关外国豁免的法律，给予外国方便，从而在未来发生类似案件，他国法院管辖自己国家沉没的军舰及其他国有船只飞机残骸时，可以援引此增大其豁免的成功性。

4. 沉没的军舰及其他国有船只飞机残骸打捞的"打捞法"问题

许多人认为打捞法或发现法并不保护"公共利益在古战舰及附属物内在的非金钱价值中的体现"（the public interest in the nonmonetary value inherent in ancient shipwrecks and associated materials），因此这一类法律不适用于具有历史价值的古战舰。[①] 在"梅赛德斯号"案的分析中我们也提到了美国的打捞法（Law of Finds）是一项典型的英美法系文化下的产物，目的在于鼓励救回处于危难之中的人或物。如上文所述，《打捞法》的适用前提是被打捞物的权利的"干

---

① Patty Gerstenblith, "Identity and Cultural Property: The Protection of Cultural Property in the United States," *B. U. L. Rev.* vol. 75 (1995), pp. 559 - 609. 转引自 Terence P. McQuown, "An Archaeological Argument for the Inapplicability of Admiralty Law in the Disposition of Historic Shipwrecks," *Wm. Mitchell L. Rev.*, vol. 26 (2000), p. 301.

净的"，没有任何其他人的权利，即原有的物权人，或是所有权，或是担保物权，或是其他物权，将其之于物的物权"放弃"了。此时，打捞人才能基于打捞，获得完满的物之所有权。实际上，这就是我们前文讨论过的"先占"。但事实上，通过对物权、豁免、管辖的讨论发现，沉没的军舰及其他国有船只飞机残骸并不是一国放弃的国家财产，反而正像"梅赛德斯号"案中的西班牙那样，是一国积极主张的国家财产，因此从物权上不会适用先占制度，故而也不会适用《打捞法》或类似的法律。

当然，如果打捞上来的沉没的军舰及其他国有船只飞机残骸，需要继续判断是否是《联合国海洋法公约》的分类：(1) 来源国；(2) 文化上的发源国；(3) 历史或考古上的来源国。因为按照《联合国海洋法公约》的规定，在"区域"内发现的一切考古和历史文物，应当为全人类的利益予以保护或处置，但以上三个国家具有优先权。这也就是说明，对于打捞物而言，能否认定其是被抛弃的，需要首先判断是否是属于以上三类国家。如果实在是缺乏证据，通过合理的判断发现，无法认定来源国、文化上的发源国、历史或考古上的来源国，则一般可以认为先占制度是可能得到适用的，但此时如果连历史或考古上的来源国都无法判断的话，那么沉没的军舰及其他国有船只飞机残骸的文化价值也许也会大打折扣。如果能判断出来源国的话，则一般不会适用《打捞法》或先占制度，而来源国知道消息后一般都会积极地主张权利。

理论上，面对沉没的军舰及其他国有船只飞机残骸，与其他水下文化遗产不同的是，这一特殊具体的保护对象明显具有的国有性质，使得商业打捞在其面前不堪一击，当然也体现了市场规则在国家主权豁免面前的"退避三舍"。

从另一个角度讲，打捞人无论是基于商业目的还是其他目的，既然无法有效地援引《打捞法》，那么甚至在将残骸归还当事国后，也很难主张相应的权利或救济，以进行补偿打捞的成本，更不要说因打捞承担的商业风险或其他风险，正如"梅赛德斯号"案。但是也存在一些案例，讨论了对具有历史和考古学价值的古沉船打捞中，对打捞者的保护。[①] 飞机残骸的打捞也存在着类似的情形。[②] 甚至有些学者认为，国家的考古打捞是充满"官僚主义"色彩的（bureaucratic），为了有效地打捞和保护，可以将私人团体引入。[③] 为了调和商业利益驱动的私人打捞对残骸造成的损害，与国家考古打捞的一些人所谓的"官僚主义"，可以进行制度设计，设置私人打捞的门槛，由国家进行监督或参与。如有学者提出，可以设置私人打捞的标准：具有历史价值的沉船残骸处于海洋危险中（maritime peril），[④]并提出意在保护和加强古沉船残骸价值的打捞者应当被正当地奖励（justly awarded）。[⑤] 这些都可以提供参考和启示。

三、沉没的军舰及其他国有船只飞机残骸打捞的综合解决模式

综上所述，在复杂的历史、现实、法律背景下，沉没的军舰及其他国有船只飞机残骸打捞与保护的相关问题是十分复杂的，涉及的物权、管辖、豁免、打捞法等问题，需要结合硬法与软法、国内法与国际法进行综合分析。通过在上文的分析发现，一般而言，沉没的军舰及其他国有船只飞机残骸在物权属性上属于国有，

---

① Columbus-Am. Discovery Group, 974 F. 2d at 468. For more on the content of this duty, see *Cobb Coin Co. Inc.* v. *The Unidentified, Wrecked, and Abandoned Sailing Vessel*, 525 F. Supp. 186, 2108 (D. C. Fla. 1981). 转引自 Christopher Z. Bordelon, "Saving Salvage: Avoiding Misguided Changes to Salvage and Finds Law", *San Diego Int'l L. J.*, vol. 7 (2005), p. 206.

② Arnold W. Knauth, "Aviation and Salvage: The Application of Salvage Principles to Aircraft," *Colum. L. Rev.*, vol. 36 (1936), p. 234.

③ Melvin A. Fisher, "The Abandoned Shipwreck Act: The Role of Private Enterprise," *COLUM. -VLAJ. L. & ARTS*, vol. 12 (1988), pp. 373 - 376. （"很明显，如果具有官僚主义的考古学家继续控制局面，那么私人企业参与战舰打捞的时代将要终结"）转引自 Terence P. McQuown, "An Archaeological Argument for the Inapplicability of Admiralty Law in the Disposition of Historic Shipwrecks," *Wm. Mitchell L. Rev.*, vol. 26 (2000), p. 302.

④ Terence P. McQuown, "An Archaeological Argument for the Inapplicability of Admiralty Law in the Disposition of Historic Shipwrecks," *Wm. Mitchell L. Rev.* vol. 26 (2000), p. 308.

⑤ *Columbus-America Discovery Group* v. *Atlantic Mutual Ins. Co.*, 974 F. 2d 450, 468 (4th Cir. 1992). 转引自 Terence P. McQuown, "An Archaeological Argument for the Inapplicability of Admiralty Law in the Disposition of Historic Shipwrecks," *Wm. Mitchell L. Rev.* vol. 26 (2000), p. 319.

具有一定的排他性,按照《联合国海洋法公约》或其他国际法、国内法界定的所有权来看,一国针对沉没的军舰及其他国有船只飞机残骸享有物权,需要用充分的证据进行证明。而如果能够证明一国拥有物权,就像"梅赛德斯号"案中的西班牙那样,那么就可以进一步考虑关于管辖、豁免、打捞的问题。通常情况下,一国对自己国有的沉没的军舰及其他国有船只飞机残骸,可以基于国内法宣示其管辖权,并根据相应的法律探讨其豁免问题。如果法院地采取绝对豁免主义,那么不管沉没的军舰及其他国有船只飞机残骸曾经在运行时是为了政府目的还是商业目的,只要不明确表示放弃管辖,均具有管辖权;如果是采用相对豁免主义的法院地,则需要再判断当时沉没的军舰及其他国有船只飞机残骸的行为是否是商业行为而非政府行为。当然,因为毕竟沉没的军舰及其他国有船只飞机残骸按照《水下文化遗产保护公约》的界定,属于文物,因此在判断豁免问题时,不能直接地与正在服役的军舰或国有船只飞机的行为判断等同,而是应当考虑到水下文化遗产保护的属性。

此外,在涉及"软法"与硬法的结合问题时,相关各国应当加强双边、区域或国际合作,采用"行动导向"以抵消"规则导向"的弊端,通过开展合作发展已有的、保护沉没的军舰及其他国有船只飞机残骸的法律规则,形成新的规则,将其从"谅解备忘录""换文"等,通过扎实的实践基础,逐渐升华为约束力较强的"条约",再变成范围更广的"公约",得到普遍认可,形成国际习惯法,并最终以公约的形式固定化、成文化,吸引更多的国家参与进来,实现"软法"与"硬法"的互补,保护沉没的军舰及其他国有船只飞机残骸。

第八章 中国水下文化遗产的国际法保护

第一节 水下文化遗产保护的国际合作

一、水下文化遗产保护国际合作的必要性

(一) 水下文化遗产保护已刻不容缓

与陆地上的考古和历史遗迹一样,水下文化遗产为考古学家提供了研究历史的重要载体,有人将沉船称为"时间胶囊",其所具有的独特考古价值可见一斑。[①] 不幸的是,由于缺少必要的法律约束,针对水下文化遗产发生的非法打捞和掠夺活动越来越频繁,大量的沉船中珍贵的物品被掠夺。"泰坦尼克号"便是一个例证:1985 年 9 月 1 日,罗伯特·巴拉德(Robert Ballard)率领的科学探险队发现了在 1912 年沉没的"泰坦尼克号",当时巴拉德建议,作为一座"国际纪念碑",应当保护它免遭掠夺。然而,此后的几十年内没有国家或组织对"泰坦尼克号"进行有效的保护,结果便是沉船被大量的打捞者清空,船身也被无可修复地损坏,直到 2012 年"泰坦尼克号"作为水下文化遗产被保护时,船里的文化遗产已经所剩无几。

在世界各地,类似沉船这样的水下文化遗产被非法掠夺的情形屡见不鲜。

---

① Frost, Robyn, "Underwater Cultural Heritage Protection," *Aust Ybil*, vol. 23 (2004), p. 26.

在掠夺之后,被掠夺的物品可能通过非法手段被转移。文化财产非法交易被认为是仅次于毒品交易后最有利可图的行当,从 1972 年到 1990 年的利润据说从 10 亿到 20 亿美元,最近的研究估计该利润已上升到每年 60 亿美元左右。[①] 同时,这些物品还可能经过赠与、拍卖、收藏等合法形式被"漂白",最终处于善意的公共机构或私人占有下,以至于物品的所有人很难进行追索。此外,一些掠夺者在掠夺时破坏了文物的残骸,甚至为了毁灭罪证炸毁沉船的遗址,这便破坏了文物上不可替代的考古信息,从而导致无法弥补的损失。近年来,对水下文化遗产的商业开发活动也愈加频繁,这无疑加剧了对水下文化遗产进行保护的迫切程度。如今,世界各国越来越强调文化遗产的重要性,基于前述严峻的现实问题,保护水下文化遗产已刻不容缓。

(二) 传统保护模式无法及时解决问题

然而,在对水下文化遗产进行保护的过程中,如果按照传统模式,即在确定管辖权与法律适用问题之后再采取具体保护措施,各国将会面临难以达成一致意见的问题。

首先,由于大部分水下文化遗产分布在不属于某个国家主权范围内的地方,或者是国家间领土易发生争端的共同开发区、公海、专属经济区和毗连区等水域[②],此时与其相关的国家极易就管辖权产生争议。例如,甲国的一艘沉船在几百年前沉没于乙国的专属经济区,此时船旗国甲国、沿海国乙国以及和乙国存在专属经济区划界争端的丙国(如果有)均可能就该沉船的保护问题主张管辖权。

其次,在确定管辖权以后,紧接着需要解决的是法律适用问题,即讼争水下文化遗产的所有权归属应当适用什么法律来判断的问题。一般而言,本国领海内打捞物的归属问题由各国国内法予以界定,而领海之外海域的沉船打捞则属于国际法的管辖范围,这些海域主要包括各国的专属经济区和国际海域中的公

---

① 孙雯:《文化财产纠纷解决的法律机制探析》,载《商业研究》,2010 年第 10 期,第 180 页。
② 孙南申、彭岳等:《文化财产的跨国流转与返还法律问题研究》,法律出版社,2017 年版,第 201 页。

海两个部分。由于目前还没有一个健全的国际法律体系对这类所有权作出清晰的界定,又由于水下文化财产具有的巨大商业利益,因此国际海底海域的水下文化遗产归属问题往往呈现复杂的争议。① 此外,对于已经被非法打捞、掠夺的文化遗产,也很难通过诉讼的方式进行追索,原因在于,在不同国家的法律体系中,不同的准据法的价值导向往往大相径庭,因此,在确权问题上,各国往往在保护原所有人和其后的善意占有人之间存在分歧,进而直接导致法律适用上的争议。②

基于此,在适用传统模式进行保护时,管辖权和法律适用的争议将会带来漫长的磋商、谈判甚至诉讼,此时,犯罪组织将会更加"无所顾忌",进而导致一个恶性循环:犯罪组织频繁掠夺、破坏水下文化遗产→需要对其进行保护→相关国家对管辖权和法律适用问题争议巨大→无法及时进行有效保护→犯罪组织继续掠夺、破坏。因此,如果世界各国依然按照传统的保护模式,将可能延误保护水下文化遗产的时机,重蹈"泰坦尼克号"的覆辙。

(三) 国际合作已成新趋势

由于水下文化遗产本身的特殊性,国际合作将会是保护水下文化遗产的新趋势。早在 1972 年,澳大利亚与荷兰就签署了《关于澳大利亚水域与荷兰东印度公司沉船的协议》(The Agreement between Australia and the Netherlands concerning Old Dutch Shipwrecks),这是国家之间在水下文化遗产保护方面通过单边条约进行合作的例证。在区域性合作方面,欧洲拥有较为完备的区域合作机制。早在 1978 年,欧洲理事会就提出了一份关于水下文化遗产的报告,根据这份报告,欧洲理事会在同年提出了《欧洲理事会议会大会关于水下文化遗产的第 848 号建议》,此后,欧洲国家逐渐加强了在水下文化遗产保护方面的合作。

---

① 孙南申、孙雯:《海底文物返还的法律问题分析及其启示》,载《上海财经大学学报》,2012 年第 6 期,第 33 页。
② 孙雯:《文化财产返还诉讼中的法律适用规则探析》,载《文化产业研究》,2015 年第 3 期,第 171 页。

1982 年的《联合国海洋法公约》以国际公约的形式提出各国应当为"全人类的利益"考虑，保护在海洋发现的考古和历史性文物，并为此进行合作。[①] 2001年通过的《水下文化遗产保护公约》是世界范围内通过的第一个关于保护水下文化遗产的国际性公约，该公约就水下文化遗产保护的国际合作作出了若干规定。

可以认为，无论是通过单边条约还是多边条约，区域性公约还是国际性公约，各国间在水下文化遗产保护领域开展国际合作已是趋势。除此之外，在联合国教科文组织的组织下，各国还在一些其他领域开展合作，例如举办水下文化遗产学术大会、开设水下文化遗产保护培训班等。

二、现有的水下文化遗产保护国际合作机制

（一）国际公约

1. 1982《联合国海洋法公约》

1982 年 12 月 10 日，《联合国海洋法公约》正式通过。该公约的第 149 条和第 303 条明确涉及海洋中发现的"考古和历史文物"，第 303 条第 1 款还特别提到了国际合作。第 149 条规定："在'区域'内[②]发现的一切考古和历史文物，应为全人类的利益予以保存或处置，但应特别顾及来源国，或文化上的发源国，或历史和考古上的来源国的优先权利。"可以看到，第 149 条强调了"全人类的利益"，这无疑在《联合国海洋法公约》的层面为海洋中的水下文化遗产赋予了特殊属性。此外，该条也确认了该水下文化遗产的"来源国""文化上的发源国"或"历史和考古上的来源国"应被"特别顾及"，这也从另一个角度说明实施保护的国家应当与上述国家开展合作。第 303 条第 1 款规定："各国有义务保护在海洋发现

---

① 《联合国海洋法公约》第 149 条、第 303 条。
② 根据《联合国海洋法公约》第 1 条，此处的"区域"是指国家管辖范围以外的海床和洋底及其底土。

的考古和历史性文物,并应为此目的进行合作。"该条直接明确了各国应当就此展开合作,这也是通过国际合作的方式保护水下文化遗产在《联合国海洋法公约》中的具体体现。

2. 2001 年 UNESCO 公约

2001 年 11 月 2 日,联合国教科文组织在第 31 届大会上正式通过了《保护水下文化遗产公约》(简称为 2001 年 UNESCO 公约),这是世界范围内通过的第一个关于保护水下文化遗产的国际性公约,该公约在 2009 年 1 月正式生效,截至 2017 年 11 月,已有 58 个缔约国。①

2001 年 UNESCO 公约在序言部分就强调了水下文化遗产是人类的共同遗产:"认识到水下文化遗产的重要性,它是人类文化遗产的组成部分,也是各国人民和各民族的历史及其在共同遗产方面的关系史上极为重要的一个内容",序言还指出保护水下文化遗产的责任在于所有的国家,这无疑为国家之间的合作提供了最基本的出发点。关于合作,序言提到,国家、国际组织、科研机构、专业组织、考古学家、潜水员、其他有关各方面和广大公众之间的合作对"保护水下文化遗产是极为重要的"。该公约在第 2 条明确了合作的目标:"缔约国应开展合作,保护水下文化遗产","应根据本公约的各项规定为全人类之利益保护水下文化遗产"。

2001 年 UNESCO 公约第 6 条鼓励缔约国为保护水下文化遗产,根据该公约签订双边/多边协定或区域协定,或对现有的协定加以补充,且明确了该公约不会影响此前各国间签订的协定的效力。该条就各国进行国际合作的方式作了具体的规定。事实上,各国通过上述方式开展合作也是当今水下文化遗产保护实践的趋势。

2001 年 UNESCO 公约第 10 条规定了在缔约国专属经济区或大陆架上保护水下文化遗产的合作制度,并引入了"协调国"的概念。该条要求在其专属经

---

① http://www.unesco.org/eri/la/convention.asp? KO = 13520&language = E&order = alpha,2017 年 12 月 1 日访问。

济区或大陆架上发现或有意开发水下文化遗产的缔约国，应当与根据第 9 条第 5 款①提出意愿的缔约国协商确定保护水下文化遗产的措施，同时，前者应在协商过程中担任"协调国"进行协调工作。当然，该国可以明确拒绝成为"协调国"，此时"协调国"应当由前述提出意愿的国家另行指定。对于各国协调磋商的过程可能较长，导致保护水下文化遗产的时机延误的问题，第 10 条允许"协调国"在协商前采取"一切可行的措施"防止人类活动或犯罪行为对水下文化遗产构成的紧急危险。在采取这些措施时，该国可请其他缔约国给予协助。此外，该条还强调，"协调国"在根据该条协调缔约国之间的协商、对水下文化遗产采取保护措施以及进行初步研究和/或进行授权时，应当代表所有缔约国的整体利益，而不应只代表本国的利益。"协调国"并不因此享有包括《联合国海洋法公约》在内的国际法没有赋予它的优先权和管辖权。

2001 年 UNESCO 公约第 19 条和第 21 条具体规定了一些国际合作的措施，包括建立合作与信息共享机制、合作开展水下考古培训等。其中，关于合作与信息共享机制，第 19 条规定，缔约国应依据本公约在水下文化遗产的保护和管理方面相互合作，互相帮助，有可能的话，也应在对这种遗产的调查、挖掘、记录、保存、研究和展出等方面开展协作；缔约国之间应当分享有关水下文化遗产的信息，包括水下文化遗产的发现、所处位置以及违法违规挖掘或打捞的文化遗产；缔约国还应当采取措施利用有关的国际数据库，公布有关违反本公约或国际法挖掘或打捞的水下文化遗产的信息。关于水下考古培训，第 21 条规定，缔约国应开展合作，提供水下考古、水下文化遗产保存技术方面的培训，并按商定的条件进行与水下文化遗产有关的技术的转让。

（二）欧洲水下文化遗产保护合作机制

欧洲国家在水下文化遗产保护方面的合作开始较早，除了在欧洲层面的一些条约和相关文件，地中海沿岸国家还签订了一项宣言，旨在为保护地中海海域

---

① 该条是关于缔约国可以向其他缔约国表示愿意就保护水下文化遗产提供咨询的规定。

的水下文化遗产而努力。

1. 1978《欧洲理事会议会大会关于水下文化遗产的第 848 号建议》

1978 年,欧洲理事会议会大会通过了《欧洲理事会议会大会关于水下文化遗产的第 848 号建议》。建议的内容包括:拟订一项关于保护水下文化遗产的欧洲公约;成员国协商一份关于"国家文化保护区域至多延伸 200 英里"的声明;鼓励同一海域的全部或部分国家的地方政府之间达成区域协定;鼓励通过公共教育在水下研究中对技术人员和考古学家进行培训;在环境保护方面应该进行协调,从而保护自然和文化遗产等。

这份建议中还提到几个可以优先实行的非立法措施,包括:建立包括实验室和船舶在内的水下研究设备储备机制、技术人员和考古学家的培训、建立水下考古资料分析和保存中心、系统地编制水下遗址的清单、更有效地管制场地、对采掘和救援的财政支持以及鼓励向公众展示水下遗产等。该建议较早地涉及水下文化遗产保护的相关内容,也推动了欧洲地区水下文化遗产保护保护的进程。

2. 1985《保护水下文化遗产欧洲公约》草案

1985 年,《保护水下文化遗产欧洲公约》草案提交欧洲理事会通过,但由于该公约涉及管辖范围的问题以及由此产生的关于希腊和土耳其关于爱琴海的划界问题,未能获得最终通过。[①] 即便如此,该公约的草案依然是水下文化遗产保护领域的一个重要文件,也是欧洲国家在这个领域为尝试国际合作而迈出的重要一步。

就具体的保护措施,该公约提到了缔约国在调查、挖掘、文件、保护、研究和推广水下文化遗产方面的合作以及提供关于发现地点和合作的信息的义务(第 4 条);规定了原址保护原则(第 5 条);要求各国应当尽早地公布有关调查和挖掘的资料(第 8 条);此外,公约还提到通过公共教育促进对水下文化遗产及其价值的欣赏(第 10 条)等。

---

① Blake, Janet. "The Protection of the Underwater Cultural Heritage," *International & Comparative Law Quarterly*, vol. 4 (1996), p. 824.

3. 1992《保护考古遗产欧洲公约》

由于1985《保护水下文化遗产欧洲公约》未能通过,而水下文化遗产却亟待保护,因此,1992年《保护考古遗产欧洲公约》应运而生。该公约系欧洲理事会对1969年《保护考古遗产欧洲公约》的修订成果。修订后的条约强调遗产的确认及保护、整合性维护、财政援助、科学资料的收集和传播、提高公众认识、预防非法交流和互相援助科技与科学等,且更加关注考古遗产的整合性维护、政府的财政支持、相互提供科技援助和交流。

该公约的第7条和第8条提到通过调查报告、地图和编制目录的方式,完成科学资料的收集和传播工作,还提到要确保科学研究报告的公布、促进科学研究的国际交流以及信息的汇集;第10条提到通过教育、信息交换以及缔约国之间的合作来解决关于水下遗产的非法活动的问题;该公约还要求缔约国对博物馆施加影响,使其不去获取涉嫌非法挖掘的展品。

4. 2000《欧洲理事会议会大会关于海洋和河流文化遗产的第1486号建议》

2000年,欧洲理事会议会大会通过了《关于海洋和河流文化遗产的第1486号建议》。该建议提出了更大的水下遗产保护的范围:不仅限于海洋中的水下遗产,还包括所有的水下环境当中的遗产以及不同的历史时期里形成的水下遗产。1978年以来,根据欧洲理事会议会会议的定义,水下遗产的范围包括沉船及沉船中被发现的物品和固定残骸。然而,由于海平面上升、地壳运动等原因,许多曾经高于或部分高于海平面的地方被淹没,例如城镇、村庄、港口和码头设施、史前遗址等。此外,河流、沼泽、内陆湖泊的下方同样存在水下文化遗产。《联合国海洋法公约》以及欧洲《建筑遗产保护公约》对这部分问题均未作考虑,如果根据现有的定义,这些水下文化遗产将无法被纳入保护范围,基于此,2000年欧洲理事会议会会大会采纳了这个建议。在扩大保护范围之外,该建议还强调必须通过专家网络的建立和政府实体、博物馆和调查中心等的支持加强对水下遗产的保护。

5. 2001《锡拉库萨宣言》

2001年3月,地中海沿海国就地中海海域水下文化遗产保护问题在意大利西西里岛的锡拉库萨举行会议,会议上通过了《锡拉库萨宣言》。尽管该宣言并不能完全算是一项国际条约,但这份宣言是地中海沿岸国家就地中海水下文化遗产保护建构的合作机制的重要体现。由于地中海的自然地理状况和南海比较相似,都属于《联合国海洋法公约》第123条规定的闭海和半闭海,且沿岸国家的发展程度差异巨大,因此地中海沿岸国在水下遗产保护方面建构的合作机制值得我国借鉴。具体内容主要包括以下四个方面:

第一,地中海水下文化遗产所具备的特殊意义以及对其进行保护的重要性,该宣言强调了沿岸国家在保护水下遗产方面担负的特殊责任,且不能违反考古的基本原则。

第二,提出了几项水下遗产保护的基本原则,包括禁止商业目的(第5条)、公共监督(第5条)、不损害沿海国利益(第7条)、保护环境(第9条)以及避免考古内容分散化(第6条)和原址保护(第8条)等。

第三,在合作机制方面,该宣言提出缔结"区域公约"的方法,加强在调查、保护地中海水下文化遗产方面的合作,强调各国需研究这一方法的可行性;此外,该宣言还提到,针对具体的保护目标(例如沉船),应缔结双边/多边条约,这和许多国家在水下遗产保护方面的国际合作实践是相吻合的,2001年UNESCO公约也规定了这一点。①

第四,该宣言规定了一些对地中海水下遗产保护的具体措施,包括:设立潜艇保护遗址公园并列出名单,采取适当措施进行保护(第12条);设立博物馆网络,将水下遗产的文物保存在博物馆中并进行展示和宣传(第13条);在训练海洋考古学家方面交换信息、进行合作(第14条);鼓励缔约国与其地方政府、科学机构、非政府组织、渔民、海员、潜水员以及其他专业人员进行合作,共同推动水下文化遗产的保护。

6.《欧洲联盟运行条约》

在2010年《欧洲联盟运行条约》中,第3条提到应尊重语言文化的多样性、

---

① 2001年UNESCO公约第10条。

保护欧洲文化遗产；第167条提到应鼓励欧盟成员国在欧洲文化遗产保护方面的合作。尽管条约中只有两个条文涉及水下文化遗产保护以及国际合作，但考虑到《欧洲联盟运行条约》本身的重要地位，可以认为这两个条文从基本框架的层面为欧盟国家在水下遗产保护方面的合作奠定了基础。

7. 小结：欧洲水下文化遗产保护的国际合作机制

除了前述区域合作之外，欧洲国家还积极参与其他形式的合作，如加入全球性的国际公约（如2001年UNESCO公约）①以及组织、协助其他地区的国家开展相关合作等。② 总的来说，相较于世界其他地区，欧洲国家在水下文化遗产保护的国际合作方面走在了世界的前列。具体体现在几个方面：首先，欧洲国家较早地关注水下文化遗产保护，并积极推动区域合作。在1978年，欧洲理事会第848号建议就专门提出了水下文化遗产保护的相关问题。1985年，欧盟委员会就已经颁布了作为区域性公约的《保护水下文化遗产欧洲公约》（草案），尽管最终未能通过，但该草案仍然是世界水下文化遗产保护领域内的重要文件，对后来的2001年UNESCO公约也有着重要影响。其次，由于许多欧洲国家在历史上均系航海大国，它们对水下文化遗产保护普遍较为重视，再加上欧洲一体化程度较高，因此欧洲国家在该领域开展的合作较为频繁。最后，在具体的合作框架方面，欧洲国家在频繁的合作之后，构建了一套较为完整的合作机制：从国际公约到区域性公约、合作文件，再到少数国家之间的单边、多边协议等。从第848号建议开始，历经《保护水下文化遗产欧洲公约》（草案）的颁布、《保护考古遗产欧洲公约》的修改以及第1486号建议对水下文化遗产范围的扩充，再到区域性文件《锡拉库萨宣言》的签署，欧洲国家不断完善其在水下文化遗产保护方面的合作机制。因此，在当今世界各国越来越重视水下文化遗产保护的大环境下，欧洲

① 截至2017年11月，已有15个欧洲国家加入该公约，包括西班牙、法国等。http://www.unesco.org/eri/la/convention.asp？KO＝13520&language＝E&order＝alpha，2017年12月1日访问。

② 如挪威曾资助联合国教科文组织举办亚洲水下文化遗产保护培训班。参见《保护水下文化遗产公约》第三次缔约国会议资料文件：《2001公约秘书处的活动》，第3页。

国家之间搭建的合作机制值得各国借鉴。

（三）亚洲水下文化遗产保护合作机制

亚洲国家关于水下文化遗产的保护起步较晚。时至今日，仍然有部分经济发展缓慢、科技水平低下的国家对外国打捞者开放打捞，且开放标准较低，对水下文化遗产保护的重视程度较弱。[①] 但总体来看，近年来亚洲国家关于水下文化遗产保护的国际合作越来越频繁。在签订一些相关的合作条约或文件之外，亚洲国家还积极举办学术大会、水下文化遗产保护培训班等。伴随着"一带一路"倡议，中国也在亚洲地区水下文化遗产保护的国际合作方面扮演越来越重要的角色。

1. 1976 年《东南亚友好合作条约》

1976 年 2 月 24 日，东盟五国（印度尼西亚、菲律宾、马来西亚、泰国、新加坡）在印度尼西亚巴厘岛举行的东盟第一次首脑会议上签订了《东南亚友好合作条约》（Treaty of Amity and Cooperation in Southeast Asia，TAC）。迄今为止，已有 34 个国家加入该公约，包括东南亚的全部 10 个国家以及中国、韩国、日本、蒙古等亚洲国家，此外还有美国、澳大利亚、法国、巴西等一些其他地区的国家加入。条约的宗旨是促进该地区各国人民间的永久和平、友好和合作，以加强他们的实力、团结和密切关系。条约第 8 条涉及文化领域的合作，指出缔约各方尽力在尽可能广泛的领域进行最密切的合作，将以训练人员的方式和通过社会、文化、技术、科学和行政管理领域的研究设施，努力提供相互援助。[②] 该条约虽未提到水下文化遗产，但其较为宏观地搭建了东南亚及相关国家在文化领域的合作框架，且规定了一些合作手段，包括训练人员、相关领域的研究设施等。

---

① 如菲律宾，只要探宝者获得国家博物馆的许可证就可进行海底打捞工作，只需按协议与其共同分享打捞上来的宝物即可。参见孙南申、彭岳:《文化财产的跨国流转与返还法律问题研究》，法律出版社，2017 年版，第 217 页。

② 1976《东南亚友好合作条约》第 1、第 8 条。该条约虽在此后历经两次修改，但该条文未有任何变化。

2. 2002 年《南海各方行为宣言》

2002 年 11 月 4 日,中国与东盟各国在柬埔寨金边签署《南海各方行为宣言》(Declaration on the Conduct of Parties in the South China Sea),强调各方通过友好协商和谈判,以和平方式解决南海有关争议。根据宣言第 6 条规定,在全面和永久解决争议之前,有关各方可在海洋环保、海洋科学研究、海上航行和交通安全等领域进行探讨或开展合作。在具体实施以前,有关各方应就双边及多边合作的模式、范围和地点取得一致意见。尽管该条并未明确提到水下文化遗产保护的合作,但也并未明确限定合作的领域。由于南海海域是世界上沉船最为集中的海域之一,且非法打捞现象极为猖獗,因此该地区水下文化遗产保护已刻不容缓。①《南海各方行为宣言》的签署,为南海周边各国在水下文化遗产保护方面搭建了合作框架。

3. 亚洲地区的其他相关合作实践

在国家之间的条约和文件之外,亚洲国家积极探索其他形式的合作模式。如举办学术大会、开展水下文化遗产保护培训班等。2012 年 5 月,亚太地区保护水下文化遗产会议在柬埔寨举行,会议共有来自 14 个国家的 27 名政府代表以及 10 名专家参与。会议围绕 2001 年 UNESCO 公约概况、公约面临的地区挑战、科学性水下考古的发展、各国批准加入公约面临的法律和实际问题等四个议题展开,各国代表分别介绍了本国水下文化遗产保护概况及加入公约面临的问题,并讨论通过了《保护水下文化遗产亚太地区行动建议》。

近年来,亚洲国家积极参与亚洲水下文化遗产学术大会(Asia-Pacific Regional Conference on Underwater Cultural Heritage),探讨水下文化遗产保护的相关问题。大会由联合国教科文组织授意,由亚洲文化遗产管理学会(Asian Academy for Heritage Management)具体组织,旨在搭建亚洲国家水下文化遗产保护信息交流平台、促进亚洲地区水下考古研究和文化遗产保护,迄今

---

① 孙南申、彭岳等著:《文化财产的跨国流转与返还法律问题研究》,法律出版社,2017 年版,第 189 页。

为止已举办三届。首届大会于 2011 年 12 月在菲律宾举办，来自 35 个国家的 128 位代表到会参加了大会。提交大会的论文涉及战争与冲突的航海与水下文化遗产的研究与管理、发展中国家航海与水下文化遗产项目、湿性考古材料的保护和保存与遗址管理、太平洋岛区水下文化遗产保护能力建设等多个主题。①

此外，亚洲国家积极与联合国教科文组织以及其他国家合作，举办各类水下文化遗产保护的培训班，提高各国水下文化遗产保护、管理的水平和技术。联合国教科文组织以及泰国、挪威政府合作在泰国建立了亚太区域的水下文化遗产保护培训中心，该培训中心旨在对各国从事水下文化遗产发掘、保护和管理工作的人员进行专业培训，提高其专业素养；2010 年 3 月—4 月，水下文化遗产第二期基础培训班在泰国举办，来自亚洲的 10 个国家的 19 名地区学员参加了培训；2010 年 9 月，联合国教科文组织曼谷办事处举办了"地理信息系统在水下文化遗产管理中应用高级培训班"，来自 11 个国家的 19 名学员参加了培训，培训的主要议题包括提高水下考古能力以及宣传公约的伦理和宗旨。②

4. 我国当前水下文化遗产保护国际合作的实践

作为亚洲国家中的一员，我国积极参与亚洲地区水下文化遗产保护的国际合作。2015 年 11 月，在第十八次中国-东盟（10＋1）领导人会议上，双方通过了《落实中国-东盟面向和平与繁荣的战略伙伴关系联合宣言的行动计划（2016—2020）》[Plan of Action to Implement the Joint Declaration on ASEAN-China Strategic Partnership for Peace and Prosperity（2016—2020）]。该行动计划提到了双方鼓励和支持历史遗迹、考古和文化遗产保护部门、博物馆、档案馆、图书馆及文化机构之间开展合作，促进文化遗产领域的青年交流，推动文化遗产领域的专家和专业技能交流等，③这为中国和东盟国家之间构建水下遗产保护方面

---

① 《亚太地区水下文化遗产学术大会》，《闽商文化》，2012 年第 1 期，第 6 页。

② 《保护水下文化遗产公约》第三次缔约国会议资料文件：《2001 公约秘书处的活动》，第 3 页。此外，教科文组织还先后牵头在波兰、西班牙、墨西哥、南非等地举办类似培训班。

③ 《落实中国-东盟面向和平与繁荣的战略伙伴关系联合宣言的行动计划（2016—2020）》第 3.2.5、3.3.4 和 3.3.10 节。

的国际合作机制奠定了基础。

近年来,我国和一些国家签订了水下文化遗产保护方面的合作协议。2015年10月,国家文物局与法国水下考古所签订合作框架协议,约定双方应加强在水下考古、水下文化遗产领域的交流与合作,进而促进对水下文化遗产的共同研究、保护。[1] 2016年7月4日,国家文物局与希腊文化和体育部共同签署《中华人民共和国国家文物局与希腊共和国文化和体育部关于水下文化遗产合作的谅解备忘录》。根据该备忘录,双方将加强在水下文化遗产及研究方面的合作,开展科学技术专业知识交流、交换出版物、举办展览,并进一步加强合作,打击水下文物非法进出境等。[2] 2016年12月21日,国家文物局与沙特旅游与民族遗产总机构签署了《中华人民共和国国家文物局与沙特阿拉伯王国旅游与民族遗产总机构塞林港联合考古发掘合作协议》。根据协议,中沙双方将在沙特塞林港地区开展为期五年的陆上和水下联合考古发掘合作。[3]

在与其他国家政府开展合作的同时,我国也积极探索非政府领域的国际合作模式。2017年9月22日,由国家文物局水下文化遗产保护中心主办的首届"'一带一路'沿线国家水下考古培训班"正式开班。此次培训班将对来自伊朗、沙特、泰国、柬埔寨和我国部分省份的21名学员开展为期一个月的潜水和水下考古基础理论培训。如前所述,在联合国教科文组织的推动下,亚太地区此前已经开展过水下文化遗产保护的培训班,我国举办水下考古培训班也是响应联合国教科文组织号召、回应水下文化遗产保护的技术需求的举措。

5. 小结:亚洲水下文化遗产保护的国际合作机制

亚洲国家的经济发展水平在总体上较欧洲相对落后,所以亚洲国家对于水

---

[1] 国家文物局水下遗产保护中心网站:http://www.uch-china.org/newsdetail.aspx? cid=178&lid=10.

[2] 国家文物局水下遗产保护中心网站:http://www.uch-china.org/newsdetail.aspx? cid=209&lid=9.

[3] 国家文物局水下遗产保护中心网站:http://www.uch-china.org/newsdetail.aspx? cid=215&lid=9.

下文化遗产的保护问题缺乏必要的重视,再加上亚洲地区在海洋权益方面的争议较为突出,使得各国之间缺乏完备的合作机制。无论是涉及较多国家的《东南亚友好合作条约》,还是针对具体地区的《南海各方行为宣言》,都缺乏较为明确、具体的水下文化遗产保护措施。尽管在联合国教科文组织的引导下,近年来亚洲国家在水下文化遗产保护方面不断努力,所取得的进步也有目共睹,然而,由于亚洲地区历史上繁荣的海上活动造就了丰富的水下文化遗产,再加上严重的非法打捞问题,亚洲国家必须进一步加强合作,基于"全亚洲人民的利益"共同保护水下文化遗产。具体而言,一方面,亚洲国家需要积极加入相关的国际公约(如 2001 年 UNESCO 公约);另一方面,也需要借鉴欧洲国家加强区域合作,以《东南亚友好合作条约》《南海各方行为宣言》等条约或文件为依托,就区域内的具体问题做进一步的协商和谈判,最后形成相关的法律文件,从而为亚洲国家之间就水下文化遗产的保护搭建合作框架。

(四) 水下文化遗产保护的单边/多边条约

不同于区域性的国际条约,从诸多国家水下遗产保护的实践来看,单边、多边条约是当前采用较多的国际合作形式,其特点是通常与单一的案件有关,一般针对特定的水下遗产,如沉船等。2001 年 UNESCO 公约第 6 条鼓励缔约国为保护水下文化遗产签订双边、地区或其他多边协定,此外还鼓励缔约国在非以水下文化遗产为主要目标的公约中增加有关水下文化遗产条款的做法。在地中海沿岸国签订的《锡拉库萨宣言》中也体现了这一点。

尽管存在着适用范围太窄的缺陷,但基于其对缔约国更强的效力,单边/多边条约依然在各国遇到具体问题时被广泛采用。例如 1972 年澳大利亚和荷兰签署的关于澳大利亚水域若干荷兰东印度公司沉船的协议①、1978 年澳大利亚

---

①　The Agreement between Australia and the Netherlands Concerning Old Dutch Shipwrecks.

和巴布亚新几内亚缔结的托雷斯海峡条约①、1989 年英国和南非就打捞"伯肯德号"（HMS Birkenhead）沉船而达成的协定②、1989 英国和加拿大就"惊恐号""HMS Terror"和"幽冥号"（HMS Erebus）达成的协议③、1989 法国和美国就保护"阿拉巴马号"（CSS Alabama）沉船缔结的协定④、2003 年法国和美国有关"拉贝拉号"（La Belle）沉船的协定⑤、2004 年美国、英国、法国和加拿大缔结的《关于"RMS 泰坦尼克号"沉船协定》⑥、2010 年法国与美国密歇根州缔结的《对身份不明沉船进行考古调查的协定》⑦、2013 年英国和美国国家公园就"福伊号"（HMS Fowey）沉船缔结的协定等。⑧

三、构建水下文化遗产保护国际合作机制

基于水下文化遗产的特殊性，传统的保护方式正在面临巨大挑战。复杂的管辖权和法律适用争议、复杂的物权归属问题以及在国际环境保护方面的巨大风险，均会使得世界各国在水下文化遗产保护方面进展缓慢，与之相伴的是越来越猖獗的犯罪活动以及商业开发对水下文化遗产带来的破坏。近些年来世界各

---

① 该条约主要针对领土主权和海洋划界问题，但该条约第 9 条第 2 款就对相关海域的水下文化遗产作出了规定。（Treaty between Australia and the Independent State of Papua New Guinea concerning Sovereignty and Maritime Boundaries in the Area between the Two Countries，including the Area Known as Torres Strait，and Related Matters，18 December 1978.）

② Exchange of Notes between the Government of the United Kingdom of Great Britain and Northern Ireland and the Government of the Republic of South Africa concerning the Regulation of the Terms of Settlement of the Salvaging of the Wreck of *HMS Birkenhead*.

③ Memorandum of Understanding between Governments of Great Britain and Canada Pertaining to the Shipwrecks HMS Erebus and HMS Terror.

④ Agreement between the Government of the United States of America and the Government of the French Republic Concerning the Wreck of the *CSS* (Paris，3 October 1989).

⑤ Agreement between the Government of the United States of America and the Government of the French Republic regarding the Wreck of *La Belle*.

⑥ Agreement concerning the *Shipwrecked Vessel RMS Titanic*.

⑦ Agreement for the Conduct of Archaeological Investigation of Unidentified Shipwreck.

⑧ https：//www. nps. gov/bisc/learn/news/fowey-agreement.

国的实践表明,在国家层面建立起合作机制是水下文化遗产保护方面新的趋势。水下文化遗产归根到底是全人类的共同财富,有鉴于此,世界各国理应为保护"全人类的共同利益"构建水下文化遗产保护的国际合作机制。在此过程中,一些相关领域中的文化遗产保护合作机制可以提供重要的参照。

(一) 其他相关领域中文化遗产保护的合作机制

1. 1954 年《关于发生武装冲突时保护文化财产的公约》

在战争与武装冲突法中,1954 年《关于发生武装冲突时保护文化财产的公约》(Convention for the Protection of Cultural Property in the Event of Armed Conflict with Regulations for the Execution of the Convention)及其相关文件以及 1999 年《关于发生武装冲突时保护文化财产公约第二议定书》(Second Protocol to the Hague Convention of 1954 for the Protection of Cultural Property in the Event of Armed Conflict)均规定了在战争发生前后对文化遗产的保护问题。

首先,该公约的第 1 条将考古遗址包含在了"文化财产"的定义之中,因此,水下的考古遗址应当属于公约保护的范围。同时,由于公约的适用范围限于缔约国和声明接受公约规定的非缔约国[①],故受公约保护的水下遗产也应当仅限于前述国家的内水和领海内构成水下文化遗产的考古遗址。

其次,《第二议定书》第 31 条规定了紧急情况下的国际合作制度,该条建立了紧急情况下各国与联合国教科文组织以及联合国合作行动的机制。该条规定,各缔约国承诺,在本《议定书》受到严重违反时,将集体地通过委员会[②]或单独地遵照联合国宪章与教科文组织及联合国合作采取行动。

再次,《第二议定书》第 32 条规定了保护文化财产的国际援助制度。该条规

---

① 《关于发生武装冲突时保护文化财产的公约》第 18 条。
② 即该议定书规定的"武装冲突中的文化财产保护委员会",参见《关于发生武装冲突时保护文化财产公约第二议定书》第 24 条,下同。

定,缔约国可向委员会申请对受重点保护文化财产的国际援助,以及帮助其起草、制定或执行第 10 条①提及的法律、行政条例和措施的援助;同时,该条对作为冲突一方的非缔约国,同样赋予了一定条件下请求委员会向其提供国际援助的权利。在援助形式方面,该条规定委员会应通过有关申请国际援助的规则确定援助的形式,鼓励各缔约国通过委员会向提出申请的国家提供各种形式的技术援助。此外,该条还鼓励各缔约国以双边或多边形式提供技术援助。在寻求各国援助之外,根据《第二议定书》第 33 条的规定,缔约国还可以向联合国教科文组织寻求援助。

最后,该公约第 22 条规定了战时各方保护文化财产的和解程序。根据该条的规定,实施保护的国家如认为有助于文化财产的利益,应在一切情况下设法斡旋,为此,各实施保护国可以建议冲突各方的代表(特别是负责保护文化财产的当局)举行会议,而冲突各方必须接受这项建议。

战争与武装冲突法中规定的紧急情况下的国际合作制度、国际援助制度以及和解制度均可适用于水下文化遗产保护的领域。例如,在某一非法掠夺水下文化遗产猖獗的海域,各国迟迟无法就合作事宜达成一致,此时便可构建紧急情况下的国际合作制度,由联合国教科文组织作为中立机构,采取有效措施先行保护水下文化遗产。事实上,该制度在 2001 年 UNESCO 公约中已经有所体现②;再如,假定水下文化遗产领域存在和解制度,此时其他非争议各方国家便可设法斡旋,建议争议各方代表举行会议。2001 年 UNESEO 公约第 10 条引入的"协调国"概念便和此制度非常类似。

2. 1956 年《关于可适用于考古发掘的国际原则的建议》

1956 年 12 月 5 日,联合国教科文组织在印度新德里举办的第九次大会上,通过了《关于可适用与考古发掘的国际原则的建议》(Recommendation on

---

① 该条规定了可置于"重点保护"的文化财产需要满足的 3 个要件,其中之一是"国内有关法律和行政措施视为具有特殊的文化与历史价值并给予最高级别保护的文化财产。"

② 2001 年 UNESCO 公约第 10 条。

International Principles Applicable to Archaeological Excavations)（下简称《建议》）。《建议》第 1 条规定：为本建议之目的，考古发掘系指旨在发现具有考古特征的实物的任何研究，不论这种研究是涉及挖掘土地还是对地面的系统勘探，也不论这种研究是在一成员国内陆或领海的水底地层上或地层下进行。基于此，尽管该文件针对的是"考古发掘"，但对水下的具有考古特征的实物同样适用。

《建议》的第三部分"关于发掘和国际合作的规则"涉及国际合作的内容，其中第 15 条规定，为了考古学和国际合作的更高利益，各成员国应以一种"开明政策"鼓励发掘，可以允许有资格的个人或学术团体，不论其国籍如何，在平等基础上申请发掘特许权。各成员国应鼓励由其本国科学家和来自外国研究所的考古学家的联合团组进行或由国际团组进行发掘。可见《建议》鼓励成员国应当着眼于考古学的更高利益，鼓励国际合作。第 17 条和第 18 条也作了类似的规定。[①]参照《建议》搭建的国际合作框架，各国同样可以在水下文化遗产保护方面进行协商，如允许有资格的打捞者申请打捞权、鼓励本国和外国的考古学家联合发掘等。此外，《建议》第 32 条规定了在武装冲突的情况下，占领另一国领土的成员国不应当进行考古发掘，对于偶然发现物应当予以保护并在战后进行返还。此外，和前述的 2001 年 UNESCO 公约一样，《建议》同样鼓励成员国在必要时签订双边协议。[②]

3. 1970 年《关于禁止和防止非法进出口文化财产和非法转让其所有权的方法的公约》

1970 年 11 月 14 日，联合国教科文组织在巴黎通过了《关于禁止和防止非法进出口文化财产和非法转让其所有权的方法的公约》（Convention on the Means of Prohibiting and Preventing the Illicit Import，Export and Transfer of

---

① 《关于可适用于考古发掘的国际原则的建议》第 17 条：缺乏在外国组织考古发掘必要资源的成员国，经发掘主持者同意，应获得派考古学家到其他国家正在发掘的遗址的便利；第 18 条：技术或其他资源不足以科学地进行发掘的成员国应能够召请外国专家参加发掘或召请外国团组承担发掘。

② 《关于可适用与考古发掘的国际原则的建议》第 33 条。

Ownership of Cultural Property),截至 2017 年 11 月,已经有 134 个缔约国。①
根据该公约对"文化财产"所作的定义,如果有关国家作出了明确的指定,水下文
化遗产便可以受到公约的保护。②

该公约的目的是禁止文化财产的非法进出口以及阻止转让非法进出口的文
化财产的所有权,前者的义务主要由文化财产所在国即出口国承担,后者的义务
主要由进口国承担。因此,禁止和防止非法进出口文化财产本身就需要进口国
与出口国紧密合作。该公约的第 2 条后半段便明确了国际合作的重要性:"本公
约缔约国承认国际合作是保护各国文化财产免遭由此产生的各种危险的最有效
方法之一。"该公约对缔约国之间进行国际合作的形式作了相关的规定,包括根
据文化财产原主缔约国的要求履行归还义务、紧急情况下应当向其他可能蒙受
影响的缔约国发出呼吁、缔约国应进行协调一致的国际努力等。③

4. 1972 年《保护世界文化和自然遗产公约》

为有效保护人类的不可替代的文化遗产,1972 年 11 月 16 日,联合国教科
文组织第 17 次大会在巴黎通过了《保护世界文化和自然遗产公约》(Convention
concerning the Protection of the World Cultural and Natural Heritage),截至
2017 年 11 月,已有 193 个缔约国。④ 公约主要规定了文化遗产和自然遗产的定
义,文化和自然遗产的国家保护和国际保护措施等条款。根据该公约的定义,
"文化遗产"包括文物、建筑群和遗址,因此,一些属于水下文化遗产的遗址可以
受到公约的保护,但该遗址必须具有"突出的普遍价值"。⑤ 此外,该公约的适用
范围仅限于缔约国内水和领海内的文化遗产。⑥

和前述的一些公约一样,该公约明确了文化遗产的"全人类利益"属性,这体

---

① http://www.unesco.org/eri/la/convention.asp? KO=13039&language=E.
② 《关于禁止和防止非法进出口文化财产和非法转让其所有权的方法的公约》第 1 条。
③ 《关于禁止和防止非法进出口文化财产和非法转让其所有权的方法的公约》第 7 条、第 9 条。
④ http://www.unesco.org/eri/la/convention.asp? KO = 13055&language = E&order =
alpha.
⑤ 《保护世界文化和自然遗产公约》第 1 条。
⑥ 《保护世界文化和自然遗产公约》第 5 条。

现在第 6 条的规定当中。该条规定,缔约国,在充分尊重各国主权、不损害各国立法规定的财产权的情况下,承认这类遗产是世界遗产的一部分,整个国际社会有责任合作予以保护。具体而言,根据第 6 条第 2 款的规定,缔约国可根据公约应有关国家的要求帮助该国确定、保护、保存和展出文化和自然遗产;根据第 7 条的规定,世界文化遗产的国际保护旨在建立一个支持缔约国保护和确定文化遗产的国际合作和援助系统,这进一步印证了国际合作在保护文化遗产方面的重要意义。

(二) 构建水下文化遗产保护国际合作机制

水下文化遗产对全人类来说是一笔巨大的文化财富,对全人类都具有不可估量的价值。2001 年 UNESCO 公约便以"为全人类的利益"为原则,[1]要求缔约国根据公约的各项规定为"全人类的利益"保护水下文化遗产。赋予文物以"人类共同文化遗产"法律地位的目的在于以全球性视角来确立文物保护的共同准则,[2]因此,各国应当以人类共同利益为目标构建水下文化遗产保护法律机制,而不仅仅局限于一国利益。

首先,各国应当积极加入全球性的公约,如 2001 年 UNESCO 公约;其次,应当加强区域合作,积极就特定区域内的问题进行磋商,签署区域性条约或法律文件,前述地中海沿海国家签订的《锡拉库萨宣言》即是典例。当然,在磋商的过程中,各方可以约定一些临时措施,避免在此过程中相关活动对水下文化遗产造成进一步的破坏;再次,就具体的水下遗产的相关问题,仍可通过适用范围较窄但效力更强的单边/多边条约来解决。如此一来,就水下文化遗产保护已有三层国际合作机制,这三层机制可以分别在不同方面发挥不同作用。此外,一些非政府间的合作同样值得鼓励,例如学术研讨、相关的培训班等。当然,在国际合作

---

① 孙南申、彭岳等:《文化财产的跨国流转与返还法律问题研究》,法律出版社,2017 年版,第 203 页。事实上,1982 年《联合国海洋法公约》就曾提出各国应当为"全人类的利益"考虑;在 2001 年《锡拉库萨宣言》当中,这一属性再次被提及。

② 李玉雪:《对"人类共同文化遗产"的法律解读——以文物保护为视角》,载《社会科学研究》,2009 年第 5 期,第 74 页。

的基础上,也要注意避免一些国家以此为由干涉他国主权内政,前述《保护世界文化和自然遗产公约》便做了相关的规定。①

就具体的合作措施而言,各国可以参照前述不同国家、地区在水下文化遗产保护方面的实践以及相关领域的国际合作方式。首先,各国应当始终以保护为目标,必要时可以暂时搁置争议、共同保护,在水下文化遗产得到有效保护的前提下,再启动磋商、谈判甚至诉讼等争议解决程序,如此一来即便争端解决程序耗时巨大,也不会对水下文化遗产的保护造成太大影响;其次,在争议较大时,各国可以邀请联合国教科文组织或一些中立国家进行斡旋,努力寻求争议解决的路径;再次,各国应当秉持"开明政策",在不损害自身主权的前提下,积极接纳不同国家的考古队、打捞队或其他技术人员对水下文化遗产进行相关的保护工作,尤其是技术相对落后的国家;最后,各国应当拓宽合作领域,在信息共享、人员培训、技术研发、参观展览等多个领域开展合作,还应当拓宽合作主体范围,鼓励不同国家间的政府、非政府组织、潜水员、考古队、渔民等主体之间开展合作,共同保护水下文化遗产。

总之,由于当前水下文化遗产保护面临的严峻形势,各国需要尽快加强合作意识,完善国际合作机制,为保护"全人类的利益"而共同努力。

第二节　南海水下文化遗产保护机制

一、南海水下文化遗产

据现有的考古资料和文献记载,中国人民在南海的生存、开发和探索活动可以追溯到 2000 多年前。② 不晚于秦汉时期,"海上丝绸之路"就已经被开辟,广

---

① 《保护世界文化和自然遗产公约》第 6 条。
② 李国强:《论南海人文资源》,载《南海学刊》,2015 年 3 月第 1 卷第 1 期,第 2 页。

东的徐闻、广西的合浦就是最早进入南海并通往印度洋、地中海的始发港。① 唐代以后,海上丝绸之路日益兴盛,宋元时期随着航海技术和造船工艺的发展,海上丝绸之路的光彩甚至掩盖了陆上丝绸之路。明朝郑和七下西洋开展对外贸易,成为海上丝绸之路达到顶峰的标志。

由于西沙群岛和南沙群岛的特殊地理位置,许多商船选择从此航行,又因为此段海域岛礁众多、暗礁密布,古代商船多有沉没,经过 2000 多年沧海桑田的变化,南海区域由此蕴含了极其丰富的水下文化遗产资源,其中尤以沉船以及随船的货物数量最多。

(一) 沉船遗迹

1974 年,考古人员对西沙附近海域的第一次调查发掘中从西沙群岛北礁礁盘上,发现了明代永乐时期官船的沉船残迹,有考古研究者认为,这艘沉船很可能属于明初大航海家郑和所率船队的船舶之一。②

20 世纪 90 年代以后,对南海区域的沉船考古工作取得了重大进展,考古的足迹也逐渐延伸至远海区域。在不到十年的时间里,我国考古人员就发现了十余处沉船遗迹,其中包括 1996 年发现的海南西沙"华光礁 1 号"沉船,这是我国在远海发现的第一艘古代船体。此外还针对一些重要沉船采取了整体打捞措施,比如对中山舰和"南海一号"沉船的整体打捞,都取得了较好的社会效应和保护措施。③ 到 2016 年,根据海南文物管理部门的统计,西、南、中沙群岛海域已经确认的沉船遗址有 136 处。④

南海区域大量的沉船遗迹,一方面带来了大量的随船文物,深刻反映出商品贸易的不断变化以及造船技术的日趋完善,另一方面也是对智慧勤劳的中国人

---

① 宋建忠:《水下考古与海上丝绸之路》,载《中国文物报》,2017 年 6 月 2 日第 3 版,第 1 页。
② 《人民日报》,1976 年 8 月 31 日,第 4 版。
③ 孙南申、彭岳等:《文化财产的跨国流转与返还法律问题研究》,法律出版社,2017 年 8 月,第 222 页。
④ 《我省水下家底摸清》,载《南国都市报》,2016 年 7 月 25 日,第 7 页。

民乘风破浪、对外贸易的深刻勾勒。

（二）随船文物

大量的水下沉船遗迹带来的是丰富的随船文物，这些文物的时间跨度可以涵盖北宋至清代各个时期，以北宋晚期至南宋早期、元代、明代中期、明代晚期、清代中晚期几个阶段最为集中，主要以瓷器、钱币、金属器物和石构件为主。[①]

以瓷器为例，作为"中国第一次进行远洋海底沉船整体打捞作业的成功尝试"，在西沙"华光礁 1 号"的水下文物进行的抢救性试掘中，共出水青白瓷器 678 件，多为宋代福建泉州德化窑、南安窑以及景德镇湖田窑器物，占到了出水文物的绝大多数。据此推测，"华光礁 1 号"沉船是一只古代贸易商船，它满载着中国瓷器等货物前往东南亚进行交易，去程中遭遇不测沉没。在南沙群岛的永登暗沙出土了一堆唐代的陶瓷残片，在道明群礁出土了秦汉时期的印纹硬陶以及明末年间仿制的青花瓷器残片。

除瓷器外，各种古钱币也被发现在各种沉船遗迹中，2010 年，水下考古人员在对"南澳 1 号"进行打捞时，在船舱中发现了罐装的大量铜钱，钱文多为"祥符通宝""皇宋通宝""熙宁通宝"等北宋年号，出水铜钱一万一千三百余枚。同时，在"北礁 19 号"水下遗存也采集到"皇宋通宝""熙宁重宝""元丰通宝""崇宁重宝""洪武通宝""永乐通宝"等铭文铜钱数枚。[②]

丰富的随船文物依附于沉船遗迹之上，静静地分布于广袤的南海水域有待于考古人员的探索与发现。

（三）生活遗址

除了最为常见的沉船以及随船的文物之外，由于南海区域内的大量岛屿都

---

① 孟原召、符洪洪：《2010 年西沙群岛水下考古调查再获丰硕成果》，载《中国文物报》，2010 年 6 月 4 日，第 4 版。

② 侯毅、吴昊：《南海历史遗迹与文物的保护、发掘与利用》，载《暨南学报（哲学社会科学版）》，2017 年第 7 期，第 79 页。

有过人类居住,比如南沙群岛的太平岛、中业岛、西月岛、南威岛、南钥岛、鸿庥岛等岛屿都被证实有渔民居住,他们所遗留下的生活遗址,如茅屋、水井、墓碑、寺庙和石碑,由于岁月侵蚀以及特殊的气候环境条件影响,一些生活遗址可能部分或全部处于海水之下,而这些遗址和遗存却恰恰可以反映某一特定时期南海诸岛上渔民的生活状态和衣食起居状况。

20世纪70年代以来,在西沙群岛发现了一系列中国渔民住居遗址,例如,在甘泉岛西北的唐宋居民遗址处,考古人员发现了多处古代建筑地基,古井一座以及陶瓷器、铁刀、铁凿、铁锅残体等器物达50余件,器型与同时期广东内地居民使用的器具基本相同,20世纪90年代,王恒杰先生在西沙群岛北岛考察发现明清以来的一系列居住遗址,炉灶、火灰炭屑、食用过的动物骨骼残骸和贝壳的遗留堆积、排水沟等清晰可辨。这些充分说明了南海诸岛是我国人民世代生产、生活和营居的地方。

如前所述,由于我国南海区域存在丰富的水下文化遗产资源,又由于我国专业的水下考古队伍缺乏,对南海区域盗掘水下文物的违法行为打击不足,致使从20世纪80年代中后期开始,大量珍贵的水下文物遭到不法分子的盗掘与破坏。近年来,南海局势更加复杂,我在南海的主权和管辖权面临重大威胁,南海文物和历史遗迹的保护也遇到前所未有的挑战。2011年4月,位于中沙群岛黄岩岛附近海底的一艘明代沉船遭到菲律宾籍轮船的破坏。据目击的海南渔民介绍,当时有两艘排水量在2 000吨上的菲律宾籍轮船在明代沉船遗址处轮番作业,进行盗掘和破坏。[①]

虽然在这30年的时间里,国家文物部门牵头逐渐着手组建自己的水下考古队伍,但随着新潜水技术以及其他水下装置的出现,南海水下文化遗产遭到盗捞、抢掠的情况有增无减。根本的解决方法还是在于与南海诸国一道构建起完备的水下文化遗产保护机制,下文将对现存的保护机制和存在的问题进行介绍。

---

① 赵叶苹、张永峰:《周边国家盗捞南海文物销毁中国主权证据》,载《国防时报》,2011年10月26日,第2页。

二、现存水下文化遗产保护机制及弊端

《联合国海洋法公约》、2001 年 UNESCO 公约以及我国和东盟于 2002 年 11 月 4 日签署的《南海各方行为宣言》都涉及了各国共同保护水下文化遗产的安排,但以上的国际公约或区域性政治文件应用到南海领域都存在着各种问题。

(一)《联合国海洋法公约》

早在 20 世纪 70 年代筹备第三次联合国海洋法会议时,就有代表郑重提出了国际海底区域(下称"区域")内发现的考古和历史文物(也即水下文化遗产)的保护问题,[1]在谈判过程中,又有代表提出保护在专属经济区内/大陆架上发现的文物。[2] 可以预想的是,那个时候的水下文化遗产保护并非各国探讨的重点。同时由于以沉船为主的水下文化遗产主要存在于大陆架等海床之上,根据《联合国海洋法公约》第 77 条的规定,沿海国仅在为勘探大陆架和开发其自然资源的目的时才可以对其行使权利,所以如果允许沿海国管辖大陆架上的文化遗产,势必会大大扩张相关国家的管辖权,影响到一些海洋大国历来倡导的公海自由,这就直接导致《联合国海洋法公约》最后通过时仅有第 149 条和第 303 条涉及水下文化遗产保护。

虽然由于各缔约国出于国家利益的争执,导致《联合国海洋法公约》对水下

---

[1] 有关希腊和土耳其提案的内容以及几次提案内容的变化可见:Anastasia Strati, *The Protection of the Underwater Cultural Heritage: an Emerging of the Contemporary Law of the Sea*, Kluwer Law International, 1995, pp. 296 - 299。转引自赵亚娟:《水下文化遗产保护的国际法制—论有关水下文化遗产保护的三项多边条约的关系》,载《武大国际法评论》,2007 年第 1 期,第 95 页。

[2] 有关希腊提案、希腊和佛得角等 7 国联合提案以及美国提案等的内容以及历次提案内容的变化见:Anastasia Strati, *The Protection of the Underwater Cultural Heritage: An Emerging of the Contemporary Law of the Sea*, Kluwer Law International, 1995, pp. 162 - 167. 转引自赵亚娟:《水下文化遗产保护的国际法制——论有关水下文化遗产保护的三项多边条约的关系》,载《武大国际法评论》,2007 年第 1 期,第 96 页。

文化遗产保护的规定有诸多不足，但通过对全球水域的基本划分，水下遗产保护的基本框架也得以在《联合国海洋法公约》下被建立起来。

根据《联合国海洋法公约》的规定，在内水、群岛水域和领海内的水下文化遗产，由于沿海国对上述区域享有完全的主权，所以沿海国对处于上述区域内的文化遗产可以自由打捞、开发，不受其他任何国家干涉；对于位于毗连区的水下文化遗产，《联合国海洋法公约》第 303 条第 2 款认为"为了控制这种文物的贩运，沿海国可在适用第 33 条时推定，未经沿海国许可将这些文物移出该条所指海域的海床，将造成在其领土或领海内对该条所指法律和规章的违反"，由于沿海国对于毗连区的管辖范围仅限于《联合国海洋法公约》第 33 条所规定的海关、财政、移民或卫生领域，所以第 303 条第 2 款扩大了沿海国针对水下文化遗产的管辖范围，管辖权扩张至禁止和授权遗产移出；[①]毗连区以外的水下文化遗产，即那些处于专属经济区和大陆架上的文化遗产，由于一些海洋大国的坚决反对，使得沿海国管辖权未能扩张至上述区域，[②]但如果相关国家在上述区域的活动影响到了沿海国原有的权利，则沿海国可以当然行使管辖权；[③]最后是《联系国海洋法公约》第 149 条对"区域"内发现的一切考古和历史文物的规定，此条明确了"为全人类利益予以保存或处置"的原则，但同时也强调了来源国、文化上的发源国或历史和考古上的来源国享有优先权利，这对各国保护处理水下遗产时提出了根本性的要求。

正如前文所述，《联合国海洋法公约》根据全球水域的基本划分，赋予了不同水域下沿海国不同的管辖权限，这种管辖权变化既符合公约对沿海国利益调和的考量，也明晰了国家管辖的边界问题。同时公约第 303 条第 1 款也创造性地

---

① 林蓁：《南海水下文化遗产保护合作机制的可行性研究——基于建设 21 世纪海上丝绸之路视角》，载《海南大学学报人文社会科学版》，2016 年 3 月，第 20 页。

② 相关提案变迁见：Anastasia Strati, *The Protection of the Underwater Cultural Heritage: an Emerging of the Contemporary Law of the Sea*, Kluwer Law International, 1995, pp. 162 - 167. 转引自赵亚娟：《水下文化遗产保护的国际法制——论有关水下文化遗产保护的三项多边条约的关系》，载《武大国际法评论》，2007 年第 1 期，第 96 页。

③ 《联合国海洋法公约》第 81 条。

提出了"水下文化遗产"的合作机制,重申要实现"为全人类利益予以保存或处置"的原则就必须在一种合作机制下进行文物的保护与开发。

在海洋大国关于文化遗产保护争论颇多的背景下,《联合国海洋法公约》所确定的水下文化遗产保护机制在某种程度上具有开创性的意义。《联合国海洋法公约》以全球水域划分作为各国管辖权行使的依据,但这一方式在南海区域的适用会遇到极大的阻力。

南海地区争议由来已久,是东亚地区最具复杂性和挑战性的海洋争端[1],其中掺杂了领土主权、海域管辖权、资源利用、地缘政治、海上安全威胁等诸多因素。由于主权争端的存在,《联合国海洋法公约》所确立的以全球海域为划分根据的水下文化遗产管辖权结构难以适用。南海诸国争夺享有完整主权的群岛区域,难以达成一致意见,更不用提以领海为基础向外扩散的毗连区和专属经济区等海域。这就造成了虽然《联合国海洋法公约》对各个海域沿海国的管辖权有着清晰的界定,但南海区域却无法对管辖权的行使达成一致意见。

除主权争议外,《联合国海洋法公约》自身建构的水下文化遗产保护机制也有着一定的缺陷。比如《联合国海洋法公约》第 149 条虽然确立了"为全人类利益予以保存或处置"的原则,但对于"区域"内是全人类文化遗产的考古和历史文物,却没有一个明确的执行机关来代表全人类利益,这实际上会使各个国家自行管理有关"区域"内考古和历史文物的活动,一来难以保证各国会为了全人类利益保存或处置这些文物,二来也会使可能更了解"区域"情况的国际海底管理局无法和外界有效交流、沟通,徒然浪费资源,三则在有关文物的活动与勘探开发资源的活动发生冲突时,不能提供有效的解决办法。[2] 另一方面《联合国海洋法公约》对于沿海国对处于毗连区的水下文化遗产的管辖权虽有所扩张,但终究只

---

① 洪农:《海洋法的国家实践:对南海地区法律文化共同体的思考》,载《外交评论》,2017 年第 5 期,第 779 页。

② Anastasia Strati, "The Protection of the Underwater Cultural Heritage: An Emerging of the Contemporary Law of the Sea," *Kluwer Law International*, 1995, pp. 300 - 313. 转引自赵亚娟:《水下文化遗产保护的国际法制——论有关水下文化遗产保护的三项多边条约的关系》,载《武大国际法评论》,2007 年第 1 期,第 97 页。

限于控制别国私自对文物贩运的情形,缺乏沿海国自身对文物的管辖方式的规定,而对于专属经济区与大陆架上的水下文物更是因为海洋强国的阻挠未能有明确的管辖方式,虽然我们需要肯定《联合国海洋法公约》在水下文化遗产领域的创造性规定,同时也不可忽视这些规定只是在利益冲突下调和的产物,如果不及时对以上规定进行细化同时达成后续的专门性的公约,《联合国海洋法公约》在水下文化遗产领域的作用会被逐渐淡忘。

(二) 2001 年 UNESCO 公约

联合国教科文组织一直致力于国际文化遗产保护,主持制定了保护文化遗产的三项公约:1954 年《关于在武装冲突的情况下保护文化财产的公约》、1970年《关于采取措施禁止并防止文化财产非法进出口和所有权非法转让公约》和1972 年《保护世界文化和自然遗产公约》。2001 年 11 月 2 日,联合国教科文组织制定了 2001 年 UNESCO 公约,构建了国际水下文化遗产保护的基本法律框架。2001 年 UNESCO 公约的序言和第 2 条确立了公约的目的和一般原则,形成了保护制度的基础。[①] 其出发点是《联合国海洋法公约》第 149 条和第 303 条的原则性规定,即各国有义务为了全人类的利益保护水下文化遗产,并为此相互合作。为了实现这一立法目的,公约确立了以下一般原则:为全人类利益保存水下文化遗产原则、就地保存原则、不得对水下文化遗产进行商业开发原则以及国际合作原则。

要建立水下文化遗产保护制度,国际合作是必需的。这就要求明确国家间以及教科文组织等国际组织的责任,重新审视海洋法中的管辖权事项。[②] 这就使得 2001 年 UNESCO 公约的谈判更多地纠缠于国际水域中国家管辖权问题,

---

① 张湘兰、朱强:《〈保护水下文化遗产公约〉评析》,载《中国海洋法学评论》,2006 年第 1 期,第 122 页。

② Oxman,"Marine Archaeology and the International Law of the Sea," *Columbia VLA Journal of Law and the Arts*, vol. 12, No. 3, 1988, p. 355. 转引自张湘兰、朱强:《〈保护水下文化遗产公约〉评析》,载《中国海洋法学评论》,2006 年第 1 期,第 123 页。

而不是水下文化遗产保存制度的构建。① 从另一方面看,2001 年 UNESCO 公约虽然在某种程度上忽视了对保护制度的构建,但却在《联合国海洋法公约》的基础上向前迈进了一大步,确立了一套明确的管辖权制度。公约最终确立的管辖权制度基于国籍和船旗国管辖原则,而不是一味追求沿海国管辖权向毗连区外的延伸。② 该制度可分为两部分:其一关于专属经济区内和大陆架上的报告和通报,其二关于这些区域内水下文化遗产保护制度的实施。

2001 年 UNESCO 公约建立了专属经济区内和大陆架上水下文化遗产的新机制。这一机制包括 3 个步骤:报告和通知;磋商;实施和批准。报告和通知是指缔约国应要求其国民或悬挂其国旗的船只船主报告他们发现或者有意开发该国专属经济区内或大陆架上水下文化遗产的活动③;当一缔约国的国民,或悬挂其国旗的船只发现或者有意开发另一缔约国专属经济区内或大陆架上的水下文化遗产时,该缔约国应要求该国国民或船主向其,并向该另一缔约国报告这些发现或活动;或要求该国国民或船主向其报告这些发现或活动,并迅速有效地转告所有其他缔约国④;缔约国应向总干事通报根据本条第 1 款向其报告的所有发现和活动。⑤ 磋商是指沿海国应与所有提出意愿的缔约国共同商讨如何有效地保护这些水下文化遗产,若没有国家提出意愿,"协调国"则应为沿海国。相反,如果沿海国明确表示不愿对这类商讨进行协调,表达参与商讨意愿的缔约国应另行指定一个"协调国"。⑥ 磋商之后,协调国应实施协商国一致同意的保护措施,应为实施一致同意的保护措施进行必要的授权。此外,协调国可对水下文化

① ILA Sixty-Fourth Conference, Report of the International Committee on Cultural Heritage Law, Queensland, Australia (1990), 1 - 17; CLT - 99/CONF. 204, Paris, Aug. 1999, 5 - 8. 转引自张湘兰、朱强:《〈保护水下文化遗产公约〉评析》,载《中国海洋法学评论》,2006 年卷第 1 期,第123 页。

② 成员国对毗连区内水下文化遗产的权利和义务沿袭《联合国海洋法公约》第 303 条的规定。

③ 2001 年 UNESCO 公约第 9 条第 1(a)款。

④ 2001 年 UNESCO 公约第 9 条第 1(b)款。

⑤ 2001 年 UNESCO 公约第 9 条第 3 款。

⑥ 2001 年 UNESCO 公约第 10 条第 3 款、第 9 条第 5 款和第 10 条第 3 款第 b 项。

遗产进行必要的初步研究。协调国应代表所有缔约国的整体利益,而不应只代表本国的利益。在防止水下文化遗产受到紧急危险的情况下,协调国可采取一切可行的措施,和/或授权采取这些措施。①

2001 年 UNESCO 公约虽然只是一个框架性公约,但它明确地界定了保护对象,规定了保护的内容和方式,树立了若干重要的保护原则,并根据水下文化遗产所在水域性质的不同规定了不同的保护模式,还为了确保规定的执行而规定了若干控制措施。

2001 年 UNESCO 公约在南海区域得到适用的主要难题在于南海诸国只有柬埔寨批准加入了此公约,其余国家因为各种原因都没有选择加入此公约。对我国来说,批准 2001 年 UNESCO 公约可能会带来一些不利因素,可能对我国关于水下文化遗产的权利主张带来一定程度的不利因素。比如,根据 2001 年 UNESCO 公约第 7 条,如果在中国领海内发现可辨认的属于国家船舶或飞行器的遗产,相关国家也是 2001 年 UNESCO 公约缔约国,则中国要向该国报告这项发现,并在可行时报告与该遗产确有联系的缔约国。但我国的相关法律②对中国领海内的一切水下遗存(含起源于外国的国家船舶和飞行器)主张所有权,如果该外国进一步提出权利要求,比如以国家财产为由要求豁免,则会影响我方的所有权主张。如果中国在毗连区、专属经济区内和大陆架上发现水下文化遗产或者拟进行开发,中国应向总干事通报,总干事会及时通报给所有其他缔约国。最终所有缔约国都将知悉中国毗连区、专属经济区内和大陆架上发现的水下文化遗产,并可能进一步提出权利主张,比如要求参加保护遗产的磋商。但由于我国相关法律③对这些海域内起源于我国的水下文化遗产主张所有权和管辖权,如果其他缔约国国内的有关方证明自己是相关遗产的所有人并主张所有权,则可能影响我国的权利主张。正是由于上述一些不利因素,导致我国目前为止都没有选择加入 2001 年 UNESCO 公约。

---

① 2001 年 UNESCO 公约第 10 条第 6 款、第 4 款。
② 《中华人民共和国水下文物保护管理条例》第 2 条。
③ 同上。

和所有国际公约一样,2001 年 UNESCO 公约的制定承受了很大的政治压力,以美、英为首的海洋大国对其施加了相当的影响。因此,公约最终文本较 1998 年草案发生了重大变化:所有权和抛弃问题被省略,公约和海难救助法的关系得以澄清,军舰和国家船舶进入了公约调整,公约所规制的活动范围缩小,而延伸沿海国管辖权的努力告以失败,如今,其生效前景尚难卜料。[①]

(三) 南海行为准则

"南海行为准则"是维护南海地区和平稳定,构建东南亚海洋安全秩序的准则规范,对稳定中国与东盟关系有积极意义。1992 年 7 月,东盟在菲律宾首都马尼拉召开第 25 届东盟外长会议,发表《1992 东盟南海宣言》,建议有关各方以《东南亚友好条约》原则为基础,制定南海国际行为准则[②],1996 年,东盟外长会表态赞同制定行为准则。1998 年,东盟首脑会议提议建立行为准则,中国于 1999 年同意谈判行为准则。[③] 2002 年 11 月,中国与东盟在柬埔寨首都金边签署《南海各方行为宣言》(以下简称 DOC),标志着中国与东盟对正式制定"南海行为准则"作出承诺,也是中国与东盟就维护南海和平稳定达成的具体共识。2017 年 8 月 6 日,在马尼拉举行的中国-东盟外长会通过了"南海行为准则"(以下简称 COC)框架文件。2017 年 11 月 13 日,中国和东盟在马尼拉举行首脑会谈,就正式启动"南海行为准则"案文磋商达成一致。中国强调争取在协商一致基础上早日达成"准则",使之成为维护南海和平的"稳定器"。[④]

---

① Lauren W. Blatt, SOS (Save Our Ship)! Can the UNESCO 1999 Draft Convention on the Treatment of Underwater Cultural Heritage Do Any Better?, *Emory International Law Review*, Vol. 14,2000,p. 1581. 转引自张湘兰、朱强:《〈保护水下文化遗产公约〉评析》,载《中国海洋法学评论》,2006 年卷第 1 期,第 110 页。

② "1992 ASEAN Declaration on the South China Sea", Adopted by the Foreign Ministers at the 25th ASEAN Ministerial Meeting in Manila, Philippines on 22 July 1992, http://www. aseansec. org/1196. html 最后访问日期:2017 年 11 月 13 日。

③ 李金明:《南海波涛—东南亚国家与南海问题》,江西高校出版社,2005 年,第 140 页。转引自骆永昆:《"南海行为准则":由来、进程、前景》,载《国际研究参考》,2017 年第 8 期。

④ http://news. china. com. cn/2017 – 11/15/content_41893008. htm. 最后访问日期:2017 年 11 月 14 日。

DOC 共含 10 条,其中第 1 条重申将 1982 年《联合国海洋法公约》作为处理国家间关系的基本准则,第 2 条承诺根据上述原则,在平等和相互尊重的基础上,探讨建立信任的途径,第 4 条承诺由直接有关的主权国家通过友好磋商和谈判,以和平方式解决它们的领土和管辖权争议,第 6 条提出在海洋环保、海洋科学研究、海上航行和交通安全、搜寻与救助、打击跨国犯罪等方面开展探讨与合作。DOC 作为历史上第一个关于南海问题的多边政治文件,所确立的双方共同愿望以及和平处理南海争端的原则在水下文化遗产保护领域显得尤为重要。如上文所述,由于南海固有的主权争端等困境,目前所存在国际公约都无法高效地解决在这一水域的水下文化遗产保护问题,而 DOC 所达成的一种以谈判、磋商为主要方式的合作机制,虽然缺乏一定的法律约束力,但起码得到了南海诸国的一致同意,或许可以取得很好的成效。同时 DOC 作为一个妥协的产物,也为接下来制定 COC 这一有约束力的法律文件起到了缓冲作用。

虽然制定南海行为准则的提议从 20 个世纪 90 年代就已经提出,但在经过将近 20 年的时间后,所达成的成果也仅限于 2002 年制定的 DOC 一项,虽然中国和东盟于 2017 年 11 月 13 日在首脑会谈上确认,未来的磋商将基于 2017 年 8 月中国东盟外长会上取得共识的“准则”框架继续推进。但框架内容至今尚未公布,文件显示也仅仅列举了诸如“航行自由”等抽象目标,磋商可能会成为一项长期工作,所以在未来的很长一段时间内南海行为准则框架内很可能只包括 DOC 一项多边政治文件。

首先由于南海行为准则主要是为了解决南海主权争端、海洋划界和油气开发等问题,所以 DOC 所涉及的关于水下遗产保护的具体安排也非常少,主要集中在前言重申《联合国海洋法公约》的相关规则以及第 6、7 条的相关规定。虽然 2002 年 DOC 签署后,中国与东盟各国通过中国-东盟落实 DOC 高官会和联合工作组等对话磋商机制,积极推进落实 DOC 框架下海洋科研、海洋环保、海上航行和交通安全、海上搜救、打击跨国犯罪等五大领域合作。[1] 但 2012 年以来,

---

① 陈相秒:《“南海行为准则”磋商正在取得积极进展》,载《中国周边》,2017 年 7 月,第 26 页。

伴随着南海形势持续紧张升温,完善预防性措施和安排、有效管控南海海上危机、牢固彼此政治互信基础成为中国与东盟有关国家共同面临的问题,想必即使未来 COC 获得通过,也不会将水下遗产保护问题作为重点,这样南海行为准则对于南海区域内文物保护工作的指导作用会变得微乎其微。

其次是 DOC 在国际法上的性质问题,我国一贯的立场是将 DOC 视作有约束力的多边国际公约,以此在南海区域特别是主权争端方面约束缔约国,但在其他南海诸国的视角里,DOC 中根本找不到关于缔约方权利与义务关系的条款,反而通篇都是含糊其辞、缺乏明确对应的权利义务关系的说明,所以 DOC 本身性质就是国际政治文件而并非是具有约束力的国际法律文件,关于这一点南海仲裁中也给出了相似的观点。在南海行为准则现阶段仅包含 DOC,而 DOC 自身的法律性质又被广泛质疑的情况下,想要依靠南海行为准则来有效规制水下文化遗产几乎是不可能的。

三、构建南海水下文化遗产保护机制:以合作为基础

二战期间水肺被发明之后,人们可以潜入更深的水下,"财宝猎人"也因此可以在海洋中大肆掠夺海底的财富。中国南海由于其密集的沉船数量,导致财宝猎人们蜂拥而至,一处处由中国驶出的古代沉船相继被打捞出水,大批中国古代瓷器、铜铁金银等文物流入国外的文物拍卖市场。①

怎样才能更好地保护处于南海的水下文化遗产,这不仅是摆在中国面前的问题,也是南海诸国所共同思考的难题。过去很长一段时间里,南海诸国"各自为战",以本国的文物政策作为保护南海水下文化遗产的指导,但不可忽视的是南海周边主要国家海底文化遗产保护政策的差异极大。比如印度尼西亚政府1989 年制定了相应的法律,并正式对沉船打捞公司开放其海域,许可国内外打

---

① 孙南申、彭岳等:《文化财产的跨国流转与返还法律问题研究》,法律出版社,2017 年版,第190 页。

捞公司进行打捞。印尼政府规定,任何勘探或打捞在开始之前须首先获得许可,而要获得打捞许可牵涉 17 个不同的政府部门。柬埔寨作为南海周边国家唯一批准了 2001 年 UNESCO 公约的国家,有义务遵守公约的规定,而该公约将禁止水下文化遗产的商业开发作为最重要的一条指导原则,因而也是缔约国须遵守的条约义务。① 马来西亚 2005 年《国家遗产法》未对其专属经济区内和大陆架上的文化遗产提出要求。同时由于马来西亚不具备保护和管理其水域内所有文化遗产的能力,在实践中,马来西亚所采取的措施是出售与马来西亚历史和文化没有直接关联的水下文化遗产,将所得的资金用于保护和马来西亚历史及文化联系紧密的水下文物。② 越南的法律,如 2001 年越南《文化遗产法》禁止水下文化遗产的商业利用,但在实践中,越南政府由于财政压力,往往会出售一部分的文物。

　　鉴于上述南海国家在水下文物保护政策上的差异,"各玩各的"显然只会增加矛盾与摩擦,可行的方式就是以合作为基础,推动中国与其他南海国家一同构建可行的水下文化遗产保护机制。

(一) 通过双边、多边协定促进区域合作

　　处于南海的水下文化遗产因为其所处地点的特殊,经常与一国的主权与领土等政治问题联系在一起,水下遗产的来源国与沿海国为了避免就文化遗产的管辖权和所有权产生争端,往往通过协商签订有关归属于保护的双边、多边以及区域性的协定。这些协定针对性强,在解决争议的实践中有很大的适用空间。

　　国际上已经存在一些保护水下文化遗产的双边和多边协定。比如 1972 年《荷兰与澳大利亚关于荷兰古代沉船的协议》,1989 年《南非与英国关于"伯肯黑德号"沉船的换文》,1989 年《法国与美国关于"阿拉巴马号"沉船的协议》,1997

---

① 林蓁:《南海水下文化遗产保护合作机制的可行性研究——基于建设 21 世纪海上丝绸之路视角》,载《海南大学学报人文社会科学版》,2016 年 3 月,第 21 页。
② 李锦辉:《南海周边主要国家海底文化遗产保护政策分析及启示》,载《太平洋学报》,2011 年 6 月,第 76 页。

年《加拿大与英国关于"幽冥号"和"惊恐号"勘探、发掘和处置的谅解备忘录》，2004 年美国、英国、法国和加拿大《关于"RMS 泰坦尼克号"沉船的协定》，以及1992 年修订的《保护遗产欧洲公约》等。①

由于南海区域的划界争议非常复杂，而南海周边各国基本上都采取开放的打捞措施，这使得本应属于我国的文化遗产因为划界不明而遭受被非法打捞和破坏的风险。因此应该根据国际海洋法，参照 2001 年 UNESCO 公约和相关国内立法，通过协商谈判，达成多边和双边协定，力图维护我国正当权益，有效保护水下文化遗产。

鉴于对水下文化遗产进行科学的勘测、挖掘和保护必须拥有高度专业知识和先进技术设备，2001 年 UNESCO 公约中特别规定了缔约国之间开展与加强合作的原则，包括进行水下考古、水下文化遗产保存技术等方面的交流，并按彼此商定的条件进行与水下文化遗产研究、保护和技术转让。

（二）东盟合作框架下的保护机制

成立于 1967 年的东盟是东亚地区最早着手进行一体化进程的次区域组织。随着全球经济合作的不断深化，东盟国家普遍认识到，只有建立本区域自觉应对外部冲击的多种机制，才能保证区域稳定与繁荣。2015 年 12 月 31 日，时任东盟轮值主席国的马来西亚外长阿尼法发布声明，宣布东盟共同体当天正式成立。

在南海地区，作为负责任的大国，我国为了维持南海地区的和平与稳定，一直采取建设性的克制态度，很早就提出了"主权在我，搁置争议，共同开发"的主张。目前我国和东盟各国均认识到合作解决南海问题的必要性和重要性，中外各方于 2002 年 11 月 4 日签署了《南海各方行为宣言》，并在 2003 年 10 月正式加入《东南亚友好合作条约》。根据文件，在全面和永久解决争议之前，有关各方可在海洋环保、海洋科学研究、海上航行和交通安全等领域探讨或开展合作。随

---

① Tullio Scovazzi. "The Entry into Force of the 2001 UNESCO Convention on the Protection of the Underwater Cultural Heritage," *Aegean Rew Law Sea*, vol. 1 (2010)，p. 1. 转引自孙南申、彭岳等著《文化财产的跨国流转与返还法律问题研究》，法律出版社，2017 年版，第 219 页。

着我国与东盟的关系不断深入发展,双方已经逐渐形成了一定的合作机制与框架——以领导人为核心,由部长级会议组成,六个具体工作机制和地区论坛相辅相成的合作框架。会议机制分为以下层次:1. 领导人会议。东盟与中国领导人非正式会议始于 1997 年东盟成立 30 周年。在各期领导人非正式会议上,我国领导人与东盟发表、签署了许多重要文件——《联合宣言》《全面经济合作框架协议》《面向和平与繁荣的战略伙伴关系联合宣言》《东南亚友好合作条约》以及《中日韩推进三方合作宣言》。2. 外长会议。自中国从 1991 年 7 月首次参加东盟外长会议以来,中国外长每年都参加东盟外长会议。3. 中国-东盟工作机制。中国和东盟在经贸、科技、商务、安全等方面都存在着各种工作机制,这些机制进一步深化了双方的合作与互信。①

在与东盟的合作框架下,东盟与中国在更多领域内取得了较为丰富的成果,比如 2000 年《东盟与中国禁毒计划》,2001 年中国、泰国、老挝、缅甸的《北京宣言》,2002 年中国提交的《关于加强非传统安全领域合作的中方立场文件》,2002年《关于非传统安全领域合作联合宣言》等。在这一框架下,关于水下文化遗产的保护,可在此基础上建立一个"10+1"框架下的水下文化遗产合作机制,将整个南海争议地区的水下文化遗产全部统一控制起来,进行有效的开发,以达成一个"搁置争议,共同开发"的局面,用和平的方式解决分歧和争端,进行有效的合作,我国可以牵头合作保护南海水下文化遗产,争取在政治合作和经济合作之后,在文化合作方面找出一条新的合作途径。

(三) 2001 年 UNESCO 公约下的合作开发模式

2001 年 UNESCO 公约架构的是地域管辖的制度,回避了水下遗产的所有权问题。2001 年 UNESCO 公约沿用了《联合国海洋法公约》关于争端解决机制的规定,而我国目前对涉及领土主权的纠纷,尚未承认关于国际争端的强制解决

---

① 韦红、颜欣:《中国-东盟合作与南海地区和谐海洋秩序的构建》,载《南洋问题研究》,2017年第 3 期,第 1 页。

机制。这也是我国至今未加入该公约的原因之一。不过南海区域内外国沉船并不算多,外国政府沉船更少。从保护水下遗产角度,还是应适时加入该公约更为有利。原因如下:其一,在海域争议焦点的南海区域,菲律宾、印尼、越南等经济发展缓慢、科技水平低下的国家对外国打捞者开放。在菲律宾,只要探宝者获得国家博物馆的许可证就可进行海底打捞工作,只需按协议与其共同分享即可。有些探宝者的活动已借机延伸到了中国海域,这势必损害中国的海洋权益和文化遗产的安全,而此类商业打捞行为恰恰是该公约所禁止的。其二,该公约的"就地保护"原则的法律效果可以使相关的归属争议"搁置",从而让水下文物得到最大限度的保护。如果双方均为该公约的缔约国,就必须受制于"就地保护原则",这也将有益于此类问题的解决。

我国现行立法所体现的严格控制的文物政策,排除了私人商业发掘的可能。虽可方便国家掌握水下文化遗产的发掘信息,能对文化遗产的打捞、保存进行全面的控制,并减少文物的毁损与流失,但其对应的投入和消耗也十分巨大。考虑到中国现有的考古力量和考古投入,要由政府专业考古人员对每一处海底文化遗产进行发掘不仅耗资巨大,而且时间冗长,其投入和所获亦难成正比。因此可以考虑在南海领域与其他国家一道采用水下遗产合作开发的模式。

四、现阶段南海水下文化遗产合作机制实践

联合国教科文组织在南海区域的一些合作项目取得了一定成果。如教科文组织和泰国政府及挪威政府合作,在泰国建立了亚太区域的水下文化遗产保护培训中心,旨在对各国从事水下文化遗产发掘、保护和管理工作的人员进行专业培训,提高其专业素养,从而提高各国水下文化遗产保护管理的水平。遗憾的是,这一系列合作机制中,却缺乏中方的参与。实际上,如果中国的水下考古人员和相关专业人才可以和他国的考古工作者交流、分享经验,这无疑是对各方都有益的事情。一方面,应当鼓励我考古人员参加教科文组织开展的一些交流活动,另一方面,我国国家博物馆和国家水下文化遗产保护中心都可以加强和联合

国教科文组织的合作。我国专家还同日本专家一道发掘和打捞"南海Ⅰ号"。通过合作打捞,我国同日本水下考古学界技术人员的交流,获得宝贵的经验,对我国以后的水下文化遗产保护工作产生了深远的影响。我国通过同日本、澳大利亚等国家的合作和交流不仅在人员培训上取得了相当的进展,而且我国还引进了西方先进的抽水、定位等技术手段。[①]

2014 年 6 月,南海丝绸之路文化遗产保护研讨会在海口举行,在这次国内首次围绕南海水下文化遗产保护和利用召开的研讨会上,来自全国各地的 37 家科研院所、文物局、博物馆等联合发布了《南海丝绸之路文化遗产保护共同宣言》(下简称《共同宣言》)。[②] 该宣言的主旨即推进南海丝绸之路文化遗产研究,有利于国际间深化战略互信,拓展睦邻友好,聚焦经济发展,扩大互利共赢。有理由期待《共同宣言》可以推动南海区域文物合作保护的先期实践。2014 年 11 月,国家主席习近平宣布将出资 400 亿美元成立丝路基金,为"一带一路"沿线国家基础设施、资源开发、产业合作和金融合作等与互联互通有关的项目提供投融资支持。据悉如果南海领域的文物开发可以形成一个成熟的开发模式,并且通过打捞、保护乃至后期的保护获得一定的受益,未来会有专项的资金用于这一领域。

第三节　完善中国水下文化遗产法律制度

一、水下文化遗产保护的国内法框架

中国是世界著名的文明古国之一,保存在地上地下的文化遗存极为丰富。但自 1840 年以来由于帝国主义者采取各种手段,巧取豪夺,使大量的珍贵文物源源不断地流失国外,给国家的历史文化遗产造成了巨大的损失。因此中华人

---

① 朱坚真、杨乐、徐小怡、黄丹丽:《我国水下文化遗产保护的历史进程研究》,载《深圳大学学报(人文社会科学版)》,2013 年 7 月,第 144—149 页。

② http://www.donews.com/media/201406/2810039.shtm.

民共和国一成立，由国家颁布的第一个有关保护文物的法令，就是中央人民政府政务院颁发《禁止珍贵文物图书出口暂行办法》的命令。随着这一命令的实施，从此结束了过去听任国家珍贵文物大量外流的历史时代。[①] 1980 年全国文物工作会议集体讨论了《中华人民共和国文物保护法》(下简称《文物保护法》)草稿。1982 年 11 月，《文物保护法》通过并施行，这是中华人民共和国成立以来文物领域的第一部专门法律。自《文物保护法》公布以来，历经 1991 年、2007 年、2013 年、2015 年和 2017 年[②]的 5 次修正已然基本成型。

除了文物领域的一般法《文物保护法》外，我国有关水下文化遗产的特别立法也是比较完备的，主要包括《中华人民共和国水下文物保护管理条例》(下称《管理条例》)、《打捞沉船管理办法》《关于外商参与打捞中国沿海水域沉船沉物管理办法》和(下简称《管理办法》)和《海上交通法》等。《管理条例》作为水下文物保护领域最重要的法律文件，颁布于 1989 年，其颁布的背景是 1987 年 8 月海上丝绸之路航线上南宋沉船"南海 I 号"的偶然发现。《管理条例》的出台远远早于联合国教科文组织于 2001 年正式通过的 2001 年 UNESCO 公约，横向上看，称得上是一部较为先进的规制水下文物保护的法律文件。

(一)《中华人民共和国文物保护法》

《中华人民共和国文物保护法》(下简称《文物保护法》)作为我国文物保护领域最高位阶的法律，共由 8 章 80 条组成，包含了对文物的界定、文物工作的方针、文物的所有权构建、文物发掘工作规范、文物出入境规定以及针对文物保护的奖励措施和破坏、非法买卖文物需要承担的法律责任。比如《文物保护法》第 4 条：文物工作贯彻保护为主、抢救第一、合理利用、加强管理的方针。此条是关于文物保护基本方针的规定，当然适用于水下文化遗产保护领域。第 5 条：中华人民共和国境内地下、内水和领海中遗存的一切文物，属于国家所有。此条奠定

---

① 谢辰生：《新中国文物保护工作 50 年》，载《当代中国史研究》，2002 年 5 月，第 68 页。
② http://www.ccdy.cn/yaowen/201711/t20171107_1363395.htm.

了水下文化遗产国家所有的基本制度。第 27 条：一切考古发掘工作，必须履行报批手续；从事考古发掘的单位，应当经国务院文物行政部门批准。地下埋藏的文物，任何单位或者个人都不得私自发掘。此条规定了我国打捞水下文物遗产的具体模式，即禁止私人打捞，由国家主导文物的保护过程。

作为文物保护领域的母法，《文物保护法》对整个文物领域起到的是整体上的指导作用，但对于特殊的水下文化遗产领域，显然无法进行事无巨细的规定，所以这一责任在我国交由《中华人民共和国水下文物保护管理条例》来承担。

(二)《中华人民共和国水下文物保护管理条例》

《中华人民共和国水下文物保护管理条例》（下简称《管理条例》）颁布于 1989 年，距今 30 年的时间，《管理条例》共由 13 条组成，第 2 条是关于水下文物的定义，第 3 条是水下文物国家所有的制度，和《文物保护法》所对应，第 4 至 9 条是规定了国家主导的保护模式，比如第 7 条：水下文物的考古勘探和发掘活动应当以文物保护和科学研究为目的。任何单位或者个人在中国管辖水域进行水下文物的考古勘探或者发掘活动，必须向国家文物局提出申请，并提供有关资料。未经国家文物局批准，任何单位或者个人不得以任何方式私自勘探或者发掘。外国国家、国际组织、外国法人或者自然人在中国管辖水域进行水下文物的考古勘探或者发掘活动，必须采取与中国合作的方式进行，其向国家文物局提出的申请，须由国家文物局报经国务院特别许可。

联合国教科文组织曾经对我国的《管理条例》给出了高度评价，认为其较早地关注了水下文化遗产的保护现象，在全世界范围内树立了很好的典范。但在《管理条例》制定 30 年后，特别是教科文组织于通过 2001 年 UNESCO 公约后，《管理条例》中相当一部分的规定和国际上通行的观点和实践中确立的原则有所背离，所以《管理条例》也亟需进行较大程度的立法上的调整。

(三)《关于外商参与打捞中国沿海水域沉船沉物管理办法》等其他法律文件

《关于外商参与打捞中国沿海水域沉船沉物管理办法》（下简称《管理办法》）

的内容主要关于外商参与打捞中国沿海水域沉船沉物活动的管理[①],包括了外商参与打捞合同、打捞工作开展与进行过程中的行政管理事项。《管理办法》认为外商参与打捞仅有两种途径,即签订共同打捞合同或成立中外合作打捞企业,实施打捞活动,这与《管理条例》所确定的外商"合作开发机制"是一致的,《管理办法》第 3 条第 3 款将"被确认为文物的沉船沉物排除在外",似乎认为即使通过合作的方式外商也不具有打捞水下文物的资格,这和《管理条例》存在明显的矛盾,而且《管理办法》作为行政法规于 1992 年通过,根据同一位阶,新法优于旧法的规则,反而似乎应该适用《管理办法》这一并不合理的规定。

其他的一些法律文件如《海上交通法》主要涉及水下文物保护打捞的行政程序,比如《海上交通法》第 8 章涉及打捞沉船的前置批准程序:对影响安全航行、航道整治以及有潜在爆炸危险的沉没物、漂浮物,其所有人、经营人应当在主管机关限定的时间内打捞清除;未经主管机关批准,不得擅自打捞或拆除沿海水域内的沉船沉物。

二、水下文化遗产的认定及改进

(一)国际公约对水下文化遗产的认定

在较早的时期,文化财产使用的频率要比文化遗产高得多。文化财产一词主要针对与特殊文化与历史的民族或国家有特定关系的财产,既涵盖了某些民族或国家以特殊的文化方式体现和创造的各种文物与艺术品,也包括了可以反映早期人类文明的考古遗址。[②] 20 世纪的一些国际公约,如 1954 年《关于发生武装冲突时保护文化财产的海牙公约》、1970 年《关于禁止和防止非法进出口文化财产和非法转让其所有权的方法的公约》以及 1995 年《关于被盗或非法出口

---

① http://www.gov.cn/gongbao/content/2011/content_1860841.htm.
② 孙南申、彭岳等著《文化财产的跨国流转与返还法律问题研究》,法律出版社 2017 年 8 月版,第 1 页。

文物的公约》都出于特定目的对文化财产作了界定。不过,文化财产的提法受到了越来越多的批评,文化财产一词强调具有文化价值之物品的商业价值,似乎物品的主要价值是商业价值,文化价值被贬抑到了次要地位。文化遗产一词的内涵则更丰富,既没有过分强调物品的商业价值,又包含了传承给后辈的思想,比文化财产之措辞更可取,也越来越多地出现在国际公约中。①

2001 年 UNESCO 公约对水下文化遗产作了如下的定义:"水下文化遗产系指至少 100 年来,周期性地或连续地,部分或全部位于水下的具有文化、历史或考古价值的所有人类生存的遗迹,比如:(i) 遗址、建筑、房屋、人工制品(artifacts)和人类遗骸,及其有考古价值的环境和自然环境;(ii) 船舶、飞行器、其他运输工具或其任何部分,所载货物或其他物品,及其有考古价值的环境和自然环境;(iii) 具有史前意义的物品……"实际上,就如何界定水下文化遗产,2001 年 UNESCO 公约的谈判代表展开了激烈的争论:一方面对 100 年这个时间限制是否科学展开了讨论,另一方面对沉没在水下 100 年以上的一切遗存都界定为受公约保护的水下文化遗产是否合适,代表各方也都寸步不让。2001 年 UNESCO 公约最终保留了 100 年的时间限制,并添加了"文化、历史或考古价值"一语作为水下文化遗产的一项限制标准,这也预示了各国对限定保护派(即主张增加价值判断标准来缩小水下文化遗产范围的代表们)意见的妥协。

(二) 国内法对于水下文化遗产的认定

《文物保护法》作为文物保护领域的一般法,第二条对文物进行了界定,将文物划分为了五大类,分别是:古文化遗址、古墓葬、古建筑、石窟寺和石刻、壁画;史迹、实物、代表性建筑;艺术品、工艺美术品;文献资料、手稿和图书资料等;代表性实物,而古脊椎动物化石和古人类化石被视作文物加以保护。除此之外,文物保护法还在这五大类保护客体前分别加上了不同的限定词,以缩小文物保护的范围。比如古文化遗址、古墓葬等文物需要具有历史、艺术或科学价值;近代

---

① 赵亚娟:《国际法视角下"水下文化遗产"的界定》,载《河北法学》,2008 年 1 月,第 144 页。

现代重要史迹、实物、代表性建筑需要同时满足与重大历史事件、革命运动或者著名人物有关以及具有重要纪念意义、教育意义或者史料价值两个条件；等等。由此可见，作为需要相关行政部门利用国家财政加以保护的文物而言，其必须具有一定的客观价值，才有保护的必要性，所以《文物保护法》在文物的限定方面和制定 2001 年 UNESCO 公约的大部分国家的观点相似，也就并不奇怪。

就水下文物而言，由于我国的海岸线十分漫长，所以水下文物主要集中于古代沉船。[①] 随之而来的问题在于水下沉船很难划归到《文物保护法》的五类文物范围之内，即很难被认定为具有文物的资格。水下沉船本身作为一种交通工具，很明显不属于石刻壁画、艺术品、建筑或是手稿图书等前四类，就只能勉强归于第五类："反映历史上各时代、各民族社会制度、社会生产、社会生活的代表性实物"，但第五类文物尚需反映社会制度、社会生产和社会生活，且要具有一定的代表性，一般的水下沉船是否符合也带有疑问，究其原因是因为这种封闭式的界定难以穷尽文物种类，水下文物尚难被划入文物之列，如果出现了新型的文物类型，这种划分方式也是需要相应改进。

《管理条例》第二条将水下文物界定为"遗存于下列水域的具有历史、艺术和科学价值的人类文化遗产"，并且从反面排除"前款规定内容不包括一九一一年以后的与重大历史事件、革命运动以及著名人物无关的水下遗存"。

首先，此条规定存在明显的用语错误，文物所需要具有的历史、艺术和科学价值三者本身常常不可能并存，所以只要某样实物具有历史、艺术、科学价值其一即可符合要求，这从《文化保护法》以及 2001 年 UNESCO 公约[②]的规定中都可以看出，所以"和"应当改成选择性质的"或"。

其次，此条和 2001 年 UNESCO 公约相似，在限定保护的立场下，否定了一切具有一定的时间跨度的实物都属于文物的观点，这一做法具有合理性，文物保护是需要投入社会资本的活动，如果"文物"本身所具有的客观价值低于成本的

---

① 赵亚娟、张亮：《从"南海一号"事件看我国水下文化遗产保护制度的完善》，载《法学》，2007年第 1 期，第 118 页。

② 2001 年 UNESCO 公约第 1 条。

投入,那么保护过程的正当性也会遭到质疑。但是正如在制定公约过程中各国争论的一样,历史、艺术和科学价值是一个极具主观的标准,以局限的眼光判断文物是否值得保护很容易造成遗漏,所以限定保护可能有的时候不如全部保护更合理。

最后,本条的反面排除条款也存在立法技术问题,由于《管理条例》是 1989 年通过,本意是将形成时间短于 78 年(即 1911 年以后)的文物排除,且不谈 1911 年这一时间点确定的标准,78 年的时间也明显短于 2001 年 UNESCO 公约所规定的 100 年的时间长度,同时《管理条例》通过距今也有将近 30 年的时间,一些形成时间超过 100 年的水下文物就会被此条款排除在外。

(三) 改进的水下文化遗产认定方式

从以上规定可以看出,我国对于水下文化遗产的界定要窄于 2001 年 UNESCO 公约,而且我国的《管理条例》对"水下文物"的措辞似乎更偏重于"物",没有包括遗存所存在的具有考古和历史价值的环境,也没有包括人类遗骸。[①] 但文物总是在一定的环境下才具有特殊意义,保护良好的水下文化遗产及其环境有助于考古学家更多、更准确地发掘水下文化遗产所蕴含的宝贵信息。

结合以上的问题,可以考虑通过抽象概括、举例和反面排除条款的方法对水下文化遗产进行完整的界定。在抽象概括时,借鉴 2001 年 UNESCO 公约和《管理条例》规定水下文化遗产属于人类文化遗产,需要具有历史、艺术或科学价值。这样的规定有助于排除缺乏保护价值的财产或实物,而历史、艺术和科学价值的认定标准可以由文物部门或者其他行政部门予以细化,并且进行实时更新。在举例分类时可以将水下文化遗产划分为以下几类:(1)部分或全部位于水下的遗址、建筑、或工艺品及其所处环境;(2)部分或全部位于水下的船只等运输工具及其所处环境;(3)部分或全部位于水下的人类遗骸及其所处环境;(4)具

---

① 孙南申、彭岳等著《文化财产的跨国流转与返还法律问题研究》,法律出版社,2017 年版,第 224 页。

有历史、艺术或科学价值的部分或全部位于水下的实物及其所处环境。这样的分类方式首先突出了水下文化遗产所处环境的特殊性,为水下文物的特殊保护方针进行铺垫,其次前 3 大类基本可以将水下文物的种类囊括其中,最后第 4 款的兜底性规定则可以保证文物保护的客体不至于有所遗漏。在通过前两种正面规定后,考虑到限定保护的必要性,反面排除可以借鉴 2001 年 UNESCO 公约的做法,排除形成时间短于 100 年的水下文物。虽然 100 年作为一个硬性标准可能并不科学,但既然各国的文物保护法律中都有类似的规定,不妨将其纳入水下文物保护中。《管理条例》目前的规定是将一个确定的年份(1911 年)作为筛选的标准,这就导致每隔一段时间就必须修改法律把时间跨度达到一定年份的文物纳入进去。其至随着对水下文物的进一步开发,可以按照实际情况把 100 年这一跨度适当放宽或缩窄,更符合当时的文物保护需求。

三、水下文化遗产所有权制度的缺陷及改进

水下文化遗产所有权制度,也可以被称为水下文化遗产的归属制度本质上是一个国内法问题,所以 2001 年 UNESCO 公约虽然明确规定了水下文化遗产的保护与开发的管辖、方法及程序等,但都没有对水下文化遗产的权属问题作出一个明确的规定。[①] 宏观上看,水下文化遗产的所有权制度可能会影响一国的文物保护政策,间接决定一国对于水下文物保护、打捞和开发等具体程序的设置,而我国与一些国家的文物权属差别也导致文物保护上效果的差异。

---

① 江河、於佳:《国际法上的历史沉船之所有权冲突——以保护水下文化遗产为视角》,载《厦门大学法律评论》,总第二十五辑,第 86 页。

（一）主要国家的水下文化遗产所有权制度

泰国 1961 年《历史纪念碑、古董、艺术品和国家博物馆法》①规定："无法确认其物主的埋藏或遗弃在（泰国境内）任何地点的古代文物或者艺术品是国家财产，无论其埋藏地或者遗失地是否属于任何人所有（该法第 25 条）"，"属国家所有的古代文物和艺术品由国有博物馆负责保管（该法第 25 条）"，在存在多件相同或相似文物的情况下，政府部委机关可暂时保管一部分此类文物。此条规定确立了泰国"国家所有和个人所有并存"的文物所有权基本原则，即埋藏或遗弃的文物，由个人所有（包括所有权人或发现者），除此之外的文物则由国家所有。

英国《商船法》对于沉船的基本精神为：对于在英国海岸临岸或者领海之内失事船舶，原船舶所有人权利优先，占有人仅有请求报酬的权利，而对于英国及其领水内无人认领的沉船遗骸及其货物，归属女王及其皇室继承人所有，除非女王及其皇室继承人将其在该地区的此项权利授予他人。英国《商船法》对于沉船，在管辖上坚持属地规则，而在所有权上，则规定原所有权确定的情况下，水下文化遗产仍由原所有人所有，而所有权不明时，英国领海之内的沉船归属英国国家。

美国《被弃沉船法》规定，美国政府对于嵌入一州的水下土地中、嵌入一州水域中由一州保护的珊瑚礁中或是一州在水域中并被列入国家登记中的被弃沉船享有权利，同时基于美国联邦体制，除沉没于公共土地应归于联邦政府，或沉没于印第安人的土地归属印第安人外，此权利转移至各州。当然，在此法中，适用前提为船只已被抛弃，即成为无主物，本质上为对于无主物的主权先占。而对于非被弃沉船，当然仍沿用传统民法，由原物主享有所有权利。

---

① 林蓁：《南海水下文化遗产保护合作机制的可行性研究——基于建设 21 世纪海上丝绸之路视角》，载《海南大学学报人文社会科学版》，2016 年 3 月，第 22 页。

（二）我国的水下文化遗产所有权制度

1982 年《文物保护法》第 4 条建立起文物国家绝对所有和国家相对所有两种国有制。国家绝对所有指的是：(1) 中华人民共和国境内地下、内水和领海中遗存的一切文物，属于国家所有；(2) 古文化遗址、古墓葬、石窟寺属于国家所有；(3) 国家机关、部队、全民所有制企业、事业单位收藏的文物，属于国家所有。国家相对所有指的是：国家制定保护的纪念建筑物、古建筑、石刻等，除国家另有规定外，属于国家所有。此外，集体和个人所有的纪念建筑物、古建筑物和传世文物，其所有权受国家保护，但是文物的所有者必须遵守国家有关保护文物的规定。

2002 年《文物保护法》修订之后，扩大了文物国有的范围，建立起"一旦国有，永久国有的"的所有权制度。具体而言，就不可移动文物，关于国家绝对所有的相关规定被保留下来，相对所有的范围还扩展到"壁画、近现代代表性建筑"等。① 就可移动文物，第 5 条同样将之区分为国家绝对所有和国家相对所有。为防止国有文物流失，"国有不可移动文物的所有权不因其所依附的土地所有权或者使用权的改变而改变"；"属于国家所有的可移动文物的所有权不因其保管、收藏单位的终止或者变更而改变"。

《管理条例》第 3 条是关于文物所有权构建的规定："遗存于中国内水、领海内的一切起源于中国的、起源国不明的和起源于外国的文物；遗存于中国领海以外依照中国法律由中国管辖的其他海域内的起源于中国的和起源国不明的文物。"《管理条例》在《文物保护法》的基础上进一步明确毗连区、专属经济区中起源于中国或起源不明的文物所有权归属于国家，而遗存于外国领海以外的其他管辖海域以及公海区域内的起源于中国的文物，本国仅享有辨认器物物主的权利。

---

① 《文物保护法》第 5 条。

（三）我国水下文化遗产国有制度之批判

为实现文物保护之目的,《文物保护法》以及《管理条例》都建立起严格的文物国有制度,但文物保护的实践证明在文物国有制度下大量文物并未能得到合理利用,这自然而然带来一个问题:水下文化遗产国有制度是否具有合法性及合理性。

从合法性的角度分析,我国《宪法》第 9 条规定:矿藏、水流、森林、山岭、草原、荒地、滩涂等自然资源,都属于国家所有,即全民所有;由法律规定属于集体所有的森林和山岭、草原、荒地、滩涂除外。第 10 条:城市的土地属于国家所有。农村和城市郊区的土地,除由法律规定属于国家所有的以外,属于集体所有;宅基地和自留地、自留山,也属于集体所有。以上两条关于国家所有和集体所有的规定都未曾涉及文物的所有权问题,按照私人权利"法不禁止即自由"的基本原则,似乎可以通过《宪法》第 13 条,将其认定为公民的合法私有财产。但《文物保护法》偏偏进行了矛盾的规定。

就水下文化遗产而言,《管理条例》在《文物保护法》规定内水及领海范围内的文化遗产属于国家所有的基础上又进了一步,规定"遗存于中国领海以外依照中国法律由中国管辖的其他海域内的起源于中国的和起源国不明的文物属于国家所有"。[①] 即毗连区、专属经济区中起源于中国或起源不明的文物所有权归属于中国,而遗存于外国领海以外的其他管辖海域以及公海区域内的起源于中国的文物,本国仅享有辨认器物物主的权利。一般的水下文化遗产可以认定为无主物,适用先占的规则,特殊情况下甚至可以作为遗失物适用《物权法》第 114 条第 1 款,不过《物权法》第 114 条第 2 款规定:"文物保护法等法律另有规定的,依照其规定。"但这里的法律应当理解为狭义的法律,《管理条例》作为行政法规无权对所有权另行设定。这就直接导致了我国对于"毗连区、专属经济区中起源于中国或起源不明的文物所有权"存在法律空白,现行的法律仅仅可以认定处于内

---

① 《中华人民共和国水下文物保护管理条例》第 2、3 条。

水与领海范围内的水下文物为国家所有。

从合理性的角度分析,文物保护管理与文物所有权归属何者更为重要?在法律体系中,不同的事项具有不同的重要性。当前,无论在国家层面,还是在民事基本制度层面,私法上的所有权确定问题具有根本重要性,而公法上的保护管理考量往往处于附属地位。如果不附加额外说明,仅以保护管理便利为由限制乃至剥夺所有权有本末倒置之嫌。即使承认文物保护管理更具重要地位,作为手段的文物国家所有是否必然优先于非国家所有?[①] 文物属于国家涉及更为复杂的国有财产问题,[②]实际情况是,基于经济利益考虑,国有文物的管理人和使用人往往会凭借自身的行政权力来扩张私法上的所有权,将原本清晰的公法和私法关系混为一谈,反而削弱了文物管理部门的执法能力。

(四)中国水下文化遗产所有权制度构建设想

从其他国家的法律规定来看,大部分国家都将水下文物遗产所有权进行两分法,即"个人所有为原则,国家所有为例外"。在考虑到对发现人的激励作用和文物有效保护之间的平衡,可以考虑将所有权制度建构如下:当文物处于内水与领海范围之内时,若权利人可以证明非出于抛弃所有权的意思,被动失去相关物品的占有而导致该物品全部或部分处于水下,并经过一定的时间构成"水下文化遗产"时,可将其认定为遗失物,适用《物权法》关于遗失物的规定,即原则上相关文物所有权仍属原权利人,当遗失物自发布招领公告之日起六个月内无人认领的,归国家所有。[③] 当然这种情况实务中应当十分罕见,因为在我国采用限定保护的立场下,遗失物很难经过短暂的时间即具有历史、艺术或科学价值,不过出于制度的完整性而言,此种情况的规定也是必要的。在权利人无法证明或者权

---

① 宋雪莲:《乔家大院"转让"风波背后——文物"两权分离"的情理纠葛》,载《中国经济周刊》,2008 年第 8 期,第 32—34 页。

② 周佑勇、尹建国:《乔家大院经营权被转让引发的思考》,载《学习月刊》,2008 年第 5 期,第 42—34 页。

③ 《物权法》第 113 条。

利人自愿抛弃所有权的情况下,相关物品属于无主物,这时虽属无主物,但考虑到水下文物的特殊价值以及私人无法进行有效保护,不宜适用先占的规则,可以在《物权法》中直接例外规定,这类文物根据《文物保护法》应当属于国家所有,同时删去《管理条例》中关于所有权设定的条款。

当水下文化遗产处于毗连区、专属经济区时,考虑到所有权制度应由国内法规定,虽然《联合国海洋法公约》和《公约》在制定时由于各制定主体利益的矛盾,没能完整构建一个包含毗连区、专属经济区、大陆架乃至公海的所有权制度,但考虑到我国的一贯立场,不妨在《文物保护法》中予以添加,认为处于毗连区、专属经济区和大陆架的水下文化遗产与内水、领海相同,国家直接享有所有权,而上述以外的其他水域,国家享有辨认器物物主的权利。

四、水下文化遗产保护原则的缺陷与改进

我国的水下文化遗产保护原则被规定于《文物保护法》第四条"文物工作贯彻保护为主、抢救第一、合理利用、加强管理的方针",而在水下文化遗产保护的国际法框架中存在的特殊原则与其既有差别又有相同之处。

(一) 就地保护原则和保护为主、抢救第一

就地保护原则就是指应将水下文化遗产留在原地进行保护。这个概念最早产生于独立考古活动中,考古学界认为将遗产与原环境相结合,不仅能够更好地保存遗产的完整性,而且可以保留遗产与原环境的联系,从而保留遗产的潜在价值,这一观念后来逐渐形成了相应的国际法律制度。许多考古学家认为这点同样适用于水下文化遗产。他们认为水下文化遗产与水底环境形成一种平衡状态,任何打破这种平衡状态的活动都会给水下文化遗产造成不可估计的损失。因此,对水下文化遗产采取就地保护的方法,更有利于人类文明的传承。

同时,由于水下沉船的材料移出水底后,会与空气发生化学反应从而被腐蚀,因此在付出高昂的打捞代价后,还需要每年付出高昂的防腐维护费用。所以

无论从实践上还是理论上，经济上还是文化上，对沉船进行完整打捞并进行防腐保存都是不现实的。由于水下文化遗产的脆弱和以破坏性，且破坏具有不可逆性，所以使得"就地保护"原则成为国际上首选的原则之一。

相较而言，我国就水下文化遗产的保护原则和其他领域文物的保护原则并没有什么区别，正如《文物保护法》所提到的字面意思"保护为主，抢救第一"，国内对于沉船的抢救都是通过打捞后再保护的方式进行，这从"南海一号"的抢救过程即可看出，[①]其实在我国的考古队伍并不完善，打捞技术尚不成熟的情况下，就地保护的方式也许更有利于保持水下文化遗产的价值。当然就地保护并非不保护，而是根据需要采取积极措施防止周围环境出现不利于水下文化遗产保护的变化，比如控制、减轻周围海域的污染从而减缓遗址自然腐坏、恶化的速度，考虑围绕遗址周围划出一块保护区，防止捕鱼、游览和潜水观光等人为活动的扰乱。

（二）禁止商业开发原则和合理利用、加强管理

2001 年 UNESCO 公约确立了禁止商业开发原则，禁止将水下文化遗产作为商品进行交易、买卖和以物换物，并禁止适用救助法或发现物法。2001 年 UNESCO 公约特别清楚地指出，对水下文化遗产的销售无法挽救的失散都是与保护方针相悖的。该公约第 2 条第 7 款指出"不得对水下文化遗产进行商业开发"，并且在附件的第 2 条中作出了详细的解释："以交易或投机为目的而对水下文化遗产进行的商业开发或造成的无法挽救的失散与保护和妥善管理这一遗产的精神是根本不相容的。水下文化遗产不得作为商品进行交易、买卖和以物换物。"从附件第 2 条来看，通过买卖遗址的照片或影片、公众参观和展览遗物对遗址进行商业开发不会构成对公约的违反，但是对任何遗产的买卖则将是对公约的违反。而且，任何可能使文化遗产无法挽救地失散的行为都将是对公约的违反。这些规定主要是为了在公约的框架内，限制商业打捞者继续分享水下文化

---

① 赵亚娟、张亮：《从"南海一号"事件看我国水下文化遗产保护制度的完善》，载《法学》，2007 年第 1 期，第 122 页。

资源,或者是像某些沉船打捞者建议的那样与考古学家合作开发水下文化遗产。

在我国文物国家所有的基本制度下,合理利用、加强管理的原则包含着文物出境管理以及文物流通限制等法律制度,这些法律制度在《文物保护法》中都有所体现,且这些法律制度都隐含着禁止商业开发原则的影子。文化遗产含有不可再生的历史、文化、艺术和科研价值,以及由这种极度稀缺甚至唯一的历史、文化、艺术、科研价值转化为的高额的商业价值,水下文化遗产也不例外。所以当涉及打捞物品的处置时,潜在的不可调和的矛盾就暴露出来了。考古学家对有关物品承载的信息的关心远大于这些物品本身,但是,一些考古学家认为,即使对打捞的物品已经进行了研究分析,这些物品仍需要整体保存。而其他的考古学家则认为,并不是所有物品都要保存,要根据有关遗迹的重要性和有关物品的性质而定。商业打捞人希望以获得最大利益的方式进行开发,最明显的方式是将打捞的物品变卖,而且卖出的越多越好。在对考古学家和商业打捞者的利益权衡过程中,2001年UNESCO公约和《文物保护法》对水下文化遗产商业开发的限制未免太过倾向考古学家,没有给商业开发留下任何的余地。对于那些具有商业价值但是仅有很小或者没有文化影响的遗产,完全限制对它们的开发对于商业开发者来说未免太过绝对。如果能够将商业打捞公司可观的财力和技术资源利用到受威胁的或者需要科学研究文化遗址中,并加以适当的管理,最终将形成考古学家与打捞公司"双赢"的局面,这样不仅有利于考古甚至能造福全人类。

五、水下文化遗产打捞模式的改进:私人打捞是否可行?

我国《文物保护法》第27条规定:一切考古发掘工作,必须履行报批手续;从事考古发掘的单位,应当经国务院文物行政部门批准。地下埋藏的文物,任何单位或者个人都不得私自发掘。《管理条例》第7条规定:水下文物的考古勘探和发掘活动应当以文物保护和科学研究为目的。任何单位或者个人在中国管辖水域进行水下文物的考古勘探或者发掘活动,必须向国家文物局提出申请,并提供有关资料。未经国家文物局批准,任何单位或者个人不得以任何方式私自勘探或者发掘。外国国家、国际组织、外国法人或者自然人在中国管辖水域进行水下文物的考古勘探或者发掘活动，必须采取与中国合作的方式进行，其向国家文物局提出的申请，须由国家文物局报经国务院特别许可。

通过以上的条文可以看出，我国在水下文化遗产的打捞模式方面完全采取严格的事前行政审批制，且外国主体只能通过合作打捞的模式参与到打捞作业中。这与周边国家普遍允许私人打捞的立法模式形成了对比，私人打捞是否可行以及外国主体合作打捞模式是否合理都是需要回答的问题。

（一）周边国家关于打捞模式的规定

菲律宾水域由于连接了中国南海以及太平洋，地理位置优越，长期以来都是中国古代海上贸易的伙伴之一。菲律宾政府允许对其水域内沉船遗址进行商业打捞。在分成问题上，菲律宾政府与申请人各得 50％。① 同时，菲律宾也采用许可证方式对本国水域内海底文化遗产进行管理。申请勘探在提交相关资料后一般在 30 天内可以获得许可。许可范围为 20 公里，在有效期内为专有。一旦获得有价值的物品，国家博物馆将承担文物是否有文化或者历史价值的评估。任何被打捞获得的文物只有经过国家遗产委员会以及其他相关政府机构的同意才能出口。同样为了保证本国利益，外国公司如果想要在菲律宾水域进行打捞必须与菲律宾本国的打捞公司合作并签订合作合同。

泰国的海底文化遗产保护政策比较独特。由于泰国海域主要位于海上丝绸之路主要航线之外，在泰国海域内发现的较有价值的沉船遗迹较少。在泰国水域内的沉船倒是不少，但大多数所载的都是泰国产瓷器。由于其商业价值远比中国瓷器低，很少有职业寻宝者将该水域视为值得投资冒险之地。泰国湾水比较浅，加之大多数被发现的古代沉船遗址都是渔民发现，在泰国政府介入之前已经被盗捞过。这些因素使得泰国政府在制定海底文化遗产保护政策时有着不同于其他东盟国家的选择余地。由于缺少较有经济价值的海底沉船遗址，泰国是

---

① 吴春明：《环中国海沉船》，江西高校出版社，2003 年，第 29—30 页。

为数不多的完全禁止商业打捞的亚洲国家之一。[①]

印度尼西亚是亚洲沉船遗迹最多的国家之一，也是受非法打捞冲击最严重的国家之一。印度尼西亚政府在 1989 年制定了相应的法律，并正式对沉船打捞公司开放其海域，许可国内外打捞公司进行打捞。印尼政府规定，任何勘探或打捞在开始之前须首先获得许可。印尼政府通过收取申请费用和获得打捞物出售分成获得收益。在分成问题上，印尼政府将获得打捞费用加上任何发掘并出售物品 50% 的收益。

（二）探索私人打捞模式的构建

以上这种允许私人力量参与水下文化遗产打捞的方式有利有弊：一方面国家可以大量节省对水下文化遗产的投入，同时又可以收获一定的发掘品或者一笔可观的费用；另一方面，依靠私人力量进行的发掘显然不可能像水下考古那么专业、细致、缜密，为了实现利益的最大化，必然会损坏一些不具有商业价值的遗产。

为了避免破坏重要遗址，同时实现私人打捞的优势最大化，有必要构建完整的私人打捞模式。首先，为了避免破坏重要遗址，国家需要首先对发掘工作进行监管，确定是否允许私人力量进行发掘。其次，必须构建完善的"事前授权制度"，强调私人介入的前提必须符合诸多实体和程序方面的条件，这是允许私人介入水下文化遗产保护性发掘不至于被肆意滥用的硬件工具。完整的事前授权制度包括具体的主体资质要求，其资质条件必须涉及资金、人员、技术、经验、设备条件等各方面的综合必须考察，同时相关单位、个人提出介入水下文化遗产的发掘，必须提交相关审查材料如申请书、保证书、发掘器材名称、发掘计划说明以及相关发掘经验证明文件等，并且在授权的主体存在严重违反或多次违反相关操作规程或许可内容的情形，或者本为"不具备重要价值"的水下文化遗产在后续的发掘过程中遇有重大发现，适于国家出面发掘等情形下，应当规定相应的撤

---

① 李锦辉：《南海周边主要国家海底文化遗产保护政策分析及启示》，载《太平洋学报》，2011年 6 月，第 77 页。

销授权程序。最后相关部门的"事中监督制度",有可以有效地规范和制止私人打捞过程中的违规行为。

在私人打捞模式中,必须强调文物保护部门和文物保护专家的意见的重要性,必须以水下文化遗产的保护为最高目标。这种商业开发和文物保护的"双赢"模式,有望使得水下文化遗产保护进入良性循环的轨道。

六、个人发现水下文化遗产的激励模式

一般来说,官方独立发现有价值的水下文化遗产是有很大难度的,所以大量的水下文物都是通过公民发现报告得以浮出水面。在采取先占主义的国家,发现者可以享有所有权,由于文物的保护程度与其后续受益直接相关,所以也不会采取鲁莽、野蛮的发掘方式。对于我国这样一个拥有漫长海岸线的国家而言,水下文物同时属于国家所有,建立合理的个人发现水下文化遗产的激励模式,有助于后续官方科学发掘的开展。

(一) 现存的奖励模式

《管理条例》第 6 条仅规定了发现人的报告义务,但只字未提报告后是否有奖励措施,第 10 条规定:保护水下文物有突出贡献,符合《中华人民共和国文物保护法》规定情形的,给予表彰、奖励,也没有明确突出贡献所指。《文物保护法》第 7 条规定:一切机关、组织和个人都有依法保护文物的义务。第 32 条甚至规定在进行建设工程或者在农业生产中,任何单位或者个人发现文物,应当保护现场,立即报告当地文物行政部门,即在报告义务以外增加了保护义务。第 12 条第 4 款:有下列事迹的单位或者个人,由国家给予精神鼓励或者物质奖励:发现文物及时上报或者上交,使文物得到保护的。所以单纯的发现文物及时上报并不当然地可以获得奖励,通过上报或上交使得文物得到保护才能获得精神鼓励或物质奖励。

从以上的条文可以发现,现存的法规认为发现人单纯的报告行为并不能直

接获得表彰或奖励,往往需要达到经过报告使得文物受到保护的程度,同时奖励的具体方式与数额也语焉不详。究其原因,相关法条都是建立在一个原则之上,即任何人都有报告甚至保护文物的义务,既然为义务,单纯的报告行为理所应当不能带来任何的奖励。但由于我国采取的是文物国家所有的原则,故可以类比矿藏等其他国家所有的资源,似乎在这些方面公民也并没有报告之义务,所以此项原则是否合理是很值得疑问的。

(二)改进的奖励模式

现存的奖励模式太过严苛,在文物国家所有的模式下,既规定了文物的报告义务,同时发现者未曾报告而使得文物遭到损害甚至可能承担法律责任,这样的制度安排轻则可能鼓励发现者发现而不告,重则鼓励其铤而走险将文物占为己有。同时《文物保护法》第 32 条所规定的保护义务也明显加重了私人义务,强加给私人本应由公权力承担的责任。

可以考虑对相关条文进行修改,比如在《管理条例》第 6 条中增加奖励条款,如"若经任何单位或个人的报告,相关文物得到确认并且得到相应保护的,给予相应的精神或物质奖励,具体奖励标准可由相关部门予以确定",如此一来,《管理条例》第 6 条和第 10 条就构成了水下文物的奖励体系,即"报告奖励加保护奖励"的安排,这样无论是发现文物后报告还是在文物存在的任意阶段都进行过保护工作的人都可以得到相应的奖励。

同时关于《文物保护法》第 32 条"任何单位或者个人发现文物,应当保护现场,立即报告当地文物行政部门"的规定,建议删去"应当保护现场",改为"发现文物后,任何单位或者个人应该立即停止施工,尽量保持现场原状,并立即报告当地文物行政部门",本身保护文物就是一项专业活动,让发现者承担这种义务不论是否适当,甚至可能造成二次的不当破坏,所以停止施工活动反而可能是更恰当的保护方式。对于《文物保护法》的第 12 条,虽然列举了可获得奖励的诸多情况,规定也较为详细,但有必要说明物质奖励的来源,即由国家财政支持,同时具体的实施办法由相关部门决定。

参考文献

一、著作类

（一）中文

［1］格劳秀斯. 论海洋自由或荷兰参与东印度贸易的权利［M］. 马忠法，译. 上海：上海人民出版社，2013.

［2］傅崐成，宋玉祥. 水下文化遗产的国际法保护：2001 年联合国教科文组织《保护水下文化遗产公约》解析［M］. 北京：法律出版社，2006.

［3］傅崐成. 海洋法专题研究［M］. 厦门：厦门大学出版社，2003.

［4］贾兵兵. 国际公法：和平时期的解释与适用［M］. 北京：清华大学出版社，2015.

［5］李浩培. 条约法概论［M］. 2 版. 北京：法律出版社，2003.

［6］李金明. 南海波涛：东南亚国家与南海问题［M］. 南昌：江西高校出版社，2005.

［7］刘丽娜. 中国水下文化遗产的法律保护［M］. 北京：知识产权出版社，2015.

［8］孙南申，彭岳. 文化财产的跨国流转与返还法律问题研究［M］. 北京：法律出版社，2017.

［9］吴春明. 环中国海沉船：古代帆船、船技与船货［M］. 南昌：江西高校出版社，2003.

［10］小江庆雄. 水下考古学入门［M］. 北京：文物出版社，1996.

［11］栾丰实，方辉，靳桂云. 考古学理论・方法・技术［M］. 北京：文物出版社，2002.

［12］俞世峰. 保护性管辖权的国际法问题研究［M］. 北京：法律出版社，2015.

［13］张文显. 法理学［M］. 4 版. 北京：高等教育出版社，2011.

［14］赵亚娟. 联合国教科文组织《保护水下文化遗产公约》研究［M］. 厦门：厦门大学出版社，2007.

（二）英文

［1］STRATL A. The protection of underwater cultural heritage：an emerging objective of the contemporary law of the sea［M］. The Hague/London/Boston：Martinus Nijhoff Publishers，1995.

［2］AUST A. Modern treaty law and practice［M］. Cambridge：Cambridge University Press，2000.

［3］BASLAR K. The concept of the common heritage of mankind in international law［M］. Boston：Martinus Nijhoff Publishers，1995.

［4］CHURCHILL R R，LOWE A V. The law of the sea［M］. Manchester：Manchester University Press，1999.

［5］DELGADO J P. Encyclopaedia of underwater and maritime archaeology［M］. London：British Museum Press，1997.

［6］PROTT L V，O'KEEFE P J. Law and the cultural heritage［M］. London：Butterworths，1989.

［7］O'KEEFE P J. Shipwrecked heritage：a commentary on the UNESCO convention on underwater cultural heritage［M］. Leicester，Great Britain：Institute of Art and Law，2014.

［8］O'KEEFE R. The protection of cultural property in armed conflict［M］. Cambridge：Cambridge University Press，2011.

［9］GARABELLO R，SCOVAZZI T. The protection of the underwater cultural heritage：before and after the 2001 UNESCO convention［M］. Leiden：Brill Academic Publishers，2003.

［10］DROMGOOLE S. Legal protection of the underwater cultural heritage：national and international perspectives［M］. The Hague：Kluwer Law

International，1999.

[11] DROMGOOLE S. Underwater culture heritage and international law [M]. Cambridge：Cambridge University Press，2013.

[12] GAFFNEY V，FITCH S，SMITH D. Europe's lost world：the rediscovery of Doggerland[M]. York：Council for British Archaeology，2009.

[13] ZIEGLER K. Cultural heritage and human rights ［M］//GIUFFRÈ MILANO. Alberico Gentili：la salvaguardia dei beni culturali nel diritto internazionale. ［S. l：s. n］，2007.

二、期刊、论文、报纸、报告

（一）中文

[1] 佚名. 亚太地区水下文化遗产学术大会[J]. 闽商文化，2012(1).

[2] 陈相秒."南海行为准则"磋商正在取得积极进展[J]. 世界知识，2017(7).

[3] 邓颖颖，蓝仕皇. 南海文化遗产保护及其旅游开发利用研究：基于 21 世纪 "海上丝绸之路"建设背景[J]. 贵州省党校学报，2017(1).

[4] 郭玉军，徐锦堂. 国际水下文化遗产若干法律问题研究[J]. 中国法学，2004(3).

[5] 韩丽. 水下文化遗产保护的冲突与合作[D]. 上海：复旦大学硕士学位论文，2008.

[6] 洪农. 海洋法的国家实践：对南海地区法律文化共同体的思考[J]. 外交评论，2017(5).

[7] 侯毅，吴昊. 南海历史遗迹与文物的保护、发掘与利用[J]. 暨南学报（哲学社会科学版），2017(7).

[8] 黄微，刘轩昂."古残骸"概念及范围之研究[J]. 法制与社会，2014(1).

[9] 江河，於佳. 国际法上的历史沉船之所有权冲突：以保护水下文化遗产为视角[J]. 厦门大学法律评论，2015(1).

[10] 李国强. 论南海人文资源[J]. 南海学刊，2015(1).

［11］李锦辉.南海一号:中国海底文化遗产一种现实的保护模式［J］.长春理工大学学报(社会科学版),2011(3).

［12］李锦辉.南海周边主要国家海底文化遗产保护政策分析及启示［J］.太平洋学报,2011(6).

［13］李玉雪.对"人类共同文化遗产"的法律解读:以文物保护为视角［J］.社会科学研究,2009(5).

［14］林蓁.南海水下文化遗产保护合作机制的可行性研究:基于建设21世纪海上丝绸之路视角［J］.海南大学学报(人文社会科学版),2016(2).

［15］刘长霞,傅廷中.南海U形线外源自我国的水下文化遗产保护:机制、困境与出路［J］.法学杂志,2013(2).

［16］骆永昆."南海行为准则":由来、进程、前景［J］.国际研究参考,2017(8).

［17］马明飞.水下文化遗产归属的困境与法律对策［J］.甘肃社会科学,2016(1).

［18］佚名.2010年西沙群岛水下考古调查再获丰硕成果［J］.丝绸之路,2010(14).

［19］聂博敏.水下文化遗产的国际法保护［J］.中国海洋法学评论,2015(2).

［20］石春雷.论南海争议海域水下文化遗产"合作保护"机制的构建［J］.海南大学学报(人文社会科学版),2017(4).

［21］周佑勇,尹建国.乔家大院经营权被转让引发的思考［J］.学习月刊,2008(5).

［22］宋雪莲.乔家大院"转让"风波背后:文物"两权分离"的情理纠葛［J］.中国经济周刊,2008(8).

［23］孙南申,孙雯.海底文物返还的法律问题分析及其启示:以西班牙沉船案为例［J］.上海财经大学学报,2012(6).

［24］孙雯.文化财产返还诉讼中的法律适用规则探析［J］.文化产业研究,2015(3).

［25］孙雯.文化财产纠纷解决模式的法律机制探析［J］.商业研究,2010(10).

［26］孙叶平. 21 世纪方便旗船制度的新反思［J］. 中国海商法年刊,2010(2).

［27］塔蒂阿娜·维莱加斯·扎莫拉. 商业勘探对水下文化遗产保护的影响［J］. 国际博物馆(中文版),2008(4).

［28］王君玲. 水下文化遗产的管辖权和所有权［J］. 海洋开发与管理,2007(1).

［29］韦红,颜欣. 中国—东盟合作与南海地区和谐海洋秩序的构建［J］. 南洋问题研究,2017(3).

［30］巫晓发. 南海水下文化遗产保护的挑战［J］. 中国海洋法学评论,2016(2).

［31］谢辰生. 新中国文物保护工作 50 年［J］. 当代中国史研究,2002(3).

［32］余诚. 英美有关水下文化遗产保护的政策及立法介评［J］. 武大国际法评论,2011(1).

［33］张湘兰,朱强.《保护水下文化遗产公约》评析［J］. 中国海洋法学评论,2006(1).

［34］张寅生. 水下考古与水下考古探测技术［J］. 东南文化,1996(4).

［35］赵红野. 论沿海国对毗连区海底文物的管辖权［J］. 法学研究,1992(3).

［36］赵可金. 探索外交理论的中国途径［J］. 清华大学学报(哲学社会科学版),2016(5).

［37］赵亚娟,张亮. 从"南海一号"事件看我国水下文化遗产保护制度的完善［J］. 法学,2007(1).

［38］赵亚娟. 沉没的军舰和其他国家船舶的法律地位:以水下文化遗产保护为视角［J］. 时代法学,2005(5).

［39］赵亚娟. 法国水下文化遗产保护立法与实践及其对中国的启示［J］. 华南理工大学学报(社会科学版),2013(3).

［40］赵亚娟. 水下文化遗产保护的国际法制:论有关水下文化遗产保护的三项多边条约的关系［J］. 武大国际法评论,2007(1).

［41］赵亚娟. 国际法视角下"水下文化遗产"的界定［J］. 河北法学,2008(1).

［42］赵亚娟. 论中国与东盟国家合作保护古沉船:以海上丝绸之路沿线古沉船为例［J］. 暨南学报(哲学社会科学版),2016(9).

［43］朱坚真,杨乐,徐小怡,黄丹丽.我国水下文化遗产保护的历史进程研究
　　　［J］.深圳大学学报(人文社会科学版),2013(4).

［44］宋建忠.水下考古与海上丝绸之路［N］.中国文物报,2017-6-2(3).

［45］赵叶苹,张永峰.周边国家盗捞南海文物销毁中国主权证据［N］.国防时
　　　报,2011-10-26.

（二）英文

［1］AREND A C. Archaeological and historical objects：the international legal
　　implications of UNCLOS III［J］. Proceedings of the Asil Annual Meeting,
　　1981(76).

［2］KNAUTH A W. Aviation and salvage：the application of salvage
　　principles to aircraft［J］. Columbia Law Review, 1936(36).

［3］AZNAR-GÓMEZ, MARIANO J. Treasure hunters, sunken state vessels
　　and the 2001 UNESCO convention on the protection of the underwater
　　cultural heritage［J］. The International Journal of Marine and Coastal
　　Law, 2010(25).

［4］OXMAN, B H. Marine archaeology and the international law of the sea
　　［J］. Columbia-VLA Journal of Law and the Arts, 1988(12).

［5］BRAEKHUS. Salvage of wrecks and wreckage：legal issues arising from
　　the runde find［J］. Scandinavian Studies in Law, 1976(20).

［6］BRYANT C R. The archaeological duty of care：the legal, professional,
　　and cultural struggle over salvaging historic shipwrecks［J］. Albany Law
　　Review, 2001(65).

［7］CAFLISCH L. Submarine antiquities and the international law of the sea
　　［J］. Netherlands Yearbook of International Law, 2009(13).

［8］BORDELON C Z. Saving salvage：avoiding misguided changes to salvage
　　and finds law［J］. San Diego Int'l L. J, 2005(7).

［9］FORREST C. Historic wreck salvage：an international perspective［J］.

Tulane Maritime Law Journal，2008(33).

[10] FORREST C. Forrest. A new international regime for the protection of underwater cultural heritage［J］. International & Comparative Law Quarterly，2002(51).

[11] FORREST C. Strengthening the international regime for the prevention of the illicit trade in cultural heritage［J］. Melbourne Journal of International Law，2003(4).

[12] BEDERMAN D J. Historic salvage and the law of the Sea［J］. The University of Miami Inter-American Law Review，1998(30).

[13] BEDERMAN D J，SPIELMAN B D. Refusing salvage［J］. Loy. Mar. L. J. ，2008 (6).

[14] DROMGOOLE S. A note on the meaning of 'wreck'［J］. International Journal of Nautical Archaeology，1999(28).

[15] DROMGOOLE S，FORREST C. The Nairobi Wreck Removal Convention 2007 and hazardous historic shipwrecks［J］. Lloyd's Maritime & Commercial Law Quarterly，2011(1).

[16] DROMGOOLE S，GASKELL N. Draft UNESCO Convention on the protection of the underwater cultural heritage 1998［J］. The International Journal of Marine Coastal Law，1999(14).

[17] DROMGOOLE S，GASKELL N. Interests in wrecks［J］. Art Antiquity and Law，1997(2).

[18] ELIZABETH V. R. M. S. Titanic：underwater cultural heritage's sacrifice ［J］. Journal of Business Law，2012.

[19] ETIENNE C. Current developments at UNESCO concerning the protection of the underwater cultural heritage ［J］. Marine Policy，1996 (20).

[20] FLETCHER-TOMENIUS P，WILLIAMS M. The protection of wrecks

act 1973: a breach of human rights? [J]. The International Journal of Marine and Coastal Law, 1998(13).

[21] FRANCIONI. The 1972 world heritage convention: an introduction[J]. Experimental Hematology, 2008(37).

[22] FROST R. Underwater cultural heritage protection[J]. Aust Ybil, 2004 (24).

[23] FU T. The participation of foreign businesses in the salvage of sunken vessels and articles in China's coastal waters: a legal analysis[J]. China Oceans Law Review, 2012(2).

[24] STEMM G. Is taking treasure from shipwrecks piracy? [J]The Times, 2009(5).

[25] NAFZIGER. Historic salvage law revisited[J]. Ocean Development & International Law, 2000(31).

[26] JANET, BLAKE. The protection of the underwater cultural heritage [J]. International & Comparative Law Quarterly, 1996(45).

[27] HUANGN J. Maritime archaeology and identification of historic shipwrecks: a legal perspective[J]. Marine Policy, 2014(44).

[28] HUANGN J. Chasing provenance: legal dilemmas for protecting states with a verifiable link to underwater culture heritage[J]. Ocean & Coastal Management, 2013(84).

[29] KWIATKOWSKA B. Creeping jurisdiction beyond 200 miles in the light of the 1982 law of the sea convention and state practice[J]. Ocean Development & International Law, 1991(22).

[30] BLATT L W. SOS(save our ship)! Can the UNESCO 1999 draft convention on the treatment of underwater cultural heritage do any better? [J]. Emory International Law Review, 2000(14).

[31] LESHIKAR-DENTON M, ERREGUERENA P L. Underwater and

maritime archaeology in Latin America and Caribbean[J]. Journal of Anthropological Research, 2010(39).

[32] MAARLEVELD T J, The maritime paradox: does international heritage exist? [J]. International Journal of Heritage Studies, 2012(18).

[33] MAGNUSSON. Proprietary rights in human tissue[J]. Hibernian Law Journal, 2013(12).

[34] BEUKES M. Underwater cultural heritage archaeological preservation or salvage[J]. South African Yearbook of International Law, 2001(26).

[35] FISHER M A. The abandoned shipwreck act: the role of private enterprise[J]. Colum. -VlA. J. L. &. Arts, 1988(12).

[36] MERRYMAN J H. Thinking about the Elgin Marbles[J]. Michigan Law Review, 1985(83).

[37] MERRYMAN J H. Two ways of thinking about cultural property[J]. The American Journal of International Law, 1986(80).

[38] FLECKER M. The ethics, politics, and realities of maritime archaeology in Southeast Asia [J]. The International Journal of Nautical Archaeology, 2002(31).

[39] RISVAS M. The duty to cooperate andthe protection of underwater cultural heritage [J]. Cambridge Journal of International and Comparative Law, 2013(2).

[40] VARMER O, GREY J, ALBERG D. United States: responses to the 2001 UNESCO convention on the protection of the underwater cultural heritage[J]. Journal of Maritime Archaeology, 2010(5).

[41] OXMAN B H. The third united nations conference on the law of the sea: the tenth session (1981)[J]. The American Journal of International Law, 1975(69).

[42] MARSDEN P. The origin of the council for nautical archaeology[J].

International Journal of Nautical Archaeology，1986(15)．

[43] PATRICK J，O'KEEFE，JAMES A R，NAFZIGER．The draft convention on the protection of the underwater cultural heritage[J]．Ocean Development & International Law，1994(25)．

[44] SPENCER P R．Broadcasting video online from 5000 feet underwater：a proposal to help ensure an archaeological duty of care for historic shipwrecks[J]．California Western Law Review，2012(49)．

[45] HOAGLAND P．Managing the underwater cultural resources of the China seas：a comparison of public policies in Mainland China and Taiwan [J]．The International Journal of Marine and Coastal Law，2009(12)．

[46] PROTT L V，O'KEEFE P J．'Cultural heritage' or 'cultural property'? [J]．International Journal of Cultural Property，1992(1)．

[47] DROMGOOLE S．Protection of historic wreck：the UK approach Part I：the present legal framework[J]．International Journal of Estuarine and Coastal Law，1989(4)．

[48] GRUBER S．Protecting China's cultural heritage sites in times of rapid change：current developments，practice and law[J]．Asia Pacific Journal Of Environmental Law[J]，2007(10)．

[49] MCQUOWN T P．An archaeological argument for the inapplicability of admiralty law in the disposition of historic shipwrecks[J]．Wm．Mitchell L．Rev，2000(26)．

[50] THOMAS R M．Heritage protection criteria：an analysis [J]．Journal of Panning & Environmental Law，2006(7)．

[51] FINCHAM D．Transnational forfeiture of the 'Getty' bronze [J]．Cardozo Arts & Entertainment(32)．

[52] SCOVAZZI T．The entry into force of the 2001 UNESCO convention on the protection of the underwater cultural heritage [J]．Aegean Institute

of the Law of the Sea and Maritime Law，2010(1).

[53] VADI V S. The challenge of reconciling underwater cultural heritage and foreign direct investment[J]. The Italian Yearbook of International Law，2007(17).

[54] VADI V S. Investing in culture：underwater cultural heritage and international investment law[J]. Vanderbilt Journal of Transnational Law，2009(42).

[55] CLIQUET A. International and european biodiversity and natural resources law[J]. Law & Politcal Science，2013.

[56] GRIBBLE J. The protection of the underwater cultural heritage national perspectives in light of the UNESCO Convention 2001[J]. International Journal of Nautical Archaeology，2007.

[57] HARMON，AMY. The law where there is no land：a legal system built on precedents has few of them in the digital world[N]. The New York Times，2009 - 9 - 25.

[58] ROPER J. The underwater cultural heritage：report of the committee on culture and education[R]. Parliamentary Assembly of the Council of Europe，1978.

三、公约、决议

(一) 国际公约

1. 1954 年《关于发生武装冲突时保护文化财产的公约》(Convention for the Protection of Cultural Property in the Event of Armed Conflict with Regulations for the Execution of the Convention 1954)

2. 1956 年《关于可适用于考古发掘的国际原则的建议》(Recommendation on International Principles Applicable to Archaeological Excavations)

3. 1970 年《关于禁止和防止非法进出口文化财产和非法转让其所有权的

方法的公约》(Convention on the Means of Prohibiting and Preventing the Illicit Import，Export and Transfer of Ownership of Cultural Property 1970)

4. 1972 年《保护世界文化和自然遗产公约》(Convention Concerning the Protection of the World Cultural and Natural Heritage)

5. 1982 年《联合国海洋法公约》(United Nations Convention on the Law of the Sea)

6. 1999 年《关于发生武装冲突时保护文化财产公约第二议定书》(Second Protocol to the Hague Convention of 1954 for the Protection of Cultural Property in the Event of Armed Conflict)

7. 2001 年《保护水下文化遗产公约》(Convention on the Protection of Underwater Cultural Heritage)

（二）区域性条约或文件

1. 1969 年《保护考古遗产欧洲公约》(European Convention on the Protection of the Archeological Heritage)

2. 1976 年《东南亚友好合作条约》(Treaty of Amity and Cooperation in Southeast Asia)

3. 1978 年《欧洲理事会议会大会关于水下文化遗产的第 848 号建议》[Recommendation 848 (1978) of the Parliamentary Assembly of the Council of Europe on the Underwater Cultural Heritage]

4. 1985 年《保护水下文化遗产欧洲公约（草案）》(The Draft European Convention on the Protection of the Underwater Cultural Heritage)

5. 1992 年《保护考古遗产欧洲公约》(European Convention on the Protection of the Archaeological Heritage)

6. 2000 年《欧洲理事会议会大会关于海洋和河流文化遗产的第 1486 号建议》[Recommendation 1486 (2000) of the Parliamentary Assembly of the Council of Europe on the Maritime and Fluvial Cultural Heritage]

7. 2001 年《锡拉库萨宣言》(Siracusa Declaration on the Submarine

Cultural Heritage)

8. 2002 年《南海各方行为宣言》(Declaration on the Conduct of Parties in the South China Sea)

9. 2010 年《欧盟运行条约》(The Treaty on the Function of the European Union)

10. 2015 年《落实中国-东盟面向和平与繁荣的战略伙伴关系联合宣言的行动计划（2016—2020）》[Plan of Action to Implement the Joint Declaration on ASEAN-China Strategic Partnership for Peace and Prosperity（2016－2020）]

（三）单边/多边条约

1. 1972，The Agreement between Australia and the Netherlands Concerning Old Dutch Shipwrecks.

2. 1978，Treaty between Australia and the Independent State of Papua New Guinea concerning Sovereignty and Maritime Boundaries in the Area between the Two Countries，including the Area Known as Torres Strait，and Related Matters.

3. 1989，Exchange of Notes between the Government of the United Kingdom of Great Britain and Northern Ireland and the Government of the Republic of South Africa concerning the Regulation of the Terms of Settlement of the Salvaging of the Wreck of HMS Birkenhead.

4. 1989，Memorandum of Understanding between Governments of Great Britain and Canada Pertaining to the Shipwrecks HMS Erebus and HMS Terror.

5. 2003，Agreement between the Government of the United States of America and the Government of the French Republic Concerning the Wreck of the CSS.

6. 2004，Agreement between the Government of the United States of America and the Government of the French Republic regarding the Wreck of

La Belle.

7. 2004，Agreement Concerning the Shipwrecked Vessel RMS Titanic.

8. 2010，Agreement Concerning the Shipwrecked Vessel RMS Titanic.

9. 2013，Agreement for the Conduct of Archaeological Investigation of Unidentified Shipwreck.

10. 2016 年《中华人民共和国国家文物局与希腊共和国文化和体育部关于水下文化遗产合作的谅解备忘录》

11. 2016 年《中华人民共和国国家文物局与沙特阿拉伯王国旅游与民族遗产总机构塞林港联合考古发掘合作协议》

四、网站

1. http://www. losn. com. cn/jstd/source/ship4/2. htm.

2. http://www. shijie. org/article/sjbl199906/689. htm.

3. http://jpkc. nwu. edu. cn/kjkg/pages/jiaoan2_5. htm.

4. http://www. fjql. org/qxgj/a186. htm.

5. http://www. texasbeyondhistory. net/belle/index. html.

6. http://www. bbc. co. uk. /history/ancient/archaeology/marine _ 1. shtml.

7. http://shipwreck. net/ssrepublic. php.

8. http://www. utexas. edu/features/2008/10/27/shipwrecks/.

9. http://museum. gov. ns. ca/arch/wrecklaw. htm.

10. http://www. donews. com/media/201406/2810039. shtm.

11. http://news. china. com. cn/2017 - 11/15/content_41893008. htm.

12. http://www. ccdy. cn/yaowen/201711/t20171107_1363395. htm.

13. http://www. gov. cn/gongbao/content/2011/content_1860841. htm.

14. http://zwgk. mcprc. gov. cn/auto255/201701/t20170113 _ 477591. html.

15. http://www. unesco. org.

16. https://www. nps. gov.

17. http://www. uch-china. org.

18. http://www. unesco. org/new/zh/culture/themes/underwater-culture-heritage/meetings/meetings-of-states-parties/third-session-of-the-meeting-of-state-parties/.

后　记

习总书记在党的十九大报告中提出：文化是一个国家、一个民族的灵魂。没有文化的高度自信，没有文化的繁荣兴盛，就没有中华民族的伟大复兴。文化遗产的保护，不仅关乎东道国文化遗产保护的利益，而且关乎全人类最基本的共同利益。对文化遗产的保护和利用，近年来一直都是学术界重点关注的话题，近年来研究成果颇丰，且越来越多地呈现出跨学科研究的特点。随着数字化技术与文化遗产更加多维度地紧密结合，"一带一路"倡议下文化资源的商业化程度不断提高，相信针对文化遗产的研究还在持续繁荣。

笔者对水下文化遗产的关注起源于数年前加入导师孙南申教授"文化财产的跨国流转与返还法律问题研究"基金课题的研究工作中，并成为该书合作作者之一。当时主要是从文化财产体系化的角度，关注文化财产跨国流转与返还的理论和实践案例。随着研究的深入，笔者愈来愈感受到随着"一带一路"倡议的不断推进，对文化遗产继续进行系统研究的内生性需求和现实紧迫性。虽然我国已经初步构建了文化遗产保护的基本法律框架，但是近年来的实践亦表明，文化遗产保护的制度建设的现实基础和理论导向尚未能得到根本性突破。以文化保护理念为例，中国关于文化遗产保护有自身的特点，其中以国家所有制最具特色。与美国相比，可以说，中国的法律更为注重对文化资源的保护，而相对忽略了文化资源的开发和利用。因此，仅从法律制度而言，中国国内法与联合国教科文组织制定的《保护水下文化遗产公约》存在一定的契合性。然而，分析其具体条文，亦可发现，中国法律的诸多规定或许超出了公约所赋予的权限。在很多情况下，执行不力的根源在于存在设计缺陷。因此，对于文化遗产的保护，一味地强调加强投入力度在一定程度上只不过是执法部门基于本身利益所作出的本能反应而已。因此，从此意义上出发，我们需要重新审视我国文物保护目前所采取的以国家所有代替文物保护的做法。

水下文化遗产的国际法律问题,除了国际主义和民族主义的理论之争、跨国流转与返还问题,还涉及诸多国际法律问题,其中包括立法建构、管辖权、法律适用、所有权及其他权益、商业开发等程序性及实体性国际法律问题。因此,笔者希望能够通过近年来对涉及水下文化遗产相关国际法律问题的整理、学习和考察,通过本书的写作,抛砖引玉,力求在公法和私法、国内法和国际法相互衔接的层面上为进一步促进文化财产法律的体系化发展贡献自己的微薄之力。

从内容结构上看,本书共分为八个部分。第一部分从对水下文化遗产的法律界定出发,通过对其独特价值和法律性质的剖析,探讨水下文化遗产保护的国际法理念。第二部分从实质和形式两方面着手,讨论国际水下文化遗产法的立法建构。第三部分以水下文化遗产的国家管辖权为抓手,在梳理国际立法相关规定的基础上,探析一般管辖权原则对水下文化遗产的适用、国家保护水下文化遗产的其他权利义务,以及水下文化遗产管辖权的"单边扩张"等问题。第四部分围绕水下文化遗产的法律适用问题,就国际法的适用、国内法的适用以及水下文化遗产中的打捞救助法和发现物法的适用分别进行探讨和研究。第五部分着重讨论水下文化遗产的所有权及其他权益问题。在对水下文化遗产语境下的所有权进行法律界定后,梳理水下文化遗产所有权的国际法律框架,提出了水下文化遗产的团体人格属性这一重要概念,并在此基础上分别对所有权归属和转让的法律问题展开进一步讨论。第六部分的讨论重点是水下文化遗产的商业开发。在对水下文化遗产商业开发的不同路径选择进行模式比较后,对 2001 年 UNESCO 公约的具体条文进行剖析,并在此基础上提出了完善我国水下文化遗产商业开发的建议。第七部分主要结合实际案例,针对沉没的军舰及其他国有船只飞机残骸的法律问题,在就其事实现状、法律渊源进行评述后,提出了解决沉没的军舰及其他国有船只飞机残骸打捞问题的设想及模式比较。本书第八部分在对上述各部分重点内容进行回顾的基础上,探讨中国水下文化遗产的现有法律保护框架,并就如何具体完善我国水下文化遗产法律制度的理论架构及模式构建提出建议。

总体而言,可以看到,近年来国内外对水下文化遗产保护的研究方兴未艾,随着越来越多的中国学者对水下文化遗产的关注,笔者希望,通过中国学者对包括水下文化遗产在内的文化财产法的持续深入研究,能够从以下几个层面让中国引领文化财产法律制度变革,例如在基础理论层面,可以继续考察"一带一路"倡议下相关的文化实践在塑造文化遗产保护规则方面的作用;在法律制度层面,比较中国与美欧在文化遗产价值理念、基本原则、具体制度方面的异同;在价值追求层面,逐渐建立一套保护文化财产的话语体系;在实现路径层面,应抛弃单边主义,通过多边主义协商机制实现合作与共存。希望本书的写作能够为此添砖加瓦。

在研究和写作的过程中,我的研究生们也做了许多工作,包括国内外文献的收集、案例和资料的整理,并在我的指导下根据我提供的写作要点与文献资料参与完成了书稿部分章节内容的写作,借此机会向他们表示感谢。具体章节参与的情况如下:第二章,陈汉、杜昊、刁赟;第三章,李蔚林、杨迎;第六章,李孟妍、王丽君;第七章,李嘉辉。对水下文化遗产的持续关注甚至使得其中几位同学选择将其作为自己的毕业论文选题继续进行研究探讨。所谓教学相长,莫过于此。

作为两个孩子的母亲,不得不尽力平衡科研、教学、行政和家庭儿者之间的负担和责任,其中甘苦,唯有自知。本书能够顺利完成,首先要感谢我的家人一直以来的包容和理解。本书的写作也得到了众多师长和同仁的支持和关心。感谢南京大学中国南海研究协同创新研究中心朱锋教授、厦门大学南海研究院傅崐成教授一直以来的指导,感谢南京大学法学院范健教授、复旦大学法学院孙南申教授多年来的教诲,感谢法学院和中美文化研究中心各位同仁长期的支持,也感谢南大出版社各位同仁在本书出版过程中的付出。囿于自身的研究深度和笔力,本书的研究和思考尚有诸多局限性,也难免存在错漏及理解偏颇之处,如蒙各位专家、同仁和读者的批评指正将不胜感激。

孙 雯

2019 年 5 月